高等教育安全工程系列"十一五"规划教材

电 气 安 全

主编 孙 熙 蒋永清
参编 李 刚 文 华 任丽军
主审 钮英建

机械工业出版社

本书以工业供电为主线，通过电流对人体的作用、供配电系统、变配电设备、电气线路、继电保护、低压电器、电气防护技术、电气防火防爆、雷电防护、静电防护及电气安全管理等内容，较系统地阐述电气安全的基本原理和基本方法。

本书可作为高等院校安全工程专业本科教材，也可作为有关安全工程技术人员和安全管理人员的培训教材。

图书在版编目(CIP)数据

电气安全/孙熙，蒋永清主编．—北京：机械工业出版社，2010.9（2022.8重印）

高等教育安全工程系列"十一五"规划教材

ISBN 978-7-111-31347-2

Ⅰ．①电… Ⅱ．①孙…②蒋… Ⅲ．①电气设备—安全技术—高等学校—教材 Ⅳ．①TM08

中国版本图书馆 CIP 数据核字(2010)第 199446 号

机械工业出版社（北京市百万庄大街22号　邮政编码100037）
策划编辑：冷　彬　责任编辑：冷　彬
版式设计：张世琴　责任校对：闫玥红
封面设计：张　静　责任印制：邵　敏
中煤（北京）印务有限公司印刷
2022年8月第1版第7次印刷
169mm×239mm・14.75 印张・273 千字
标准书号：ISBN 978-7-111-31347-2
定价：39.00元

电话服务
客服电话：010-88361066
　　　　　010-88379833
　　　　　010-68326294
封底无防伪标均为盗版

网络服务
机　工　官　网：www.cmpbook.com
机　工　官　博：weibo.com/cmp1952
金　书　网：www.golden-book.com
机工教育服务网：www.cmpedu.com

安全工程专业教材编审委员会

主 任 委 员：冯长根

副主任委员：王新泉　吴　超　蒋军成

秘 书 长：冷　彬

委　　　员：（排名不分先后）

冯长根　王新泉　吴　超　蒋军成　沈斐敏　钮英建

霍　然　孙　熙　金龙哲　王述洋　刘英学　王保国

张俭让　司　鹄　王凯全　董文庚　景国勋　柴建设

周长春　冷　彬

序^㊀

"安全工程"本科专业是在1958年建立的"工业安全技术"、"工业卫生技术"和1983年建立的"矿山通风与安全"本科专业基础上发展起来的。1984年,国家教委将"安全工程"专业作为试办专业列入普通高等学校本科专业目录之中。1998年7月6日,教育部发文颁布《普通高等学校本科专业目录》,"安全工程"本科专业(代号:081002)属于工学门类的"环境与安全类"(代号:0810)学科下的两个专业之一㊁。据"高等院校安全工程专业教学指导委员会"1997年的调查结果显示,自1958~1996年底,全国各高校累计培养安全工程专业本科生8130人。近年,安全工程本科专业得到快速发展,到2005年底,在教育部备案的设有安全工程本科专业的高校已达75所,2005年全国安全工程专业本科招生人数近3900名㊂。

按照《普通高等学校本科专业目录》的要求,原来已设有与"安全工程专业"相近但专业名称有所差异的高校,现也大都更名为"安全工程"专业。专业名称统一后的"安全工程"专业,专业覆盖面大大拓宽㊁。同时,随着经济社会发展对安全工程专业人才要求的更新,安全工程专业的内涵也发生很大变化,相应的专业培养目标、培养要求、主干学科、主要课程、主要实践性教学环节等都有了不同程度的变化,学生毕业后的执业身份是注册安全工程师。但是,安全工程专业的教材建设与专业的发展出现尚不适应的新情况,无法满足和适应高等教育培养人才的需要。为此,组织编写、出版一套新的安全工程专业系列教材已成为众多院校的翘首之盼。

机械工业出版社是有着50多年历史的国家级优秀出版社,在高等学校安全工程学科教学指导委员会的指导和支持下,根据当前安全工程专业教育的发展现状,本着"大安全"的教育思想,进行了大量的调查研究工

㊀ 此序作于2006年5月,为便于读者了解本套系列教材的产生与延续,该序将一直被保留和使用,并对其中某些的数据变化加以备注,以反映本套系列教材的可持续性,做到传承有序。

㊁ 按《普通高等学校本科专业目录》(2012版),"安全工程"本科专业(专业代码:082901)属于工学学科的"安全科学与工程类"(专业代码:0829)下的专业。

㊂ 这是安全工程本科专业发展过程中的一个历史数据,没有变更为当前数据是考虑到该专业每年的全国招生数量是变数,读者欲加了解,可在具有权威性的相关官方网站查得。

作，聘请了安全科学与工程领域一批学术造诣深、实践经验丰富的教授、专家，组织成立了教材编审委员会(以下简称"编审委")，决定组织编写"高等教育安全工程系列'十一五'规划教材"[○]。并先后于2004年8月(衡阳)、2005年8月(葫芦岛)、2005年12月(北京)、2006年4月(福州)组织召开了一系列安全工程专业本科教材建设研讨会，就安全工程专业本科教育的课程体系、课程教学内容、教材建设等问题反复进行了研讨，在总结以往教学改革、教材编写经验的基础上，以推动安全工程专业教学改革和教材建设为宗旨，进行顶层设计，制订总体规划、出版进度和编写原则，计划分期分批出版近30余门课程的教材，以尽快满足全国众多院校的教学需要，以后再根据专业方向的需要逐步增补。

由安全学原理、安全系统工程、安全人机工程学、安全管理学等课程构成的学科基础平台课程，已被安全科学与工程领域学者认可并达成共识。本套系列教材编写、出版的基本思路是，在学科基础平台上，构建支撑安全工程专业的工程学原理与由关键性的主体技术组成的专业技术平台课程体系，编写、出版系列教材来支撑这个体系。

本套系列教材体系设计的原则是，重基本理论，重学科发展，理论联系实际，结合学生现状，体现人才培养要求。为保证教材的编写质量，本着"主编负责，主审把关"的原则，编审委组织专家分别对各门课程教材的编写大纲进行认真仔细的评审。教材初稿完成后又组织同行专家对书稿进行研讨，编者数易其稿，经反复推敲定稿后才最终进入出版流程。

作为一套全新的安全工程专业系列教材，其"新"主要体现在以下几点：

体系新。本套系列教材从"大安全"的专业要求出发，从整体上考虑，构建支撑安全工程学科专业技术平台的课程体系和各门课程的内容安排，按照教学改革方向要求的学时，统一协调与整合，形成一个完整的、各门课程之间有机联系的系列教材体系。

内容新。本套系列教材的突出特点是内容体系上的创新。它既注重知识的系统性、完整性，又特别注意各门学科基础平台课之间的关联，更注意后续的各门专业技术课与先修的学科基础平台课的衔接，充分考虑了安全工程学科知识体系的连贯性和各门课程教材间知识点的衔接、交叉和融合问题，努力消除相互关联课程中内容重复的现象，突出安全工程学科的工程学原理与关键性的主体技术，有利于学生的知识和技能的发展，有利于教学改革。

知识新。本套系列教材的主编大多由长期从事安全工程专业本科教学的教

○ 自2012年更名为"高等教育安全科学与工程类系列规划教材"。

授担任,他们一直处于教学和科研的第一线,学术造诣深厚,教学经验丰富。在编写教材时,他们十分重视理论联系实际,注重引入新理论、新知识、新技术、新方法、新材料、新装备、新法规等理论研究、工程技术实践成果和各校教学改革的阶段性成果,充实与更新了知识点,增加了部分学科前沿方面的内容,充分体现了教材的先进性和前瞻性,以适应时代对安全工程高级专业技术人才的培育要求。本套教材中凡涉及安全生产的法律法规、技术标准、行业规范,全部采用最新颁布的版本。

  安全是人类最重要和最基本的需求,是人民生命与健康的基本保障。一切生活、生产活动都源于生命的存在。如果人们失去了生命,一切都无从谈起。全世界平均每天发生约 68.5 万起事故,造成约 2200 人死亡的事实,使我们确认,安全不是别的什么,安全就是生命。安全生产是社会文明和进步的重要标志,是经济社会发展的综合反映,是落实以人为本的科学发展观的重要实践,是构建和谐社会的有力保障,是全面建设小康社会、统筹经济社会全面发展的重要内容,是实施可持续发展战略的组成部分,是各级政府履行市场监管和社会管理职能的基本任务,是企业生存、发展的基本要求。国内外实践证明,安全生产具有全局性、社会性、长期性、复杂性、科学性和规律性的特点,随着社会的不断进步,工业化进程的加快,安全生产工作的内涵发生了重大变化,它突破了时间和空间的限制,存在于人们日常生活和生产活动的全过程中,成为一个复杂多变的社会问题在安全领域的集中反映。安全问题不仅对生命个体非常重要,而且对社会稳定和经济发展产生重要影响。党的十六届五中全会首次提出"安全发展"的重要战略理念。安全发展是科学发展观理论体系的重要组成部分,安全发展与构建和谐社会有着密切的内在联系,以人为本,首先就是要以人的生命为本。"安全·生命·稳定·发展"是一个良性循环。安全科技工作者在促进、保证这一良性循环中起着重要作用。安全科技人才匮乏是我国安全生产形势严峻的重要原因之一。加快培养安全科技人才也是解开安全难题的钥匙之一。

  高等院校安全工程专业是培养现代安全科学技术人才的基地。我深信,本套系列教材的出版,将对我国安全工程本科教育的发展和高级安全工程专业人才的培养起到十分积极的推进作用,同时,也为安全生产领域众多实际工作者提高专业理论水平提供了学习资料。当然,由于这是第一套基于专业技术平台课程体系的教材,尽管我们的编审者、出版者夙兴夜寐,尽心竭力,但由于安全学科具有在理论上的综合性与应用上的广泛性相交叉的特性,开办安全工程专业的高等院校所依托的行业类型又涉及军工、航空、化工、石油、矿业、土木、交通、能源、环境、经济等诸多领域,安全科学与工程的应用也涉及人类生产、生活和生存的各个方面,因此,本套系列教材依然会存在这样和那样的缺点、不足，难免挂一漏万，诚恳地希望得到有关专家、学者的关心与支持，希望选用本套教材的广大师生在使用过程中给我们多提意见和建议。谨祝本系列教材在编者、出版者、授课教师和学生的共同努力下，通过教学实践，获得进一步的完善和提高。

"嘤其鸣矣，求其友声"，高等院校安全工程专业正面临着前所未有的发展机遇，在此我们祝愿各个高校的安全工程专业越办越好，办出特色，为我国安全生产战线输送更多的优秀人才。让我们共同努力，为我国安全工程教育事业的发展作出贡献。

中国科学技术协会书记处书记[一]
中国职业安全健康协会副理事长
中国灾害防御协会副会长
亚洲安全工程学会主席
高等学校安全工程学科教学指导委员会副主任
安全工程专业教材编审委员会主任
北京理工大学教授、博士生导师

2006 年 5 月

[一] 曾任中国科学技术协会副主席。

前 言

人类社会不断向前发展，人类对电的依存程度越来越高。电已不仅仅是一种能源形式，可以说，电已成为人类步入信息化、智能化时代的介质。从另一个角度上看，电几乎成为人类在用能源的终极形式，无论煤、石油、天然气等的热能，还是核能、风能、太阳能以及生物质能等，人类都试图把它转化为电能再来应用。当今社会，人类生活的一切场合，电几乎无处不在，无时不有，电甚至已经成为人类须臾不可离开的东西。

正因为电与人类的关系如此密切，电在人类生活中如此重要，一旦发生电气事故，不仅会直接危及人的生命、财产安全，甚至直接影响到人类社会生活的稳定与和谐。因而，掌握电气安全基本理论和技术，防范电气事故发生，是安全工程专业学生一项极为重要的专业技能。编者根据高等教育安全工程系列"十一五"规划教材编委会制订的出版计划，编写了本教材。期望通过此教材使学生了解电力系统安全运行及防范电气伤害事故两方面的基本理论知识，更好地从事安全技术及管理工作。

本书由东北大学孙熙编写第1章，哈尔滨理工大学蒋永清编写第3、6、7章，东北大学李刚编写第4、5、8、9章，首都经济贸易大学文华编写第10、11章，哈尔滨理工大学任丽军编写第2章。本书特请首都经济贸易大学钮英建教授主审。

本书是由安全工程系列规划教材编审委员会组织编写的，在本书的编写过程中，编审委员会积极组织专家对本书的编写大纲和书稿进行数次的审纲和审稿工作，在此，对编审委和有关专家的工作表示诚挚的谢意。

本书在编写过程中参考了国内相关教材和手册等资料，在此向相关作者致以谢意。由于认识水平和学识有限，本书的内容体系能否符合读者的需求，还请读者及专家、同行不吝指正。

编　者

目　　录

序
前言

第1章　电气安全概述 ·· 1
　1.1　电气事故 ··· 1
　1.2　电流对人体的作用 ··· 2
　1.3　安全电压 ··· 9

第2章　供配电系统 ·· 12
　2.1　电力系统 ·· 12
　2.2　负荷分类及供电 ··· 13
　2.3　变配电站 ·· 15

第3章　变配电设备 ·· 23
　3.1　变配电设备选择的一般原则 ·· 23
　3.2　变压器 ··· 25
　3.3　高压断路器 ··· 32
　3.4　熔断器 ··· 36
　3.5　互感器 ··· 39
　3.6　电力电容器 ··· 41

第4章　电气线路 ··· 45
　4.1　导线选择原则 ·· 45
　4.2　架空线 ··· 52
　4.3　电缆 ·· 56
　4.4　室内配线 ·· 59

第5章　继电保护 ··· 62
　5.1　继电保护原理 ·· 62
　5.2　继电保护接线方式 ·· 68

5.3 电网相间短路保护 ·· 70
5.4 变压器保护 ··· 73
5.5 电动机保护 ··· 76

第6章 低压电器ㆍㆍㆍㆍㆍㆍㆍㆍㆍㆍㆍㆍㆍㆍㆍㆍㆍㆍㆍㆍㆍㆍㆍㆍㆍㆍㆍㆍㆍㆍㆍㆍㆍ 79
6.1 概述 ·· 80
6.2 低压电器设备选择 ·· 82
6.3 电动机 ··· 86
6.4 电气照明 ·· 90
6.5 其他低压电器 ·· 93

第7章 电气防护技术ㆍㆍㆍㆍㆍㆍㆍㆍㆍㆍㆍㆍㆍㆍㆍㆍㆍㆍㆍㆍㆍㆍㆍㆍㆍㆍㆍㆍ 104
7.1 工作接地 ·· 104
7.2 电网安全性分析 ··· 114
7.3 保护接地 ·· 120
7.4 保护接零 ·· 125
7.5 双重绝缘和加强绝缘 ··· 130
7.6 剩余电流动作保护 ·· 132
7.7 电气隔离 ·· 140

第8章 电气防火防爆ㆍㆍㆍㆍㆍㆍㆍㆍㆍㆍㆍㆍㆍㆍㆍㆍㆍㆍㆍㆍㆍㆍㆍㆍㆍㆍㆍㆍ 144
8.1 电气引燃的原因 ··· 144
8.2 燃爆危险环境 ·· 147
8.3 防爆电气设备和防爆电气线路 ······························· 151
8.4 电气防火防爆措施 ·· 163

第9章 防雷技术ㆍㆍㆍㆍㆍㆍㆍㆍㆍㆍㆍㆍㆍㆍㆍㆍㆍㆍㆍㆍㆍㆍㆍㆍㆍㆍㆍㆍㆍㆍㆍㆍ 166
9.1 雷电及其危害 ·· 166
9.2 防雷装置 ·· 171
9.3 防雷措施 ·· 179

第10章 静电防护ㆍㆍㆍㆍㆍㆍㆍㆍㆍㆍㆍㆍㆍㆍㆍㆍㆍㆍㆍㆍㆍㆍㆍㆍㆍㆍㆍㆍㆍㆍ 188
10.1 静电的产生及危害 ·· 188
10.2 静电防护技术 ·· 194

第 11 章　电气安全管理 …………………………………………… 201
　11.1　电气安全组织管理 ………………………………………… 201
　11.2　电气操作与维修 …………………………………………… 203
　11.3　电工安全用具 ……………………………………………… 211

参考文献 ………………………………………………………… 219

第1章

电气安全概述

1.1 电气事故

电的发现及应用,促进了人类社会飞跃的进步。时至今日,电已是人类须臾不可离开的。正因为如此,电气安全已成为人类社会安全的重要组成部分。

电力系统由于负荷、潮流的变化,电气设备质量,寿命的影响或是自然灾害,操作失误导致各种故障,致使电力系统运行局部甚至全部遭到破坏,进而给工、农业及人们的社会生活带来严重恶果。

1978年12月19日上午,法国由于气温陡降,用电负荷快速增长,达到38500MW,远远超过当时法国能启动的全部发电负荷,出现低电压运行局面,运行人员采取提高电压和减轻线路负荷的措施未能奏效,最终当比利时联络线路跳开后,造成全法国电网瓦解,法国大部分区域停电。停电负荷达29000MW,占全国用电总负荷的78%,直到晚6时才基本恢复供电。大停电使法国全国交通瘫痪,社会生活几乎停顿。

2003年8月14日,美国中西部、东北部及加拿大安大略省因暴风雨遭受了大面积停电事件。事故开始于美国东部时间16时左右,在美国部分地区,电力供应在4日后仍未恢复,而在全部电力供应恢复之前,安大略省部分地区的停电持续了一个多星期。给成千上万市民的工作和生活造成了极大不便,造成巨大损失。

2008年1月中旬,我国南方多省遭遇50年一遇雨雪灾害,数省电力设施包括多处输电塔因冰雪塌垮,进而形成大区域停电多天,并导致京广电气化铁路中断,造成严重经济损失。

由电气事故导致燃烧爆炸,造成重大财产损失甚至重大人身伤亡事件多有发生。

1967~1975年全世界计有18艘大型船只因静电放电发生爆炸,其中1969年不到1个月时间,相继发生荷兰、挪威、英国三艘20万吨级油轮在航行中冲洗油轮时因静电引发爆炸，其中一艘沉没。1989年我国大型储油基地黄岛油库因雷电引发油罐内原油、重油发生沸溢、爆喷，大火烧了104h才被扑灭，死亡19人（其中消防人员13人）；烧掉原油3.6万t，油库区成为一片废墟，直接经济损失3540万元。

电气事故中电气对人的伤害每年大量发生，统计资料表明：在工伤事故中，电气事故占有较大的比例。例如，触电死亡人数占全部事故死亡人数的5%左右。因此，防止电气伤害是工伤事故控制中极为重要的方面之一。

1.2　电流对人体的作用

1.2.1　电气伤害的种类

电气伤害可分为触电伤害和电磁场伤害，触电伤害通常又分为电击和电伤两种形式。

电击是指电流通过人体内部的组织和器官，引起人体功能及组织损伤的伤害。电击会导致人痉挛、窒息，乃至危及人的生命。通常认为电流引起人的心室颤动是电击致死的主要原因。

按照人体触及带电体的方式和电流通过人体的途径，电击可分为以下几种情况：

（1）单相触电。单相触电是指人体在地面或其他接地导体上，某一部位触及一相带电体的触电事故。

（2）两相触电。两相触电是指人体同时触及两相带电体的触电事故。

（3）接触电压、跨步电压及闪击。

电伤是指由电流的热效应、化学效应或机械效应对人体造成的局部伤害。

电弧烧伤是最常见也是最严重的电伤。带负荷拉闸，错误操作引起短路，过分接近高压带电体，均能产生强烈电弧而造成烧伤。开起式熔断器熔断时，炽热的金属微粒飞溅出来会造成灼伤，电弧会使眼睛产生暂时性甚至永久性失明。

电烙印也是电伤的一种。当载流导体长期接触人体时，由于电流的化学效应和机械效应的作用，接触部位皮肤变硬，形成肿块，如同烙印一样，故称为电烙印。此外，金属微粒因某种化学原因渗入皮肤，可使皮肤变得粗糙而坚硬，导致所谓"皮肤金属化"。电烙印和皮肤金属化都会对人体造成局部伤害。

电磁场伤害是指在一定强度的中、短波及微波电磁场照射下引起的对人体伤害。电磁场伤害引起人体中枢神经系统及植物神经系统功能失调，甚至心血管系统异常。电磁场对人体的伤害主要是功能性改变,一般具有可复性特征。

1.2.2 电流对人体的作用

这里讲的电流对人体的作用是指电流通过人体内部对于人体有害的作用。

电流通过人体会引起这样或那样的生理变化,由开始感到电流的作用,出现轻微刺痛、牵动、痉挛、疼痛、血压升高到心律不齐、麻痹、窒息,乃至心室颤动、心脏停跳、神经、血管破坏及严重烧伤。

电流通过人体内部对人体的伤害程度与通过人体电流的大小、电流通过人体的持续时间、电流通过人体的途径、电流的种类以及人体的状况等多种因素有关,而电流大小与作用时间则是主要因素。

1. 伤害程度与电流大小的关系

通过人体的电流越大,人体的生理反应越明显,感觉越强烈。电流对人体作用的变化分为以下步骤:

1)感知电流。可引起人的感觉的最小电流称为感知电流。人对电流最初的感觉是轻微麻抖和轻微刺痛。试验资料表明,对于成年男性平均感知电流的有效值为 1.05mA ($f = 50$Hz),女性为 0.7mA。感知电流的概率曲线如图 1-1 所示。

感知电流一般不会对人体造成伤害,但应该考虑到因惊慌或恐惧可能导致跌倒或坠落而产生伤害。

2)摆脱电流。通过人体的电流超过感知电流后,人体就会产生痛苦的感觉。当电流增大到一定程度,触电者将因肌肉收缩、发生痉挛紧紧抓住带电体,由于神经麻痹,失去运动的自主性而不能自行摆脱电源。人触电后能自行摆脱电源的电流极限值称为摆脱电流。对于成年男性的平均摆脱电流约为 16mA;成年女性约为 10.5mA。摆脱电流的概率曲线如图 1-2 所示。

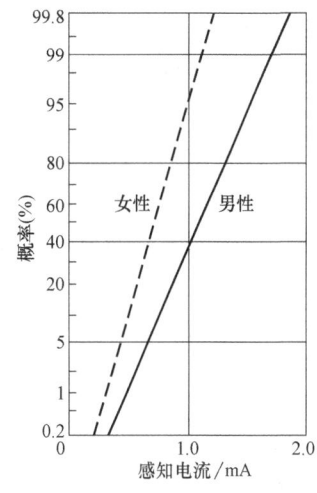

图 1-1 感知电流概率曲线

从安全角度出发,取概率为 0.5% 时人的摆脱电流作为最小摆脱电流。成年男性最小摆脱电流为 9mA,女性为 6mA。

摆脱电流是人体可以忍受而不致造成不良后果的电流。当电流值大于摆脱电流时,由于呼吸中枢抑制乃至麻痹,呼吸常常加快变浅,心跳加速,有时出现前期收缩,触电者常短时陷于昏迷。因此,设计电力系统时,应使人不致长时间承受大于 9mA 交流或 60mA 直流电的作用。

3）致命电流。致命电流是指电流通过人体时，使心脏的心室产生颤动而濒于死亡的电流值。

为了完成沿循环系统泵血的功能，心脏具有两个主要的泵血室，一个使血液周身流转，一个使血液流经肺部。两个心室的厚壁几乎都是由肌肉组成的。所有这些肌肉纤维都同时收缩，因而在两个心室里产生了足以使血液循环的压力。心脏的工作是同微弱的电信号联系在一起的，医学上的心电图就是这种信号的反映，当外来电流通过心脏时，原有的电信号受到干扰，心脏的正常工作受到破坏，各肌肉纤维间的协调性被改变，它们不再同时收缩，而是单独地以各自的速率收缩，变成了每分钟数百次以上的细微的颤动，即所谓心室颤动。这样，心室就产生不出压力，血液循环就停止了。

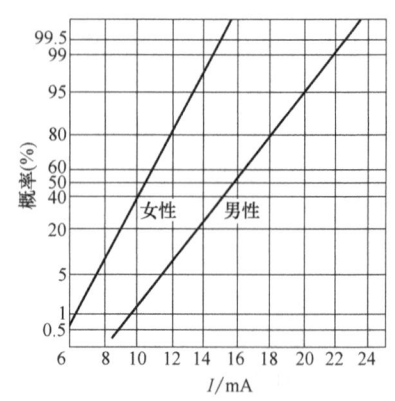

图1-2 摆脱电流概率曲线

目前，关于产生心室室颤电流的标准多数认为是500mA。

2. 伤害程度与时间的关系

电流对人体的伤害程度与电流对人体作用的持续时间有密切关系。人体试验表明，随着作用时间的增长，不仅摆脱电流值迅速降低，而且使人可以摆脱的电压值也迅速降低。动物实验表明，通电时间越长，引起心室颤动的电流值越小。对此，有人认为，在心脏搏动周期中，只有相应于心电图上约0.1s的T波这一特定相位是对电流最敏感的，如图1-3所示。通电时间越长，与该特定相位重合的可能性越大，心室颤动的可能性就越大。也有人认为，确定危害程度的物理量是能量，通电时间越长，能量累积越多，对人的伤害就越大。

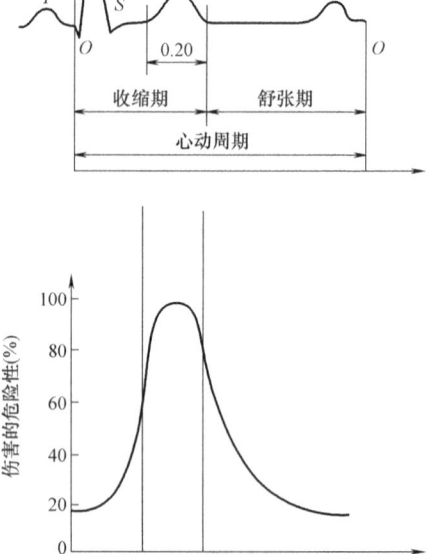

图1-3 电流流过心脏的时间与心动周期时相T重合的危险性

国际电工委员会建议按图1-4划分交流电流对人体作用的区域范围。该图中各个区域所产生的电击生理效应见表1-1。

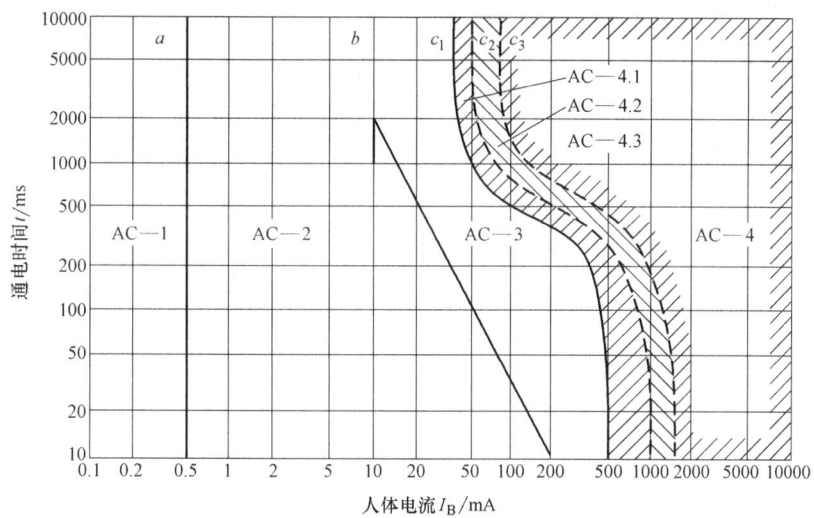

图1-4　15~100Hz交流电流效应的时间-电流区域图

表1-1　15~100Hz交流电流效应的时间-电流区域说明

区域符号	区域界限	生理效应
AC—1	0~0.5mA至线a	通常无反应
AC—2	0.5mA至线b	通常无有害生理效应
AC—3	线b至曲线c_1	通常预计无器质性损伤，通电时间超过2s以上时，很可能发生痉挛样的肌肉收缩，呼吸困难。随着电流量值和时间的增加，心脏内心电冲动的形成和传导有可能恢复的障碍，包括无心室纤维性颤动的心房纤维性颤动和心脏短暂停搏动
AC—4	曲线c_1以右	除区域AC—3的效应外，随着电流量值和通电时间的增加，还可出现一些危险病理生理效应，如心跳停止、呼吸停止及严重烧伤
AC—4.1	曲线c_1至曲线c_2	心室纤维性颤动的概率增到大约5%
AC—4.2	曲线c_2至曲线c_3	心室纤维性颤动的概率增到大约50%
AC—4.3	曲线c_3以右	心室纤维性颤动的概率超过50%

注：当通电时间小于10ms时，线b的人体电流的限值保持为恒定值200mA。

国际电工委员会（IEC）建议按图1-5划分电流对人体作用的区域范围。

该图中各个区域所产生的电击生理效应见表1-2。

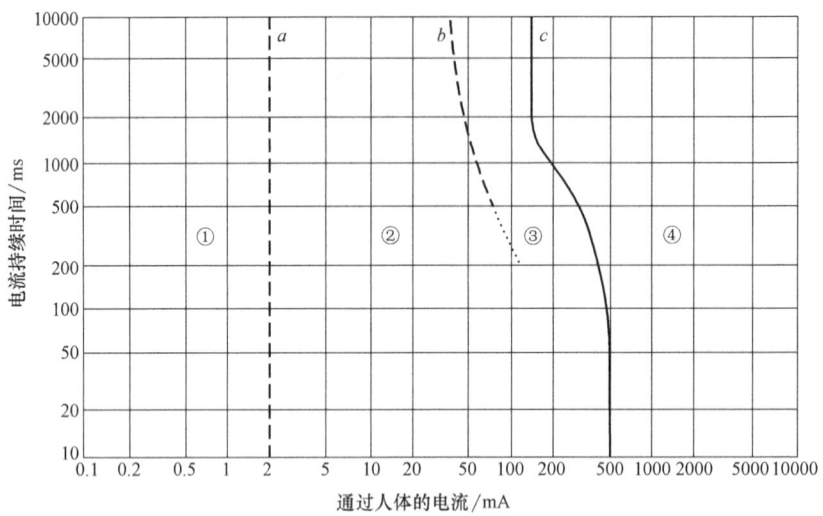

图1-5 直流电流的时间-电流效应对人体作用的区域划分

（关于心室纤颤，本图是按电流流过人体的路径为从左手至双脚，且为向上电流的效应。）

表1-2 直流时间-电流效应曲线内各区的生理效应

区域	生 理 效 应
①区	通常无反应性效应
②区	通常无有害的生理效应
③区	通常无器官性损伤，随电流和时间的增加，可能出现心脏中兴奋波的形成和传导的可逆性紊乱
④区	除③区的效应外，还可能出现心室纤颤，也可能发生严重烧伤等其他病理生理效应

根据动物试验测定的数据，获得计算心室颤动电流值的经验公式为：

$$I = \frac{K}{\sqrt{t}} \tag{1-1}$$

式中 I——造成心室颤动时的电流值（mA）；

t——触电时间，范围是 8.3ms～5s；

K——常数，与体重及发生心室颤动的概率有关。

根据推算，取人体标准体重为50kg，心室颤动发生概率为0.5%，美国取 $K=116～185$（俄罗斯和加拿大取 K 为165），即得到对人的心室颤动电流 I（单位：mA）计算式为：

$$I = \frac{116～185}{\sqrt{t}} \tag{1-2}$$

或改写为:

$$I^2 t = 0.0135 \sim 0.0342 \tag{1-3}$$

$I^2 t$ 是单位电阻上的能量,其单位为 $A^2 \cdot s$。式(1-3)表明,发生心室颤动的允许限度是由触电能量决定的。而前苏联学者则把它称为电流冲量。

原西德的研究者提出发生心室颤动的电流与时间乘积的安全值为 $50mA \cdot s$,取 1.67 倍安全系数,规定 $30mA \cdot s$ 为允许值。这个单位实质上表征触电的允许限度是由电荷量决定的。

目前,由于对保护水平的概念不同,所以对在电流的短暂作用下的安全电流允许值及其计算公式,各国研究者具有很大差别。

第一种概念的支持者认为,低于原纤维性变的电流短暂作用于人体,在绝大多数情况中不可能导致呼吸停止、神经系统永久性破坏,严重烧伤和其他危险后果。并且指出,允许电流的上限较低,将导致保护措施的费用急增,因此,应该使用未使原纤维性变的极限值作为允许的短暂作用电流。

第二种概念认为,保护水平应该是在一定的作用持续时间下,允许电流不仅对生命是安全的,而且不应使人体引起不能恢复的病态变化。

正因为上述原因,不仅各国对触电电流与时间乘积的规定值不同,而且对安全电流的规定也不尽相同。

在我国触电电流与时间的乘积规定为 $30mA \cdot s$,目前世界各国除触电电流与时间乘积的规定值外,还有安全电流的规定。我国安全电流为 30mA。

3. 伤害程度与电流种类的关系

实验表明,直流、不同频率的交流及冲击电流(脉冲电流)对人体的伤害程度是不同的。其中直流电的危险性比交流电要小。直流电的最小感知电流对男性约为 5.2mA,女性为 3.5mA;平均摆脱电流对男性约为 76mA,女性为 51mA,均为工频(50Hz)的 5 倍左右。

电流频率为 25~300Hz 的交流电对人体伤害最严重。国际电工委员会出版物中说明,摆脱电流的频率曲线是以 50~60Hz 为最低点,高于 50Hz 的交流电的摆脱电流阈值都高于 50Hz 时的值。前苏联的研究认为,200Hz 交流具有最大的生理主动性,这个频率下的最小感知电流值和可以忍耐的电流极限值最低。超过 1000Hz 以上的电流,伤害程度明显减轻。

雷电和静电产生的电流为冲击电流(单脉冲电流),冲击电流引起强烈的肌肉收缩,给人以冲击感。数十至一百微秒的冲击电流使人感觉冲击的最小值为数十毫安以上,10~100μs 接近 100A 的冲击电流仍不致引起心室颤动使人致命。通常认为,冲击电流引起心室颤动的界限是 27Ws。当人体电阻为 500Ω 时,引起心室颤动的冲击电流与时间常数的关系如图 1-6 所示。

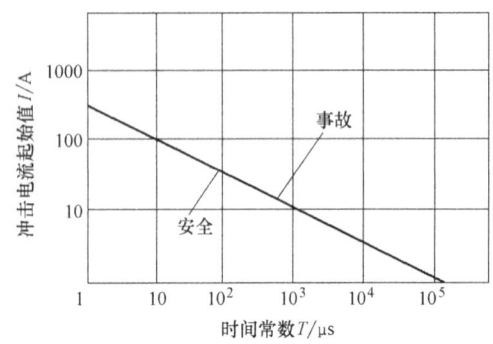

图 1-6　冲击电流的危险界限

4. 伤害程度与电流途径的关系

电流通过人体时，通过的途径不同，其后果也不相同。电流通过心脏引起心室颤动，使血液循环停止而导致死亡；电流通过中枢神经或有关部位，会引起中枢神经系统强烈失调而导致死亡；电流通过头部会使人昏迷，电流通过脊髓会使人截瘫。图 1-7 为电流通过人体的代表性途径。

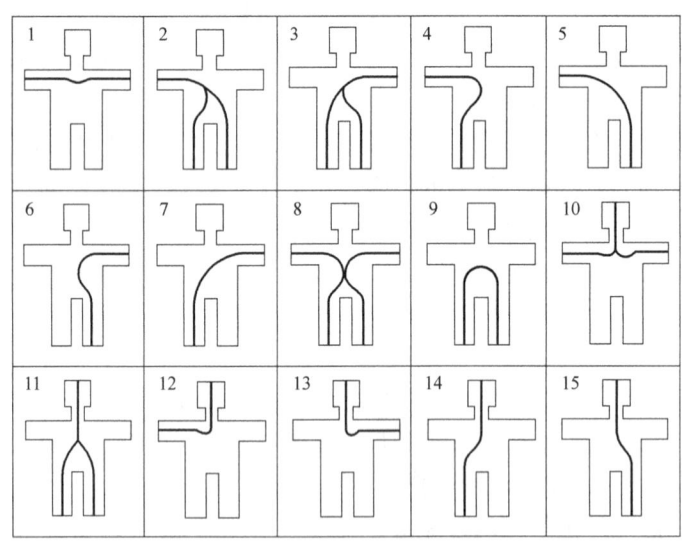

图 1-7　电流通过人体的代表性途径（电流回路）图

因此，电流从一只手流入，从另一只手流出，或从手流入，从脚流出，都是能发生致命影响的通路，而从一只脚流入，从另一只脚流出时，危险性就小一些。

除了上述影响伤害程度的因素外,电流对人体的伤害程度还与人体的状态等因素有关。一般来说,女性和儿童受电流的作用较成年男性敏感。另外,体重越大,肌肉越发达者的摆脱电流也较大;心室颤动约与体重成正比。

1.3 安全电压

安全电压的定义是:为防止触电事故而采用的由特定电源供电的电压系列。显而易见,安全电压是保证用电安全的重要措施。

1.3.1 人体允许电流及人体的阻抗

通常把摆脱电流看做允许电流。男性最小允许电流为 9mA,女性为 6mA。在线路或设备上装有防止触电的速断保护装置的情况下,人体的允许电流可按 30mA 考虑。在空中、水下等可能因电击导致摔死和淹死的场合,人体允许电流应按不引起强烈痉挛的 5mA 考虑。

人体阻抗由电阻和与其并联的电容组成。由于电容很小,可忽略不计。

人体的总阻抗为电流所经过的组织的阻抗之和,血液、淋巴、肌肉组织,特别是神经,具有最大的电导;皮肤、骨和脂肪电导最小。人体阻抗在很大范围内波动,并取决于电压、接触面积、电流作用时间和其他因素。

皮肤电阻,更确切地说是皮肤上角质层的电阻,它是人体总阻抗的主要部分。割伤、擦伤、皮肤潮湿,大大降低了皮肤电阻,因此,增加了触电可能性。随着电压的提高,皮肤的保护作用就失去了意义,因为角质层将被击穿,人体总阻抗值下降。在电压一定的条件下,当完全击穿时,器官的总阻抗就等于内部组织的阻抗,与所加电压无关。研究结果表明,在不超过 150kHz 的低频下,人体内部电阻值为 480~500Ω。

人体电阻与接触电压的关系如图 1-8 所示。

人体的阻抗受干湿的影响很大,潮湿或出汗会大大降低皮肤的阻抗值。不同干湿条件下的人体阻抗可按表 1-3 考虑。进行低压电气设备设计时,一般情况下人体阻抗可取为 2000Ω,在比较潮湿条件下应按 500~1000Ω 考虑。

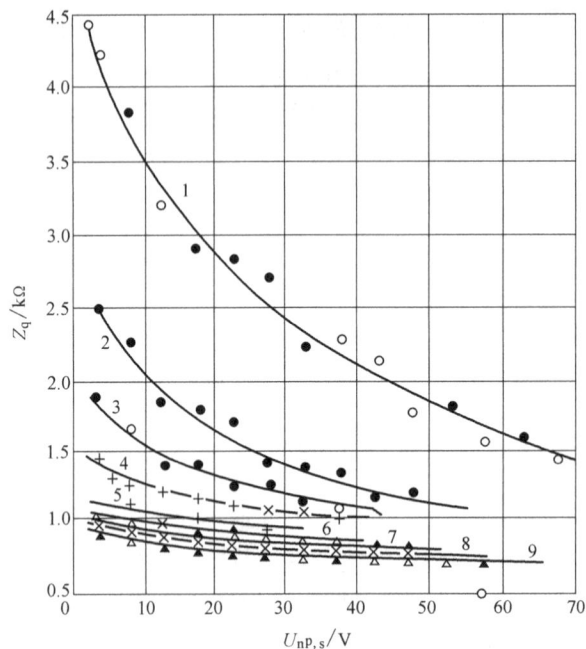

图 1-8 不同频率下人体阻抗同接触电压的关系
1—50Hz 2—200Hz 3—400Hz 4—600Hz 5—800Hz
6—1400Hz 7—2200Hz 8—3000Hz 9—6000Hz 和 9000Hz

表 1-3 不同条件下的人体电阻　　　　　　　（单位：Ω）

接触电压/V	人体电阻			
	皮肤干燥	皮肤潮湿	皮肤润湿	皮肤浸入水中
10	7000	35000	1200	600
25	5000	2500	1000	500
50	4000	2000	875	440
100	3000	1500	770	375
250	1500	1000	650	325

相当干燥场所的皮肤，电流途径为单手至双足。
相当潮湿场所的皮肤，电流途径为单手至双足。
相当有水蒸气等特别潮湿场所的皮肤，电流途径为双手至双足。
相当游泳池或浴池中的情况，基本上为体内电阻。

1.3.2 安全电压值

从人身直接接触保护来讲,应以 25V(交流有效值)为上限,超过 25V 就应遮拦起来或采取绝缘措施;但若以 25V 为上限,人身安全是有保证了,可是从电气设备的设计和制造来讲是困难的,从经济上、技术上是行不通的。因此,在技术、经济与安全之间必须采取把安全电压值适当提高,但附加一些措施条件以保障人身安全的妥协办法。

GB/T 3805—2008《特低电压(ELV)限值》规定,15~100Hz 交流电压限值是:当电气设施或电气设备正常(无故障)状态下,在干燥环境中限值为 33V(对于接触面积小于 $1cm^2$ 的非可握紧部件,允许增大至 66V);潮湿环境中限值为 16V。

安全电压额定值的等级为 42V、36V、24V、13V、6V。

当电气设备采用超过 24V 的安全电压时,必须采取直接接触带电体的保护措施。

第 2 章 供配电系统

2.1 电力系统

电力是现代工业的主要动力。它具有来源广泛、价格低廉、传输简单、便于自动化控制和测量等优点。因此,电力在工农业生产和整个国民经济领域中得到了广泛的应用。电力的生产、输送、分配和使用的全过程,实际上是在同一瞬间完成的。由发电厂、电力网、变电所及电力用户组成的统一整体,称为电力系统。如图 2-1 所示。

图 2-1 从发电厂到用户的输配电过程

发电厂是将各种非电能转换成电能的工厂。通常根据其所转换的能源分类,例如水力发电厂、火力发电厂等。

电力网是输送、变换和分配电能的网络,由变电所和各种不同电压等级的电力线路所组成。它是联系电厂和用户的中间环节。电力网的任务是将发电厂生产的电能输送、变换和分配到电力用户。

电力网的电压等级见表 2-1。我国习惯上将电压为 800kV 或 1000kV 以上的称为特高压,330kV 及 800kV 以上的称为超高压,1~330kV 的称为高压,1kV 以下的称为低压。一般将 3kV、6kV、10kV 等级的电压称为配电电压。

表 2-1 我国交流电网和电力设备的额定电压

	电力网和电力设备额定电压	发动机额定电压	电力变压器额定电压	
			一次	二次
低压/V	220/127	230	220/127	230/133
	380/220	400	380/220	400/230
	660/380	690	660/380	690/400
高压/kV	3	3.15	3 及 3.15	3.15 及 3.3
	6	6.3	6 及 6.3	6.3 及 6.6
	10	10.5	10 及 10.5	10.5 及 11
	—	13.8，15.75，18.20	13.8，15.75，18.20	—
	35	—	35	38.5
	63	—	63	69
	110	—	110	121
	220	—	220	242
超高压/kV	330	—	330	363
	500	—	500	550
	750	—	750	—

注：表中"/"左边数字为三相电路的线电压，右边数字为相电压。

变电所是接受电能、变换电压和分配电能的场所。它是由电力变压器和配电装置组成。按变压的性质和作用又可分为升压变电所和降压变电所两种。

在电力系统中，所有消耗电能的用户均称为电力用户。电力用户所拥有的用电设备可按其用途分为：动力用电设备（如电动机等）、工业用电设备（如电解、冶炼、电焊、热处理等设备）、电热用电设备（如电炉、干燥箱、空调等）、照明用电设备和实验用电设备等，它们可将电能转换为化学能、机械能、热能和光能等不同形式。

2.2 负荷分类及供电

2.2.1 用电负荷分类

用电负荷根据其对供电可靠性的要求分为下列几种。

1. 一级负荷

凡符合下列情况之一的用电负荷称为一级用电负荷。

（1）中断供电时将造成人身伤亡。

(2) 中断供电时将在经济上造成重大损失。例如，重大设备损坏、重大产品报废、用重要原料生产的产品大量报废、国民经济中重点企业的连续生产过程被打乱需要长时间才能恢复等。

(3) 中断供电时将影响有重大政治、经济意义的用电单位的正常工作。例如：重要交通枢纽、重要通信枢纽、重要宾馆、大型体育场馆，以及经常用于国际的大量人员集中的公共场所等用电单位中的重要电力负荷。

在一级用电负荷中，若中断供电将发生中毒、爆炸和火灾等情况的负荷，以及特别重要场所的不允许中断供电的负荷，应视为特别重要的负荷。

2. 二级负荷

凡符合下列情况之一的用电负荷称为二级用电负荷。

(1) 中断供电时将在经济上造成较大损失。例如：主要设备损坏、大量产品报废和连续生产过程被打乱需要长时间才能恢复、重点企业大量减产等。

(2) 中断供电将影响重要用电单位的正常工作。例如，交通枢纽和通信枢纽等用电单位中的重要电力负荷，以及中断供电将造成大型影院、大型商场等较多人员集中的重要的公共场所秩序混乱等。

3. 三级负荷

不属于一级和二级负荷的用电负荷称为三级负荷。

2.2.2 供电

1. 一级负荷供电要求

(1) 一级负荷应由两个电源供电，当一个电源发生故障时，另一个电源不应同时受到损坏。

(2) 一级负荷中特别重要的负荷，除由两个电源供电外，还应增设应急电源，并不准将其他负荷接入应急供电系统。

应急供电系统有下列几种：

1) 独立于正常电源的发电机组，即与电网在电气上独立的电源，如柴油发电机等。

2) 供电电网中独立于正常电源的专用的馈电线路。

3) 蓄电池。

具体选择哪种应急电源，一般可根据允许中断供电的时间来选择。例如：允许中断供电时间在15s以上的供电系统可选用快速自起动的发电机组；自动投入装置的动作时间能满足允许中断供电时间的系统，可选用带自动投入装置的独立于正常电源的专用馈电线路；允许中断时间为毫秒级的系统可选用蓄电池不间断供电装置或柴油机不间断供电装置等。

2. 二级负荷供电要求

一般采用双回路供电，即采用两条线路供电。若条件不允许，可采用 10kV 及 10kV 以下的专用架空线路供电。是否设置备用电源应作经济技术比较，若中断供电所造成的损失大于设置备用电源费用，则应设置备用电源。否则允许采用一个独立电源。

3. 三级负荷供电要求

对供电无特殊要求。在不增加投资的情况下，应尽量提高供电的可靠性。

2.3 变配电站

2.3.1 变配电站站址选择

为了保障变配电站安全运行和供配电系统的经济合理以及安装维护方便，变配电站站址选择应根据下列要求综合考虑确定：

（1）站址要尽可能接近负荷中心。

（2）进出线方便。

（3）不宜设在多尘或有腐蚀性气体的场所。如无法远离时，不应设在污染源的下风侧。

（4）不应设在有剧烈振动的场所。

（5）不应设在爆炸危险场所以内和不宜设在有火灾危险场所的正上方或正下方。如果一定要布置在爆炸危险场所范围内和布置在与火灾危险场所的建筑物毗连处时，应符合现行的《爆炸和火灾危险环境电力装置设计规范》（GB 50058—1992）的规定。

（6）变配电站为独立建筑物时，不宜设在地势低洼和可能积水的场所。

（7）高层建筑地下层变配电站的位置，宜选择在通风、散热条件较好的场所。

（8）变配电站位于高层建筑（或其他地下建筑）的地下室时，不宜设在最底层。假如地下只有一层时，则应采取适当抬高变配电站地面等防水措施。应避免洪水或积水从其他渠道淹渍变配电站的可能。

（9）变配电站站址选择时还应考虑设备运输、吊装等方便。

2.3.2 变配电站布置

变配电所有户外式和户内式，即变压器及一些电气设备布置在户外或户内。目前中小型工厂 10kV 变配电站多采用户内布置。户内式变配电站主要由三部分组成：高压配电室、变压器室、低压配电室。此外，有的变配电站还设有高压电容器室和值班室。

（1）应考虑设备的维护、检修、实验及搬运便利。值班室一般应尽量靠近高、低压配电室，且有门直通。高、低压配电室内通道最小宽度值见表2-2和表2-3。变压器室内变压器外廓与墙壁的最小距离值见表2-4。

表2-2　高压配电室内通道最小宽度

布置方式	维护通道/m	操作通道/m	
		固定式	手车式
单列布置	0.8	1.5	单车长+1.2
双列布置	0.8	2.0	双车长+0.9

表2-3　低压配电室内通道最小宽度

布置方式	屏前操作通道/m	屏后操作通道/m	屏后维护通道/m
单列布置	1.5	1.2	1.0
双列布置	2.0	1.2	1.0

表2-4　变压器外廓与变压器室墙壁最小距离

变压器容量/kV·A	100~1000	1250以上
至后壁与侧壁净距/m	0.6	0.8
至大门净距/m	0.8	1.0

（2）配电室长度超过7m时，应设两个出口，并宜布置在配电室的两端。当配电室为楼上楼下两部分布置时，楼上部分应至少有一个安全出口。配电室应设防火门，门均应向外开起，严禁用门闩。相邻配电室之间及配电室通往值班室的门应能双向开起，值班室应有门直接通向户外或走廊；变压器室、电容器室和多油断路器室的门应采用非易燃材料制作，配电室可开固定窗采光，并应采取防止玻璃破碎时小动物进入的措施。高压配电室宜设不能开起的自然采光窗。变配电所（室）内其他房间的窗户应按其使用特点装设金属网（网孔不大于10mm×10mm）或金属窗纱，并应有防止雨、雪和灰砂侵入的措施。

（3）进出线方便。如果是架空线进线，则高压配电室宜位于进线侧。户内变电站的变压器室一般宜靠近低压配电室。

（4）高压电力电容器室一般设置在高压配电室隔壁，两室之间用防火墙隔开。高压电容器安装应符合设计及技术规范规定。电容器室室温要控制在40℃以下。

低压电力电容器柜一般装在低压配电室，与低压配电屏并列安装。

（5）节约占地面积和建设费用。变配电所有低压配电室时，值班室可与其合并，但这时值班人员经常工作的一面、低压配电屏的正面或侧面离墙距离不得小于 3 m。当高压开关柜小于 5 台时，可与低压配电屏装在同一房间，但这时高、低压开关柜之间距离不得小于 2m。

（6）符合防火防爆要求。例如配电室的防火等级不应低于 3 级。

在确定变配电站的总体布置方案时，应因地制宜，合理设计，通过几个方案的技术经济比较，选择最佳方案。图 2-2 为典型工厂变配电站的平面布置示意图。

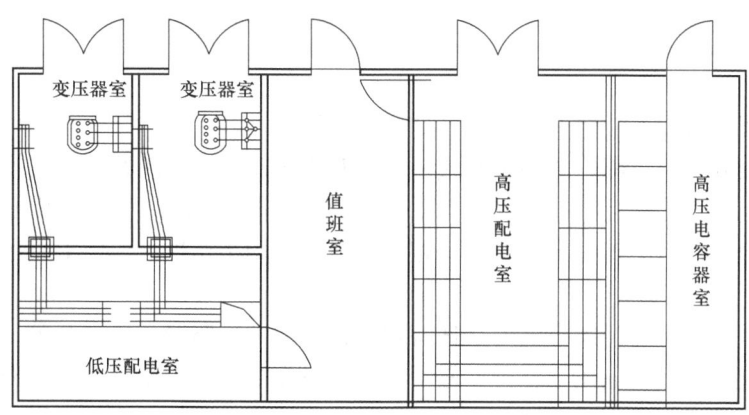

图 2-2 典型工厂变配电站的平面布置示意图

2.3.3 配电装置的安全净距

1. 配电装置类型

根据电气主接线的要求，用来接收和分配电能的装置称为配电装置。它主要由开关设备（包括操作机构）、保护电器、测量电器和母线等组成。电气主接线中各种电气设备的布置通过配电装置来落实，电气主接线的安全、可靠也由配电装置来实现。因此配电装置的设计很重要，它是变电站电气设计的重要内容之一。

根据电气设备装置地点不同，配电装置分为屋外配电装置、屋内配电装置及成套配电装置。

屋内配电装置是将电气设备布置在室内，它具有下列优点：①外界环境条件（如气温、湿度、污秽和化学气体等）对电气设备的运行影响小，因此维护工作量小；②操作在屋内进行，比较方便；③占地面积小，但建设投资大。

屋外配电装置是将电气设备布置在室外，它的优点是：①土建工程量和费用较小；②扩建比较方便；③相邻设备之间的距离较大，便于维护和检修。其缺点是由于电气设备都敞露在屋外，受气候、环境条件影响较大，维护工作量大，而且有些设备的价格相对较高，另外，占地面积也较大。

成套配电装置室是制造厂成套供应的设备。同一回路的开关电器、测量电器、保护电器和辅助设备等都装在一个或两个全封闭或半封闭的金属柜中。制造厂生产有各种不同电路的成套配电柜和元件，设计时可根据主接线要求选择，组合成整个配电装置。成套配电装置的特点是：①结构紧凑、占地面积小；②所有电器元件已在工厂组装成一整体，大大减小现场安装工作量，缩短建设周期，便于扩建和搬迁；③运行可靠性高，维护方便；④耗用钢材较多、造价较高。

成套配电装置有三种：①低压成套配电装置；②高压成套配电装置；③六氟化硫全封闭组合电器。

低压成套配电装置有固定式和抽屉式两种。

高压开关柜有固定式和手车式两种，其中手车式是将断路器及其操作机构装在小车上，正常运行时手车推入，断路器通过隔离触头与母线及出线相连接，检修时可将小车拉出柜外，用相同规格的备用小车推入，使电路很快恢复供电。

六氟化硫全封闭组合电器是把特殊设计制造的断路器、隔离开关、接地开关、电流互感器、电压互感器、避雷器等设备按接线要求组合在一个充有六氟化硫气体的全封闭金属壳体内。其与常规电器的配电装置相比，有以下优点：

1）大量节省配电装置占地面积与空间。

2）运行可靠性高。由于带电部分封闭在金属壳内，因此不受污秽、潮湿和各种恶劣气候等环境条件影响。也不会发生小动物造成短路和接地事故。另外六氟化硫是一种不燃的惰性气体，不会发生火灾，一般也不会发生爆炸事故。

3）土建工作量小，建设速度快。

4）检修周期长，维护方便。全封闭六氟化硫断路器由于触头很少氧化，触头开断后烧损极微，因此可很长时间才检修，在运行中也无须进行绝缘子清扫等工作，所以维修工作量大为减少。

5）能妥善解决高压配电装置电磁干扰、静电感应等环境保护问题。

因为封闭且接地的金属外壳起了很好的屏蔽作用，无须采取专门的措施。另外，由于高压部分被金属外壳屏蔽，不易发生人身触电事故。六氟化硫全封闭组合电器的主要缺点是：金属材料消耗大；对材料性能、加工与装配精度要求高、造价贵。

2. 配电装置的安全净距

配电装置的整个结构尺寸，是综合考虑了电气设备的外形尺寸、检修维护和运输的安全距离等因素而决定的。配电装置的长度大于6m时，其柜（屏）后通道应设两个出口，低压配电装置两个出口间的距离超过15m时，尚应增加出口。

在各种间隔距离中，不同相的带电部分之间及带电部分对接地部分之间的最小容许空间净距离，称为最小安全净距，即 A 值。在这个距离下，无论在正常额定工作电压下或各种短时过电压的作用下都不会发生空气绝缘的击穿。A 值的大小是根据过电压与绝缘配合计算和间隙放电试验曲线确定的。在 A 值的基础上，屋内外配电装置中各部分相互安全距离尺寸被分为 A、B、C、D、E 五种，其含义如图 2-3 和图 2-4 所示。

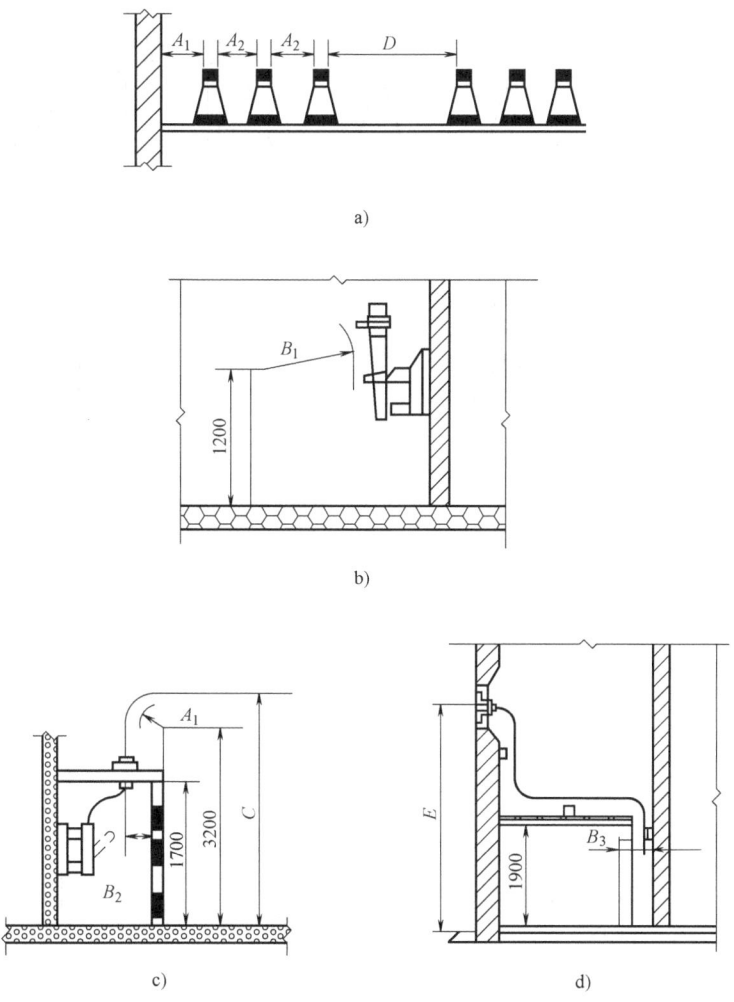

图 2-3　屋内配电装置最小电气距离（单位：mm）

20 电气安全

图 2-3a 表示带电部分至接地部分间，不同相的带电部分间以及不同时停电检修的无遮栏裸导体之间的水平距离；图 b 表示带电部分至栅栏的净距；图 c 表示带电部分至网状遮栏和无遮栏裸导体至地（楼）面的净距离；图 d 表示带电部分至板状遮栏和出线套管至屋外通道的路面的净距离。

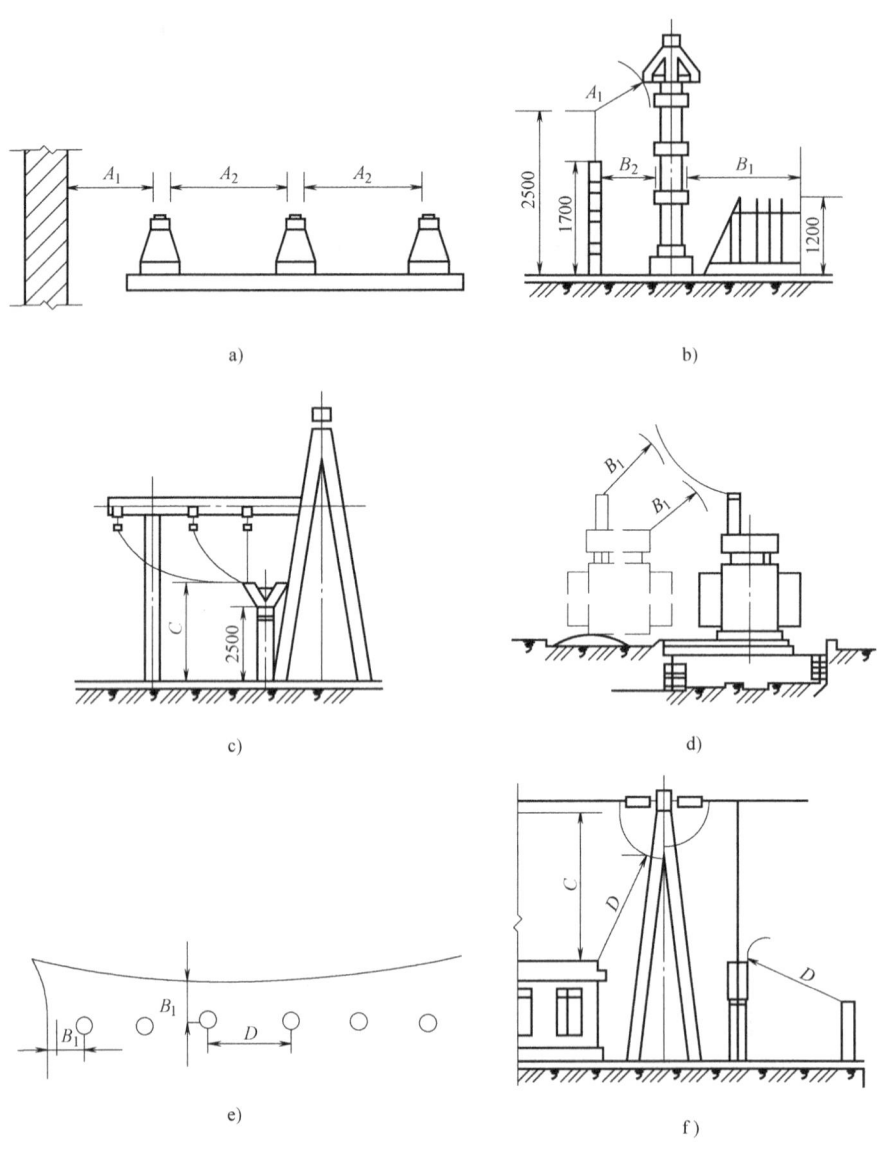

图 2-4　屋外配电装置最小电气距离（单位：mm）的图例

图 2-4a 表示硬母线不同相的导体和带电部分至接地部分间的净距；图 b 表示带电部分至围栏的净距；图 c 表示带电部分或绝缘子最低部分对接地部分的净距；图 d 表示设备运输时其外廓至遮栏裸导体间的净距；图 e 表示需要不同时停电检修的无遮栏裸导体间的水平和垂直交叉净距；图 f 表示带电部分至建筑物和围墙的净距。

(1) A 值。A 值分为两项：A_1 和 A_2。

A_1：带电部分至接地部分间的最小安全空气距离。

A_2：不同相导体间的最小安全空气距离。

(2) B 值。B 值分为三项：B_1、B_2 和 B_3。

B_1：带电体对栅栏和带电体运输设备间的安全净距。$B_1 = A_1 + 750mm$。式中 750mm 是考虑运行值班人员的手臂误入栅栏时手臂的长度。

B_2：带电部分至网状栅栏的安全净距。$B_2 = A_1 + 70mm + 30mm$。式中 70mm 是考虑运行值班人员手指误入网状遮栏时的手指长度，30mm 是考虑施工误差。

B_3：指带电部分至无孔（板状）遮栏的安全净距。$B_3 = A_1 + 30mm$。式中 30mm 为施工误差。

(3) C 值。指无遮栏的裸导体距地面的安全高度。A_1 考虑人举手后，手与带电体之间的距离不得小于 A_1 值，所以 $C = A_1 + 2500mm$。式中，2500mm 是考虑运行值班人员举手后的总高度 2300mm，加上施工误差 200mm。对屋内配电装置，施工条件较屋外好，可不再增加施工误差，即 $C = A_1 + 2300mm$。

(4) D 值，指保证配电装置检修时人和裸导体之间的距离不小于 A_1 值的约束值。$D = A_1 + 1800mm + 200mm$。式中 1800mm 是考虑检修人员和工具的活动范围，200mm 是考虑屋外条件较差而取的裕度。对屋外配电装置可不再增加裕度，即 $D = A_1 + 1800mm$。

(5) E 值。出线套管中心线至屋外通道路面的净距称 E 值。考虑到人站在载重汽车上举手高度不大于 3.5m，因此在 35kV 及以下时，E 值为 4m；110kV 及以上时，E 值为 $A_1 + 3500mm$。当经过出线套管直接引线到屋外配电装置时，出线套管的引线至屋外地面的距离可按不小于屋外的 C 值考虑。

表 2-5 和表 2-6 分别为屋内配电装置和屋外配电装置的最小安全净距。

表 2-5　屋内配电装置的最小电气间距　　（单位：mm）

额定电压/kV	3	6	10	35	110J*	110
带电部分至接地部分间 A_1	75	100	125	300	850	950
不同相的导体间 A_2	75	100	125	300	900	1000
带电部分至遮栏 B_1	825	850	875	1050	1600	1700

（续）

额定电压/kV	3	6	10	35	110J*	110
带电部分至网状遮栏 B_2	175	200	225	400	950	1050
带电部分至无孔遮栏 B_3	105	130	155	330	880	980
无遮栏裸导体至地（楼）板 C	2500	2500	2500	2600	3150	3250
需要不同时停电检修的无遮栏裸导体间水平净距 D	1875	1900	1925	2100	2650	2750
架空出线套管至地面 E	4000	4000	4000	4000	5000	5000

注：*者为中性点直接接地系统。

表2-6 屋外配电装置的最小电气间距 （单位：mm）

额定电压/kV	3~10	35	110J*	110	220J*	330J*
带电部分至接地部分间 A_1	200	400	900	1000	1800	2600
不同相的导体间 A_2	200	400	1000	1100	2000	2800
带电部分至遮栏 B_1	950	1150	1650	1750	2550	3350
带电部分至网状遮栏 B_2	300	500	1000	1100	1900	2700
无遮栏裸导体至地（楼）板 C	2700	2900	3400	3500	4300	5100
需要不同时停电检修的无遮栏裸导体间水平净距 D	2200	2400	2900	3000	3800	4600

注：带*者为中性点直接接地系统。

安全净距是保证配电装置安全运行的基本条件，设计和安装配电装置必须严格符合安全净距的要求。

第3章

变配电设备

3.1 变配电设备选择的一般原则

工矿企业所采用的主要电气设备，一般是指高压断路器、隔离开关、负荷开关、熔断器、仪用互感器、母线、绝缘子、低压断路器以及成套配电装置（高压开关柜和低压配电屏）等。虽然它们的工作环境、装置地点和运行要求各不相同，但在设计和选择这些电气设备时均应遵守下面几项原则。

1. 按正常工作条件选择额定电压和额定电流

电气设备的额定电压 U_e 应符合电器装设点的电网额定电压，并应大于或等于正常时可能出现的最大工作电压 U_g，即：

$$U_e \geq U_g \tag{3-1}$$

我国电气设备额定电压标准是按海拔 1000m 设计的，如在高海拔地区，应采取措施增强其绝缘后方可使用。

电气设备的额定电流是允许长时间通过而不发生过热的最大工作电流。

额定电流 I_e 应大于或等于正常工作时的最大负荷电流 I_g，即：

$$I_e \geq I_g \tag{3-2}$$

我国目前生产的电气设备，设计时环境温度取 40℃ 为计算值，如果设备的最高环境温度与规定值不同时，应对原有额定电流值进行修正。其方法是：

（1）当周围空气温度每低于最高环境温度（+40℃）1℃ 时，高压电器的允许工作电流可比额定值增加 0.5%，但总的增大值不能超过 20%。

（2）当周围空气温度高于 +40℃ 但不超过 +60℃ 时，高压电器的允许工作电流按下式确定：

$$I_y = I_e \sqrt{\frac{\theta_e - \theta}{\theta_e - 40}} \tag{3-3}$$

式中　θ_e——电气设备的长时间允许最高发热温度（℃）；

　　　θ——实际环境的空气温度（℃）。

2. 按短路情况来校验电气设备的动稳定和热稳定

断路器、负荷开关、隔离开关及电抗器等的动稳定性需满足下式而得到保证：

$$I_{max} \geq I_{ch}^{(3)} \text{ 或 } i_{max} \geq i_{ch}^{(3)} \tag{3-4}$$

式中 I_{max}、i_{max}——制造厂规定的电气设备极限通过电流的有效值和峰值；

$I_{ch}^{(3)}$、$i_{ch}^{(3)}$——按三相短路情况计算所得的短路全电流的有效值和冲击值。

断路器、负荷开关、隔离开关及电抗器等的热稳定性由满足下式而得到保证：

$$I_t^2 t \geq I_\infty^2 t_{jx} \text{ 或 } I_t \geq I_\infty \sqrt{t_{jx}/t} \tag{3-5}$$

式中 I_t——制造厂规定的电气设备在时间 t 秒内的热稳定电流，该电流是在指定时间内（通常是1s、5s、10s）不使电气设备各部分加热到超过所规定的最大允许短时间温度的电流；

I_∞——短路稳态电流；

t——与 I_t 相对应的时间；

t_{jx}——假想时间。

对电气设备作短路校验时，应按最严重的短路情况选择短路点。

校验动稳定时，以三相短路作为计算类型。

校验热稳定时，应以两相短路和三相短路中最严重的一种作为计算依据。

短路电流作用时间的计算，取离短路点最近的继电保护装置的主保护动作时间与断路器动作时间之和。如主保护装置有未被保护的死区，则应根据保护该区短路故障的后备保护装置的动作时间校验热稳定。

3. 按三相短路容量校验开关电器的断流能力

断路器、自动断路器和熔断器等设备必须具备在最严重的短路状态下切断故障电流的能力。所以此类电气设备在额定电压下允许的开断电流 I_{dk} 和允许的遮断容量 S_{dk} 必须大于开关电器必须切断的最大短路电流或短路容量，亦即：

$$\left.\begin{array}{l} I_{0.2} \text{ 或 } I_d < I_{dk} \\ S_{0.2} \text{ 或 } S_d < S_{dk} \end{array}\right\} \tag{3-6}$$

式中 $I_{0.2}$、$S_{0.2}$——短路后0.2s时的三相短路电流及三相短路容量。

当普通断路器用于高海拔地区，用于矿山井下，或用于电压等级较低的电网中时，均应降低其铭牌遮断容量。当采用手动操作机构及自动重合闸装置时，因灭弧能力下降，其遮断容量亦下降为额定值的60%~70%。

4. 按电气设备的使用环境选择设备的类型

选择电气设备时应考虑使用的工作环境，而采用与工作环境相适应的设备，例如户外还是户内，一般型还是矿用型等。

3.2 变压器

3.2.1 概述

电力变压器是变配电站的核心设备，用其将电压升高或降低。工矿企业用的变压器均起降低电压的作用，通常是把 35kV 或 6~10kV 的电压降低为工业设备及照明用电的电压。

按照冷却方式，电力变压器分为油浸自冷式、风冷式、水冷式和干式变压器。

油浸电力变压器由器身、油箱、冷却装置、保护装置和出线装置组成。器身包括铁心、绕组（线圈）、绝缘、引线和分接开关；油箱包括油箱本体和油箱附件；冷却装置包括散热器和冷却器；保护装置包括储油柜、油标、安全气道、吸湿器、测温元件和气体继电器；出线装置包括高低压套管。

油浸电力变压器的铁心和绕组都浸没在绝缘油里。变压器里的油兼有散热、绝缘、防止内部元件和材料老化以及内部发生故障时熄灭电弧的作用。

容量较大的变压器，油箱设计有散热管，油经过油箱的散热管循环流动，把绕组和铁心发出的热量散发到空气中去。大型变压器还采用加装风扇、强迫油循环以及水内冷等冷却方式。

油浸电力变压器如图 3-1 所示，其设有储油柜，储油柜又叫油枕（见

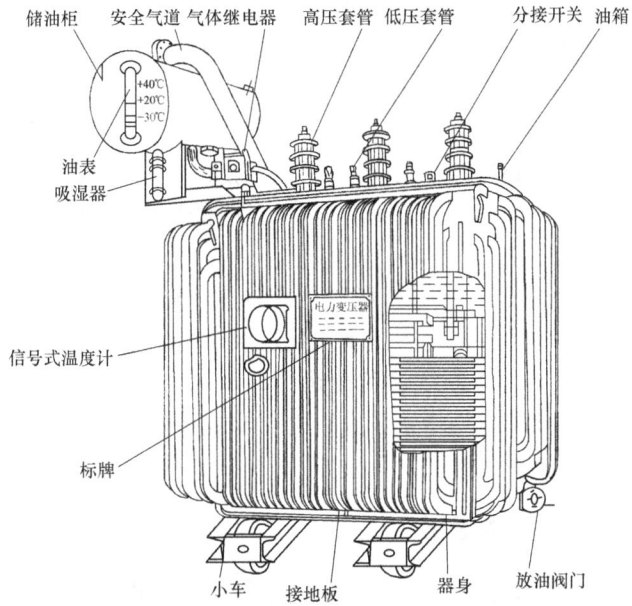

图 3-1 三相油浸式电力变压器

图 3-2)。储油柜容积为油箱容积的 1/10，位于油箱上部，其下部有油管连通。作用是给油的热胀冷缩留出缓冲空间，保持油箱始终充满油；同时，减少油与空气的接触面积，减缓油的氧化。

干式变压器按结构分为非封闭式、封闭式、全封闭式和密封式。

密封式干式变压器带有密封的保护外壳，壳内充有空气或某种气体，壳内的空气或某种气体不与外界发生交换，是一种非呼吸型的变压器。

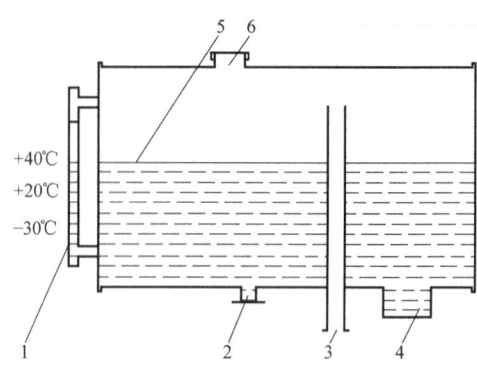

图 3-2 储油柜示意图
1—油位计 2—油箱法兰接口 3—呼吸器法兰接口
4—集污盒 5—油面线 6—注油孔

全封闭干式变压器是外界空气不以循环方式冷却铁心和线圈的一种充气的干式变压器。

封闭干式变压器是外界空气以循环方式直接冷却铁心和线圈的一种干式变压器。

非封闭干式变压器不带保护外壳，其铁心和线圈直接由空气冷却。

干式变压器因没有油，也就没有引发火灾、爆炸和污染等的问题，故电气规范和规程等均不要求干式变压器置于单独房间内。特别是新的干式变压器系列，损耗和噪声降到了新的水平，更为变压器与低压屏置于同一配电室内创造了条件。

干式变压器的安全运行和使用寿命，很大程度上取决于变压器绕组绝缘的安全可靠。绕组温度超过绝缘耐受温度使绝缘破坏，是导致变压器不能正常工作的主要原因之一，因此对变压器的运行温度的监测及其报警控制是十分重要的。

干式变压器冷却方式分为自然空气冷却（AN）和强迫空气冷却（AF）。自然空冷时，变压器可在额定容量下长期连续运行。强迫风冷时，变压器输出容量可提高50%。适用于断续过负荷运行，或应急事故过负荷运行；由于过负荷时负载损耗和阻抗电压增幅较大，处于非经济运行状态，故不应使其处于长时间连续过负荷运行。

3.2.2 变压器的技术参数

变压器的技术参数指额定容量、额定电压、阻抗电压等参数。

(1) 变压器的额定容量 S_N。它是变压器在正常工作条件下能发挥出来的最大出力，指视在功率，单位为 kV·A。

（2）变压器的额定电压。它包括一次额定电压 U_{1N} 和二次额定电压 U_{2N}，均指线电压。由于允许电源电压在 ±5% 的范围浮动，一次额定电压往往只表示电压等级，二次额定电压指空载电压。铭牌中联结组标号 Y，y_{n0} 表示高压绕组星形联结，低压绕组中性点直接接地并接出中性线的星形联结（相应的旧标志方法为 Y/Y$_0$-12），低压侧额定电压 0.4kV 的配电变压器都采用这种联结组。

（3）阻抗电压。它是表示变压器内阻抗大小的参数。阻抗电压由短路试验求得。变压器短路试验在高压侧进行，单相变压器短路试验接线如图 3-3 所示。图中 V、A 和 W 分别表示电压表、电流表和功率表。逐渐升高试验电压至额定电流时读取所施加的电压，这个电压称为短路电压，记做 U_{1K}。因为变压器短路时励磁阻抗可以不予考虑，所以短路电压为：

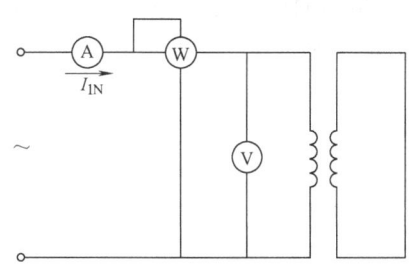

图 3-3　单相变压器短路试验接线图

$$\dot{U}_{1K} = \dot{I}_{1N}[(r_1 + r'_2) + (jx_1 + x'_2)] = \dot{I}_{1N} Z_K \tag{3-7}$$

式中　$\dot{I}_{1N}$——变压器高压侧额定电流；

　　　Z_K——变压器短路阻抗。

短路电压与额定电压之比即变压器的阻抗电压。阻抗电压用百分数表示，即

$$U_K = \frac{U_{1K}}{U_{1N}} \times 100\%$$

10kV 变压器的阻抗电压在 4%～6% 之间，35kV 变压器的阻抗电压多在 6.5%～7.5% 之间；大容量变压器的阻抗电压偏大。

变压器的额定电流指线电流，三相电力变压器的额定电流按下式计算：

$$I_{1N} = \frac{S}{\sqrt{3} U_{1N}} \tag{3-8}$$

$$I_{2N} = \frac{S}{\sqrt{3} U_{2N}} \tag{3-9}$$

除上述技术参数外，变压器还有空载电流、空载损耗、短路损耗和温升等参数。

空载电流是在低压侧加上额定电压进行空载试验时测得的电流。变压器空载电流的大小决定于变压器的电磁结构。10～35kV 变压器的空载电流大多在额定电流的 2%～6% 之间。变压器越大，空载电流所占比例越小。单相变压

器空载试验接线如图3-4所示。注意,此图与短路试验的不同:短路试验在高压侧施加电压,而空载试验是在低压侧施加电压;短路试验时电流表接在电源侧、电压表接在负荷侧,而空载试验时电流表接在负荷侧和电压表接在电源侧。空载损耗基本上是铁心中的功率损耗,简称铁损,大致与电压的二次方成正比,其大小决定于$I_m^2 r_m$。

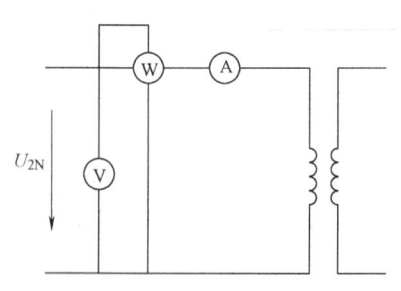

图3-4 变压器空载试验接线图

短路损耗是做变压器短路试验时测得的功率损耗,基本上是绕组中的功率损耗,简称铜损,大致与电流的二次方成正比。其大小决定于$I_1^2 r_1 + I_2^2 r_2$。

温升是变压器温度与环境温度之差,温升限值决定于绝缘材料的种类。

3.2.3 变压器安全运行

1. 变压器运行参数

新投入的变压器在带负荷前,应空载运行24h,运行中变压器的运行参量应当符合规定。例如,高压侧电压偏差不得超过额定值的±5%,低压侧最大不平衡电流不得超过额定电流的25%,温度和温升不得超过规定值。

变压器允许过负载运行,但允许过载的时间必须与过载前上层油温和过载量相适应。油浸式电力变压器的允许过载时间可参考表3-1确定。

表3-1 油浸式电力变压器允许过载时间　　　　（单位：min）

过负载量(%)	过载前上层油温						
	18℃	24℃	30℃	36℃	42℃	48℃	54℃
5	350	325	290	240	180	90	10
10	230	205	170	130	85	10	—
15	170	145	110	80	35	—	—
20	125	100	75	45	—	—	—
25	95	75	50	25	—	—	—
30	70	50	30	—	—	—	—
35	55	35	15	—	—	—	—
40	40	25	—	—	—	—	—
45	25	10	—	—	—	—	—
50	15	—	—	—	—	—	—

油浸式电力变压器采用绝缘纸、棉纱等 A 级绝缘材料。由于 A 级绝缘材料的最高工作温度为 105℃，因此变压器的发热元件温度不得超过 105℃。因而，绕组温升不得超过 65℃，铁心表面温升不得超过 70℃，油箱上层的油温最高不得超过 95℃，但为了减缓变压器油变质，上层油温最高不宜超过 85℃。

如发现运行中变压器的温度过高，应及时处理；如环境温度未发生变化，负荷电流和电源电压也没有变化，下列原因可造成变压器温度过高：

（1）变压器绕组匝间短路或层间短路。

（2）变压器分接开关接触不良。

（3）变压器铁心片间绝缘损坏或压紧螺杆绝缘损坏使铁心短路。

（4）变压器负荷电流过大且延续时间过长或三相负荷严重不平衡，或电源电压偏高或电源缺相，或散热故障或环境温度过高等。

2. 变压器并联运行

为了提高运行的经济性和供电的可靠性，在很多情况下，采用两台变压器并联运行，即将两台变压器一次侧和二次侧的同名端分别并联在一起的运行方式。单相变压器的并联运行接线如图 3-5 所示。并联运行的基本要求是并联回路内不产生有害的环流，而且负荷合理分配。为此，变压器并联运行应当满足以下条件：

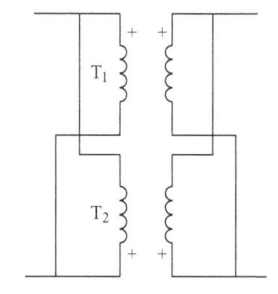

图 3-5　单相变压器的并联运行接线示意图

（1）两变压器的额定电压比应当相等，满足 $U_{a1} = U_{a2}$ 的条件。否则，二次并联回路中将产生差值电动势。由于并联回路内的阻抗很小，该差值电动势将在二次并联回路中产生很大的环流。由于电磁感应，一次回路中也将产生很大的环流。环流将增加变压器的发热，降低变压器的出力，环流过大也可能烧毁变压器。为此，并联变压器的电压比的偏差不得超过 0.5%。

（2）两变压器的联结组必须同相。否则，即使各变压器二次电压数值相等，即 $U_{a1} = U_{a2}$，但由于两者的相位不同，也会在二次并联回路中存在差值电动势，并产生危险的环流。

（3）两变压器的阻抗电压最好相等，阻抗电压相差不宜超过 10%。因为并联变压器自身的负载率与其阻抗电压成反比，所以，若变压器的阻抗电压相等，则各自的负载率相等；若两台变压器的阻抗电压不相等，则阻抗电压高的负载率低，阻抗电压低的负载率高。在后一种情况下，阻抗电压低的变压器满负载时，阻抗电压高的变压器将不能满负载运行；而阻抗电压高的变压器满负载时，阻抗电压低的变压器将过负载运行。因此，并联变压器的阻抗电压不相等将造成并联电压组负荷分配不合理，使并联变压器组出力降低。

（4）两变压器的容量之比一般不应超过3:1。由于制造上的原因，如容量相差太大，阻抗电压的条件将得不到满足。并联变压器的容量不同时，容量较大的变压器的阻抗电压应当低一些。

3.2.4 变压器故障分析和事故处理

当变压器有下列情况之一时，应停止运行：声响很不均匀或有爆裂声；漏油致使油面低于油面计上的限度；储油柜喷油或安全气道喷油；正常条件下温度过高，并不断上升；油色过深，油内出现碳质，套管有严重裂纹和放电现象。

10kV变压器每十年左右需大修一次，每年需小修一次。如安装在污秽地点，检修期限要适当缩短。变压器常见故障分析参考表3-2。

表3-2 变压器故障分析

故障		征象	可能原因	检查方法
1. 铁芯	铁心片间绝缘损坏	空载损耗大，油质变坏（闪点降低、击穿电压降低、酸价增高）	铁心片间绝缘老化，有局部缺陷	吊出器身检查，可用直流电压、电流表法测片间绝缘电阻
	铁心片局部短路或局部熔毁	气体继电器内有气体信号回路动作，油的闪燃点降低，油色变黑，并有特殊气味	铁心或铁轭的螺杆绝缘损坏，故障处有金属件将铁心片短路，片间绝缘损坏严重，接地方法不正确构成短路	吊出器身进行外观检查，可用直流电压和电流表法测片间绝缘电阻
	接地片断裂	当电压升高时，内部可能发生轻微的放电声	—	吊出器身检查接地片
	不正常的响声和噪声	—	（1）铁心叠片中缺片或多片 （2）铁心油道内或夹件下面松动 （3）铁心的紧固零件松动 （4）接入电源的电压偏高	（1）补片或抽片，确保铁心夹紧 （2）将自由端用纸板塞紧压紧 （3）检查紧固件并予以紧固 （4）检查接入的一次电压值

(续)

故障		征象	可能原因	检查方法
2. 线圈	匝间短路	气体继电器内气体呈灰白色或蓝色 （1）跳闸回路动作 （2）油温过高 （3）油有时发出咕嘟声 （4）一次电流略高 （5）各相直流电阻不平衡 （6）故障严重时，差动保护装置动作，如有过电流保护装置也将动作	（1）由于自然损坏、散热不良或长期过负荷，使匝间绝缘损坏 （2）由于变压器短路或其他故障，线圈受到振动与变形而损伤匝间绝缘 （3）线圈绕制时未发现的缺陷（导线有毛刺、导线焊接不良和导线绝缘不完善等）或线圈排列、换位、线圈压装不正确使绝缘受到损坏	（1）吊出器身，外观检查 （2）测量直流电阻 （3）将器身置于空气中，在线圈上加10%~20%额定电压做空载试验，如有损坏点则会冒烟（应有防火措施） （4）检查油箱上的冷却管是否堵塞
	线圈断线	断线处发生电弧，使油分解，促使气体继电器动作	由于连接不良或短路，应力使引线断裂；导线内部焊接不良，匝间短接，使线匝烧断	吊出器身检查：如线圈为△形接法，可用电流表检查线圈的相电流或测直流电阻。如有一相断线，则在三相三次电阻测量中，有两次测量值近似，而另一次为前两次的一倍，即表明该相有故障。如未完全断线，则第三次比前两次略大，如为Y形接法，可测直流电阻或用兆欧表检查
	对地击穿	气体继电器动作	（1）主绝缘因老化而有破裂和折断等缺陷 （2）绝缘油受潮 （3）线圈内有杂质 （4）过电压的作用 （5）短路时线圈变形损坏	（1）用兆欧表测线圈对油箱的绝缘电阻 （2）试验油的击穿电压 （3）吊出器身检查
	线圈相间短路	气体继电器差动保护、过电流保护均发生动作，安全气道爆破	与对地击穿相似，也可能是由于引线间短路或套管间短路	吊出器身检查，用兆欧表测量

(续)

故障	征象	可能原因	检查方法
3. 分接开关	触头表面熔化与灼伤	气体继电器动作,有时差动保护与过电流保护装置也动作	结构与装配上存在缺陷,如接触不可靠和弹簧压力不够,短路时触点过热	用兆欧表检查有无断裂处,吊出器身做外部检查,测量各分接头直流电阻
	相接触头放电或各分接头放电	气体继电器动作,安全气道爆破	过电压作用,变压器内有灰尘或受潮	用兆欧表检查,吊出器身检查
4. 气体继电器	信号回路动作	—	继电器中有气体,油面下降;变压器引线端短路时油面振荡等	分析气体性质,颜色气味与可燃性等
	跳闸回路动作	—	油面急剧下降,变压器内有严重故障,产生大量可燃性气体	分析气体性质,将油进行简化试验,分析油面急剧下降的原因
5. 绝缘油	油质变坏	—	油中有气体溶解	分析油质
6. 套管	对地击穿	外部保护装置动作	瓷件表面脏或有裂纹	用兆欧表检查
	套管间放电	外部保护装置动作	套管间有杂质存在	外部检查

3.3 高压断路器

高压断路器也称高压开关,高压断路器用来在正常情况下接通和断开电路,以及在故障时切除故障电路。

按灭弧介质的不同可分为:多油断路器、少油断路器、电磁式空气断路器、六氟化硫断路器和真空断路器。

3.3.1 多油断路器

多油断路器是利用绝缘油作为灭弧介质,同时也用油作为相间及相对地绝缘介质之用的一种断路器。其主要组成部分为油箱、盖、套管绝缘子、触头和传动机构。电压不超过10kV的多油断路器,三相均放在一个充以绝缘油的箱内。电压为35~110kV的多油断路器,均用分相油箱,通过连杆操作三相联动。

断路器的油面既不能过高也不能过低。因为在电弧发生时要产生大量气体,若油面过高则缓冲空间太小,使油箱压力过大而发生爆炸;反之,若油面过低,则油冷却气体的程度不够,给灭弧增加困难,且可能使得油分解出的高温氢气与缓冲空间的空气接触引起燃烧直至爆炸。因此，在运行中的油断路器要经常注意油面指示，并定期取样试验，检查油的质量是否符合规范要求。此外，其排气管具有防止爆炸的作用，应保持畅通。图3-6为DW2—35型多油断路器一相剖面图。

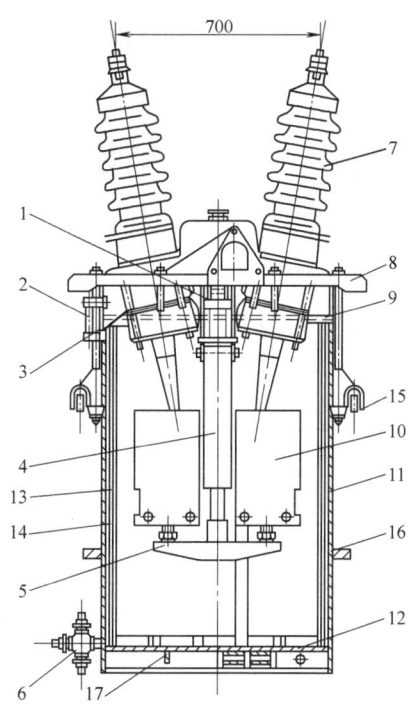

图3-6　DW2—35型多油断路器一相剖面图
1—传动机构　2—油标　3—套管型电流互感器　4—绝缘提升杆和导向管　5—动触头
6—放油阀　7—套管　8—油箱盖　9—油面　10—灭弧室　11—油箱　12—电热器
13—绝缘隔板　14—木条　15—滑轮　16、17—加强肋铁

3.3.2　少油断路器

少油断路器中，油只用来做灭弧介质，载流部分的绝缘是利用空气和陶瓷等绝缘材料，因油量较少，油箱可造得很坚固，制造质量良好的少油断路器可以认为是防爆和防火的，使用比较安全。少油断路器油箱是带电的，安装时应保证具有足够的安全距离，并且外壳漆成红色。少油断路器体积小、重量轻、爆炸和失火的危险性较小，故多用在工矿企业6～10kV的变配电装置中，但是它不适于作频繁操作。图3-7为SN10—10Ⅰ型少油断路器。

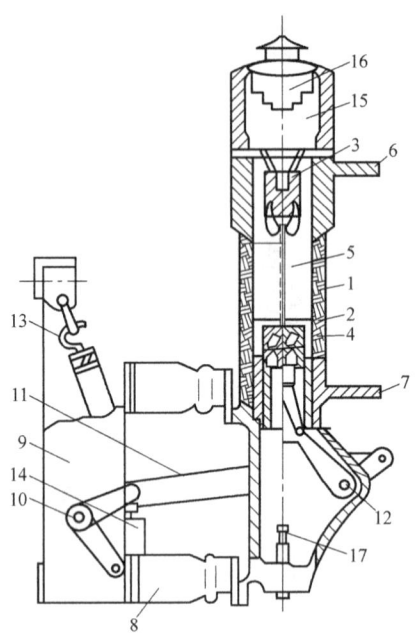

图 3-7 SN10—10 Ⅰ型少油断路器
1—灭弧室 2—绝缘筒 3—静触头 4—滚动触头 5—动触杆 6—上出线板
7—下出线板 8—支持绝缘子 9—底座 10—主轴 11—绝缘拉杆 12—转轴 13—分闸弹簧
14—合闸弹簧 15—缓冲空间 16—油气分离器 17—分闸油缓冲器

3.3.3 真空断路器

真空断路器是靠真空作为灭弧和绝缘介质。这里的真空是指真空度在 10^{-5} mm汞柱以上的空间。由于空气稀薄,因而具有较高的绝缘强度($E=10\sim 45$kV/mm),电弧易于熄灭。真空断路器动作迅速、体积小、重量轻、寿命长和维护方便,还具有防火防爆等优点,对要求迅速动作及操作频繁的场所尤为适用。ZN3—10G 型真空断路器如图 3-8 所示,图 3-9 所示为真空灭弧室结构。

3.3.4 六氟化硫断路器

六氟化硫断路器是用 SF_6 气体作绝缘和灭弧介质的断路器。SF_6 是一种化学性能非常稳定的惰性气体,在常态下无色、无臭、无毒、不燃、无老化现象,绝缘度高,灭弧性能好。虽然纯净的 SF_6 气体是无毒的,但设备在运行过程中,在电弧作用下,SF_6 气体会分解生成多种有毒物质。因此对从事 SF_6 电气设备运行、试验及检修人员须采取必要的安全防护措施。LW—220 型 SF_6 断路器单相结构图如图 3-10 所示。

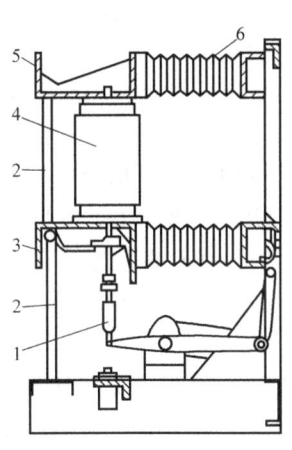
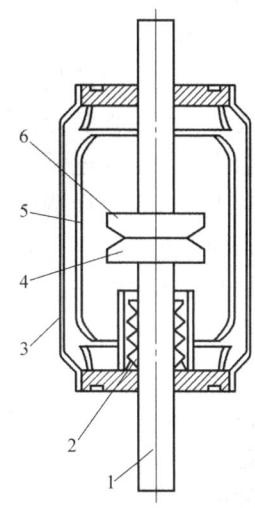

图 3-8　ZN3—10G 型真空断路器

1—瓷拉杆　2—瓷柱　3—下导电极　4—真空灭弧室
5—上导电板　6—支持式绝缘子

图 3-9　真空灭弧室结构

1—活动导电杆　2—金属波纹管　3—玻璃罩
4—动触头　5—屏蔽罩　6—静触头

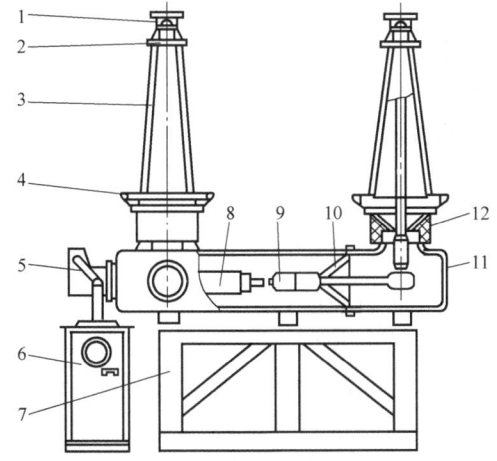

图 3-10　LW—220 型 SF_6 断路器单相结构图

1—接线端子　2—上均压环　3—出线瓷套管　4—下均压环
5—拐臂箱　6—机构箱　7—座　8—灭弧室　9—静触头
10—盆式绝缘子　11—壳体　12—电流互感器

3.3.5　隔离开关和负荷开关

隔离开关的主要用途是保证检修工作的安全。在需要检修的部分和其他带电部分间,用隔离开关构成足够大的明显可见的空气绝缘间隔(大于相与地间的绝缘距离)。此外,隔离开关也用来进行电路的切换操作,例如在运行中,用隔离开关把电路从工作母线切换到备用的母线上。

隔离开关无灭弧装置,所以不容许用来切断负荷电流和短路电流,否则会在它的触头之间形成电弧,这不仅会烧毁隔离开关,而且能引起相间短路,同时电弧对工作人员也会造成伤害。因此,在运行中必须严格遵守"倒闸操作"的规定,确保在电路断开的情况下,再闭合或断开隔离开关。但是隔离开关也允许用来开合下列电路:电压互感器、避雷器、母线和直接连接在母线上设备的电容电流,励磁电流不超过 2A 的无负荷变压器以及电容电流不超过 5A 的空载线路等。

负荷开关具有简单的灭弧装置,用来熄灭切断负载电流时所发生的电弧,但不能熄灭切断短路电流时所产生的电弧。为保证在使用负荷开关的线路上对短路故障也能起保护作用,采用带熔断器的负荷开关,用负荷开关切断负载电流,用熔断器切断短路时的故障电流,以代替价格贵的高压断路器。

3.4 熔断器

熔断器是用来防止电气设备长期通过过载电流和短路电流的保护元件。它由金属熔件(又称熔体、熔丝)、支持熔件的接触结构和外壳组成。分为高压熔断器与低压熔断器两种。

3.4.1 高压熔断器

它主要由熔管与熔件两部分组成。当线路电流超过熔件熔断电流时,熔件熔断,达到切除故障、保护设备的目的。

电流越大,熔件熔断时间越短。电流与熔断时间的关系曲线,称为熔件的安-秒特性曲线。在选择熔件时,其安-秒特性应符合保护选择性的要求。

高压熔断器采用两种方式进行灭弧。一种是熔管内壁为产气材料,在电弧高温下,产生大量气体,在熔管内产生很高的气压,使电弧过零后熄灭。也可利用此气体进行吹弧,达到灭弧的目的。这种熔断器的开断电流有一个上、下限值,如果电流太大,管内气压过高,会造成熔管的爆炸;电流过小,会使产气量过小,管内压力过低,而达不到灭弧的目的。使用时应使短路电流的最大值与最小值在开断电流的上、下两个限值范围内。

另一种是利用石英砂作为灭弧介质,填充在熔管内,当熔件熔断后,电弧受到石英砂强烈的冷却作用而迅速熄灭。这种熔件当通过很大电流时,燃弧时间很短,使电流未达到最大值前即熄灭,具有限制短路电流的作用,称为限流式熔断器。受限流熔断器保护的电器,可不进行动、热稳定的校验。

户外跌落式熔断器,用于 10kV 及以下的配电网络中,作为配电变压器和配电线路的保护。直接用分、合熔丝管的方法来分、合配电线路或变压器,切断变压器的空载电流或小负荷电流见图 3-11。

户外跌落式熔断器按动作方式分为:单次和单次重合式。单次重合式的熔断器在第一根熔丝管跌落后,间隔一定时间(一般不低于 0.3s),借助于重合机构可以自动重合闸,以减少停电事故。

高压熔断器按额定电压及额定电流选择,并按短路电流来校验熔断器的开断电流或断流容量。

对熔断器额定电流应按下列条件选择,即:

$$I_{er} \geqslant I_{ej} \geqslant I_g \quad (3\text{-}10)$$

式中 I_{er}——熔断器的额定电流;

I_{ej}——熔件的额定电流;

I_g——线路长时最大工作电流。

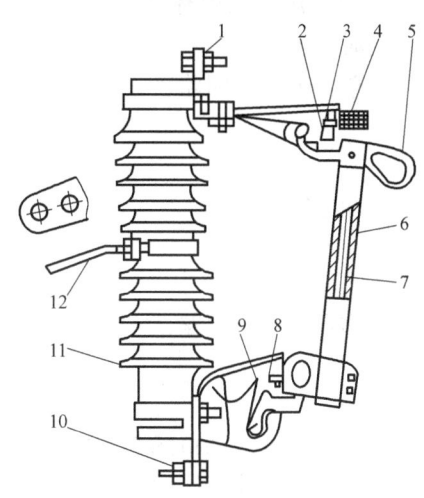

图 3-11 跌落式熔断器结构图
1—上接线端 2—上静触头 3—上动触头
4—管帽 5—操作环 6—熔丝管
7—熔丝 8—下动触头 9—下静触头
10—下接线端 11—瓷绝缘子 12—安装板

熔件在正常冲击电流作用下,不应发生熔断。在故障时,应与熔断器上、下级保护装置的动作相配合,不应发生越级熔断或上一级保护越级跳闸事故。

熔断器的额定断流容量或开断电流应满足下式:

$$S_{ek} \geqslant S'' \text{ 或 } I_{ek} \geqslant I'' \quad (3\text{-}11)$$

式中 S''——次暂态短路容量;

I''——次暂态短路电流。

3.4.2 低压熔断器

常用的熔断器有管式熔断器 R1 系列、螺旋塞式熔断器 RL 系列、插入式熔断器 RC 系列、填料封闭式 RT 系列和无填料管式熔断器 RM 系列。

熔断器的选择,除按额定电压、环境等要求外,主要要求满足熔体和熔断器(熔管)的额定电流。

1. 熔体额定电流应同时满足的条件

(1) 正常运行时,熔体额定电流 I_{er} 应不小于回路的计算负荷电流 I_j:

$$I_{er} \geqslant I_j \tag{3-12}$$

（2）用于保护有电动机负荷的线路，熔断器熔体额定电流应大于电动机起动时的电流。

单台电动机回路：

$$I_{er} \geqslant \frac{I_{qd}}{\alpha} \tag{3-13}$$

配电线路：

$$I_{er} \geqslant \frac{I_{jf}}{\alpha} \tag{3-14}$$

多台电动机回路：

$$I_{er} \geqslant \frac{I_{qd.n} + I_{js(n-1)}}{\alpha} \tag{3-15}$$

式中 I_{qd}——电动机的起动电流；

I_{jf}——配电线路的尖峰电流；

$I_{qd.n}$——起动电流最大一台电动机的起动电流；

$I_{js(n-1)}$——线路中除起动电流最大一台电动机以外的所有电动机计算电流；

α——熔体躲过起动电流的安全系数，决定于起动状况和熔断器特性，见表3-3。

表3-3 α系数

熔断器型号	熔体材料	熔体电流	α值	
			电动机轻载起动	电动机重载起动
RT0	铜	50A 及以下	2.5	2
		60～200A	3.5	3
		200A 以上	4	3
RM10	锌	60A 及以上	2.5	2
		80～200A	3	2.5
		200A 以上	3.5	3
RM1	锌	10～350A	2.5	2
RL1	铜、银	60A 及以下	2.5	2
		80～100A	3	2.5
RC1A	铅、铜	10～200A	3	2.5

注：1. 上表系根据熔断器特性曲线分析而得。
2. 轻载起动时间按6～10s考虑，重载起动时间按15～20s考虑。

2. 熔断器（熔管）额定电流的确定

（1）熔断器的额定电流应大于或等于熔体额定电流。

(2) 按短路电流校验其开断能力。

低压熔断器是一种易损器件,为保证运行的安全,更换熔管或熔体时一定要按原来规格更换,不能改动。

3.5 互感器

互感器是发电厂和变电所主要设备之一。其将高电压变换成低电压,将大电流变换成小电流,供测量电压用的互感器称为电压互感器,供测量电流用的互感器称为电流互感器。使用互感器的主要目的是:

(1) 将二次回路与一次回路隔离,以保证操作人员和设备的安全,并且可以降低测量仪表及继电器的绝缘水平,简化仪表构造。

(2) 将电压和电流变换成统一的标准值,电流互感器二次绕组的额定电流都是5A;电压互感器二次绕组的电压通常都规定为100V,从而可以减少测量仪表和继电器的规格品种,使仪表和继电器标准化。

(3) 可以避免短路电流直接流过测量仪表及继电器的线圈。

电压互感器的工作原理与变压器相似。

电压互感器按冷却方式不同而分为干式和油浸式;按相数可分为单相和三相;按安装地点则分为户内式和户外式。

图 3-12 是一只单相电压互感器接在三相线路上,用于测量任意两相间的线电压。图 3-13 是两只单相电压互感器接成不完全三角形(V/V 形接线),用于只需测线电压的仪表和继电器,但是这种接法不能测相电压。

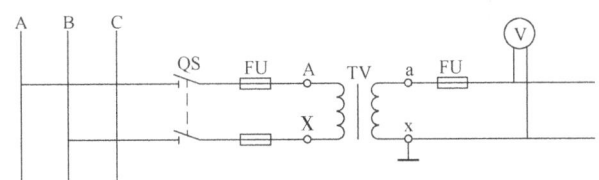

图 3-12 电压互感器接线之一

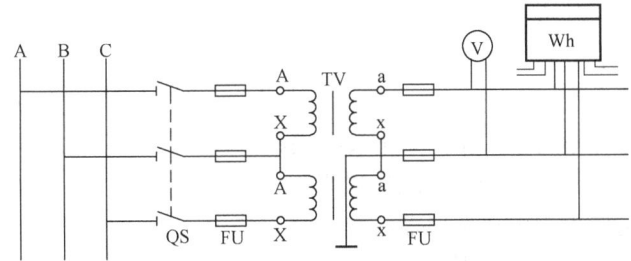

图 3-13 电压互感器接线之二

在中性点不接地或经消弧线圈接地的 3～10kV 电网中，广泛采用三相五柱式电压互感器，或者采用三台单相三线圈互感器接成三相组，它们的一次线圈与二次线圈为 Y_0/Y_0 联结，辅助二次线圈接成开口三角形，用于接反应零序电压的继电器，或者接到三只电压表构成的绝缘监视装置上。这样，互感器既可用于测量线电压和相电压，又可用于单相接地保护和监视电网对地绝缘（见图 3-14 和图 3-15）。

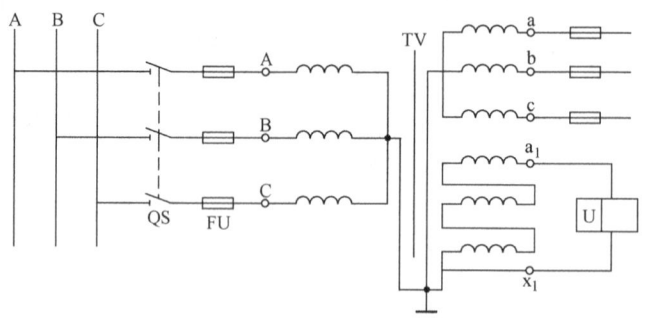

图 3-14　三相五柱式电压互感器的 $Y_0/Y_0/\triangle$ 接线

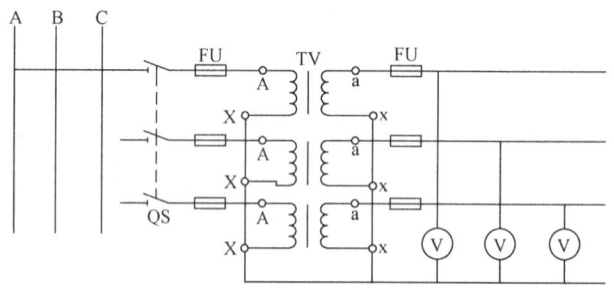

图 3-15　三个单相三线圈电压互感器的 Y_0/Y_0 接线

一般不采用三相三柱式电压互感器，这是由于三相三柱式电压互感器一次绕组中性点不允许接地，所以只能适用于测量三相线电压的测量仪器和继电器，而不能用来检查电网对地的绝缘情况。

假如把三相三柱式电压互感器一次绕组中性点接地，则在系统中发生接地时就会有零序电流 I_0 通过接地点而流入大地，I_0 在磁导体的铁心柱中产生零序磁通 Φ_0，Φ_0 三相同相，在铁心中没有通路而以漏磁通的形式通过空气隙和互感器铁壳形成通路。由于零序励通磁阻很大，零序励磁电流亦很大，当持续时间长时，就可能引起电压互感器过热，甚至烧毁。

电压互感器的二次线圈都要接地，以防止由于绝缘损坏使高压窜入低压侧对运行人员造成危险。

因互感器一次侧及二次侧都不允许短路,故均应装设熔断器。一次侧的隔离开关用于检修互感器时与电源隔开,形成一个明显的断开点。

在运行和检修中,要防止电压互感器反馈送电造成事故,如图3-16所示。为了检修母线甲,仅仅拉开1Q、3Q、5Q是不够的。因为母线乙的高压电还可以借助7Q和两个电压互感器反馈到母线甲上,从而危及检修人员。

电流互感器的一次线圈串接于被测量的电路中,二次线圈与量电仪表及继电器的电流线圈串联,其二次电路的阻抗非常小,在正常工作情况下,接近于短路状态,这是电流互感器与电力变压器和电压互感器的主要区别。

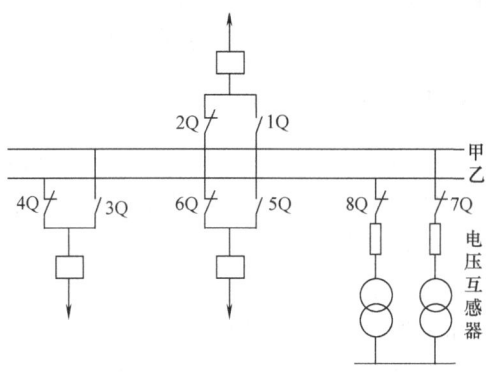

图3-16 电压互感器反馈送电示意图

电流互感器在运行中不容许二次侧开路。这是因为在一次电流为额定值及二次侧成闭合回路的条件下,电流互感器铁心中的磁通密度为0.06~0.1T,但当二次侧开路而一次电流仍存在时,铁心中的磁通密度剧烈增加。当一次电流为额定值时,其值可达1.4~1.8T,使铁心严重饱和。这时在二次侧产生很高的感应电动势,其峰值可达数千伏甚至上万伏(随电流互感器变化,即随其额定一次电流的增大而增大),如图3-17所示。这一电压

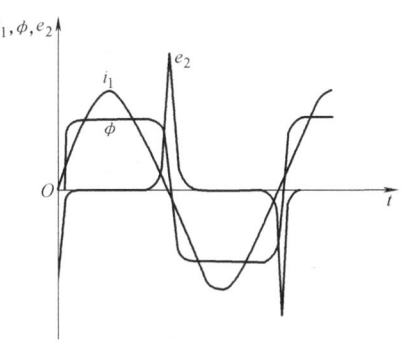

图3-17 电流互感器二次侧开路时磁通和电动势波形

对设备绝缘和运行人员的安全都是危险的。同时由于铁心中磁通的骤增,引起磁滞涡流损耗增大,使铁心剧烈发热,导致互感器损坏。除此之外,在铁心中产生剩磁,还使电流互感器误差增大。所以在拆除仪表和继电器之前要将二次绕组短路,并且不允许在二次电路中使用熔断器。

3.6 电力电容器

电力电容器的作用是改善电能质量,降低电能损耗,提高供电设备利用率。

电容器由外壳和芯子组成。外壳用密封钢板焊接而成。芯子由电容元件串、并联组成。电容元件用铝箔制作电极,用电容器纸或复合绝缘膜作为绝缘介质。电容器内以绝缘油作为浸渍介质,老式的多采用矿物油,新式的多采用十二烷基苯。新式的燃爆危险性较小。

3.6.1 补偿原理

电力系统中,多为电动机等感性设备。这类设备在从线路中取得电流做功时,还要在线路上消耗一部分不做功的电感电流。功率因数 $\cos\varphi$ 就是用来衡量不做功的电流大小。功率因数越低,发电机、电力变压器及线路的额外负担也越大。不仅降低了线路及电力设备的利用率,还增加了线路上的功率损耗,电压损失,降低供电质量。提高功率因数的有效方法是并联电容,产生领前的电容电流去抵消落后的电感电流,将无功电流减小到适当的范围。

如图 3-18 所示,补偿前线路上的感性无功电流为 I_{L0},线路上的总电流为 I_0。并联电容后,产生一容性无功电流 I_C,抵消部分感性电流,使得线路上的感性无功电流减小为 I_L,线路上的总电流减小为 I。

由图可知,如将功率因数从 $\cos\varphi_0$ 提高到 $\cos\varphi$,需要的容性电流 I_C 为:

$$I_C = I_{L0} - I_L$$
$$= I_R(\tan\varphi_0 - \tan\varphi)$$
(3-16)

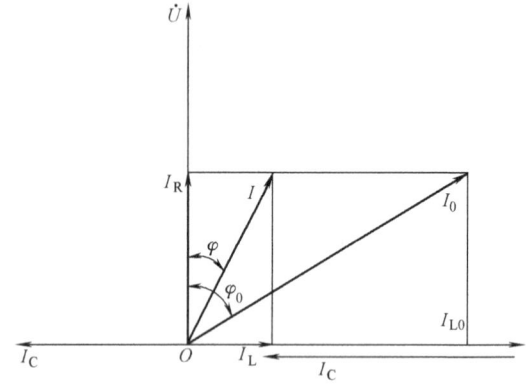

图 3-18 电容补偿原理

式中 I_R——线路上的有功电流。

由该式不难求得要求补偿的无功功率为:

$$Q = P(\tan\varphi_0 - \tan\varphi) \qquad (3\text{-}17)$$

式中 Q——需要的无功功率(kvar);
P——平均有功功率(或计算有功功率)(kW);
φ_0——补偿前的功率因数角;
φ——补偿后的功率因数角。

补偿用电力电容器或者安装在高压侧,或者安装在低压侧;可以集中安装,也可以分散安装。从补偿的效用角度看,低压补偿比高压补偿好,分散补偿比集中补偿好;从节省投资和便于管理的角度看,高压补偿比低压补偿好,集中补偿比分散补偿好。

3.6.2 电力电容器的安装和接线

电容器所在环境温度不应超过 40℃，周围空气相对湿度不应大于 80%，海拔高度不应超过 1000m。周围不应有腐蚀性气体或蒸气，不应有大量灰尘或纤维，所安装的环境应无易燃、易爆危险或强烈振动。

电容器室应为耐火建筑，耐火等级不应低于二级；电容器室应有良好的通风及防止温升过高的措施。总油量 300kg 以上的高压电容器应安装在单独的防爆室内；总油量 300kg 以下的高压电容器和低压电容器应视其油量的多少，安装在有防爆墙的间隔或有隔板的间隔内。

电容器外壳和钢架均应采取接地（或接零）措施。

电容器应有完善的放电装置。高压电容器可以用电压互感器的高压绕组作为放电负荷；低压电容器可以用灯泡或电动机绕组作为放电负荷。放电电阻值应满足经过 30s 放电后最高残留电压不超过安全电压。三角形联结 10kV 电容器每相放电电阻可按下式计算：

$$R \leqslant 1.5 \times 10^6 U^2 / Q \tag{3-18}$$

式中　R——每相放电电阻（Ω）；

　　　U——线电压（kV）；

　　　Q——每相电容器容量（kvar）。

电力电容器应根据其额定电压及线路额定电压选择适当的接线，并根据其容量安装电压表及电流表以监视工作情况。

3.6.3 电容器安全运行

电容器运行中，电流不应超过其额定电流的 1.3 倍，电压不应超过其额定电压的 1.1 倍。环境温度不得超出表 3-4 所列的限值。电容器外壳温度不得超过规定值（一般为 60℃ 或 65℃）。电容器各触点应保持良好，不得有松动或过热迹象；套管应清洁且不得有放电痕迹；外壳不应有明显变形，不应有漏油痕迹。电容器的开关设备、保护电器和放电装置应保持完好。

表 3-4　电容器使用的环境温度　　　　（单位：℃）

温度类型	环境温度				
	上限	下限	时平均最高	日平均最高	年平均最高
Ⅰ	+40	-40	+40	+30	+20
Ⅱ	+45	-40	+45	+35	+25
Ⅲ	+50	-40	+50	+40	+30

正常情况下，应根据线路上功率因数的高低和电压的高低投入或退出并联电容器。当功率因数低于0.9、电压偏低时，应投入电容器组；当功率因数趋近于1且有超前趋势、电压偏高时，应退出电容器组。

当运行参数异常、超出电容器的工作条件时，应退出电容器组。

当发现电容器连触点严重过热甚至熔化，瓷套管严重闪络放电，外壳严重膨胀变形，电容器或其放电装置发出严重异常声响，电容器爆裂或起火、冒烟时，应紧急退出运行。

进行电容器操作应注意以下几点：

（1）停电操作时，先拉开电容器的开关，后拉开各路出线的开关；送电时，先合上各路出线的开关，后合上电容器的开关。

（2）全站因事故停电后，应拉开电容器的开关。

（3）电容器断路器跳闸后不得强行送电；熔丝熔断后，查明原因之前，不得更换熔丝送电。

（4）不论是高压电容器还是低压电容器，都不允许在带有残留电荷的情况下合闸。否则，可能产生很大的电流冲击。电容器重新合闸前，至少应放电3min。

（5）为了检查、修理的需要，电容器断开电源后，工作人员接近之前，不论该电容器是否装有放电装置，都必须用可携带的专门放电负荷进行人工放电。

当高压电容器组总容量不超过100kvar时，可用跌落式熔断器保护和控制；当总容量为100~300kvar时，应采用负荷开关保护和控制；总容量为300kvar以上时，应采用真空断路器或其他断路器保护和控制。

当低压电容器组的总容量不超过100kvar时，可用交流接触器、刀开关、熔断器或刀熔开关保护和控制；当总容量在100kvar以上时，应采用低压断路器保护和控制。

第 4 章

电气线路

电气线路担负着输送和分配电能的任务,是供、配电系统的重要组成部分。电气线路的种类很多,就其敷设方式来分,可分为架空线路、电缆线路、穿管线路等;就其性质来分,可分为母线、干线和支线;就其绝缘情况来分,可分为裸线和绝缘线等。

架空线路是将线路架设在杆塔上,如图 4-1 所示。电缆线路则一般埋于地下,图 4-2 所示为敷设于地下电缆廊道内的电缆。

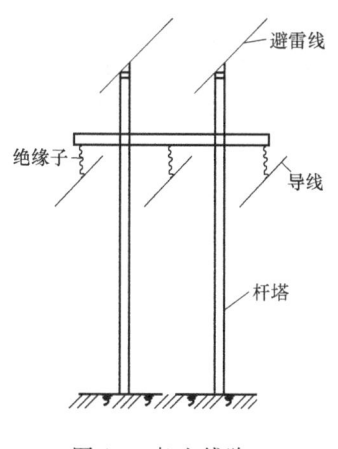
图 4-1 架空线路

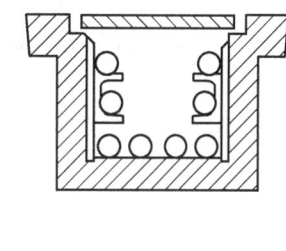
图 4-2 敷设于廊道内的电缆

一般来说,架空线路较为经济,也易于架设、维护和修理,但受空间条件限制,且自然条件(如风、雨、雪)对其运行影响很大。电缆线路的缺点是价格较贵,故障寻找与处理困难。通常地面上的供电线路都采用架空线路。

4.1 导线选择原则

导线选择得是否合理不仅直接影响到有色金属消耗量和线路投资,同时也关系到电网的安全经济运行。为了节省铜资源，电缆多采用铝芯导线。但是在易燃、易爆及腐蚀严重的场所，一般均采用铜线。

导线的型号应根据它们所处的电压等级及场所进行选择。导线的截面应按下列原则选择：

（1）按发热条件选择。在最大允许连续负荷电流下，导线发热不超过线芯所允许的温度，不会因过热而引起导线绝缘损坏或加速老化。

（2）按允许电压损失选择。导线上的电压损失应低于最大允许值，以保证供电质量。

（3）按经济电流密度来选择。应保证最低的电能损耗，并尽量减少有色金属的消耗。

（4）按机械强度条件选择。导线应有足够的机械强度，以防断线，保证运行安全可靠。

（5）按热稳定的最小截面校验。在短路情况下，导线必须保证在一定时间内，安全承受短路电流通过导线时所产生的热的作用，以保证安全供电。

4.1.1 按长时允许电流选择

导线通过电流后，其中一部分热量散发到周围空气中，另一部分使导线本身温度升高，为了保证导线不会因长时工作而过热，通常由实验方法确定导线允许通过的最大电流，也称为允许载流量。把实验所得数据列成表格，在设计时利用这些表格来选择导线截面，叫做按允许载流量选择导线，也称按发热条件选择导线。

按发热条件选择导线截面时应满足下式：

$$I_y \geq I_g \tag{4-1}$$

式中　I_g——线路长时最大工作电流（A）

　　　I_y——导线长时允许电流，又称为允许载流量。

根据稳定状态下发热与散热相平衡的原则，可求得导线的安全载流量（许用电流）为：

$$I = \sqrt{\frac{KF(\theta_2 - \theta_1)}{R}} \tag{4-2}$$

式中　K——散热系数 [W/（cm^2·℃）]；

　　　F——散热面积（cm^2）；

　　　θ_2——导线温度（℃）；

　　　θ_1——环境温度（℃）；

　　　R——导线温度为θ_2时导体的电阻（Ω）。

由于式（4-2）中的散热系数难以确定，这个公式往往不能用于实际计算。

表4-1为部分导线在正常和短路时最高允许温度。

表4-1　导线在正常和短路时最高允许温度

导体种类和材料			最高允许温度/℃	
			正常时	短路时
母线	铜		70	300
	铜（接触面有锡覆盖层时）		50	200
	铝		70	200
	钢（不与电器直接连接时）		70	400
	钢（与电器直接连接时）		70	300
油浸纸绝缘电缆	铜芯	1~3kV	80	250
		6kV	65	250
		10kV	60	250
	铝芯	1~3kV	80	200
		6kV	65	200
		10kV	60	200
橡胶绝缘导线和电缆			65	150
聚氯乙烯绝缘导线和电缆			65	120
交联聚乙烯绝缘电缆	铜芯		80	230
	铝芯		80	220
有中间接头的电缆（不包括聚氯乙烯绝缘电缆）				150

导线的安全载流量决定于导线截面、导线材料、绝缘材料、环境温度和安装方式等因素。常用导线的安全载流量可查阅相关技术手册。如环境温度发生变化，安全载流量可按下式进行修正：

$$I' = I\sqrt{\frac{\theta_2 - \theta_1}{\theta_2 - \theta_1'}} \tag{4-3}$$

式中　θ_1'——实际环境温度。

4.1.2　按允许电压损失选择

用电设备是按照在额定电压下工作的条件设计、制造的，当端电压与额定值不同时，用电设备的运行就要恶化。电气设备端点的实际电压和电器额定电压之差称为"电压偏移"。电网内各点的电压常常不等于额定电压，而是在额定电压上下波动。为了保证用电设备的正常运行，规定了允许电压偏移的范围（见表4-2），作为计算电网电压、检验用电设备输出端电压的依据。

表 4-2　各种用电设备端允许的电压偏移范围

用电设备种类及运转条件		允许电压偏移值	
		−	+
1. 电动机	（1）连续运转（正常计算值）	5	5
	（2）连续运转（个别特别远的电动机） 　（a）正常条件下 　（b）事故条件下	 8～10 10～12	
	（3）短时运转（如在起动相邻大型电动机时）	20～30①	
	（4）起动时的端子上 　（a）频繁起动 　（b）不频繁起动	 10 15②	
2. 感应电炉（用变频机组供电时）		同电动机	
3. 电阻炉、电弧炉		5	5
4. 起重机电动机（起动时校验）		15	
5. 电焊设备（在正常尖峰焊接电流时持续工作）		8～10③	
6. 照明	（1）室内照明在视觉要求较高的场所 　（a）白炽灯 　（b）气体放电灯	 2.5 2.5	 5 5
	（2）室内照明在一般工作场所	6	
	（3）露天工作场地	5	
	（4）事故照明、道路照明、警卫照明	10	
	（5）12～36V 的照明	10	

① 对于根据转矩要求选择的电动机，其电压偏移值应根据计算确定。
② 电压偏移值应满足起动转矩的要求。
③ 电焊设备一般指电压波动；对于电渣焊允许电压波动值为 −15%、+5%。

电网通过电流时，将产生电压损失，所谓电压损失即线路始、末端电压的代数差值，当线路电压损失过大，使得受电设备端电压过低，因而影响运行。为此在各类电网规定了最大允许电压损失值，见表 4-3。按线路允许电压损失（ΔU_{xy}）来选择导线截面，就能保证最远负荷端的电压不低于最小允许值。

表 4-3　电力网的允许电压损失百分数

电网种类	ΔU（%）	备　注
室内低压配电线路	1～2.5	表 4-2 中 1、2 两项总和不大于 6%
室外低压配电线路	3.5～5	
工厂内部供给照明及动力的低压网络	3～5	

(续)

电网种类	ΔU（%）	备注
正常运行的高压配电网络	3～6	
故障运行时同上网络	6～12	
正常运行的高压输电网络	5～8	表 4-2 中 4、6 两项总和不大于 10%
故障运行时同上网络	10～12	

1. 终端负荷电压损失的计算

设某一终端负荷的电路电气参数如图 4-3a 所示。U_1 和 U_2 为线路始、末端的电压，其矢量如图 4-3b 所示。其一相上的电压损失 ΔU_x 等于始、末端电压的代数差，由图可知：

$$\Delta U_x = U_1 - U_2 = ae = af + fe \approx af + fd = IR\cos\varphi + IX\sin\varphi \qquad (4-4)$$

式中　I ——负荷电流（A）；

　　　R ——线路每相电阻（Ω）；

　　　X ——线路每相电抗（Ω）；

　　　φ ——负荷的功率因数角（rad）。

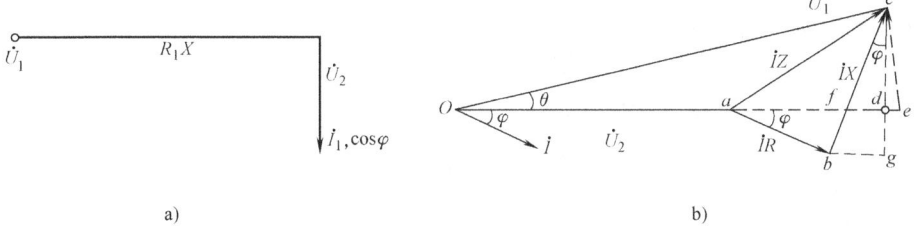

图 4-3　负荷集中于终端的电气参数及其电压损失矢量图
a）电气参数图　b）矢量图

三相对称系统的线电压损失 ΔU 为：

$$\Delta U = \sqrt{3}I(R\cos\varphi + X\sin\varphi) \qquad (4-5)$$

用功率表示时则为：

$$\Delta U = \frac{RP + QX}{U_e} = \frac{L}{U_e}(Pr_0 + Qx_0) \qquad (4-6)$$

式中　P ——负荷的有功功率（W）；

　　　Q ——负荷的无功功率（var）；

　　　U_e ——线路额定电压（V）；

　　　r_0 ——线路单位长度电阻（Ω/km）；

　　　x_0 ——线路单位长度电抗（Ω/km）；

　　　L ——线路长度（km）。

2. 分布负荷电压损失的计算

分布负荷的线路参数及负荷分布如图 4-4 所示。由于电压损失可按叠加原理计算,故分布负荷的电压损失计算公式为:

$$\Delta U = \frac{1}{U_e}\sum_{i=1}^{n}(P_i r_i + Q_i x_i) = \frac{1}{U_e}\sum_{i=1}^{n}(PR_i + Q_i X_i) \tag{4-7}$$

式中 P_i、Q_i——分布负荷的有功及无功功率。

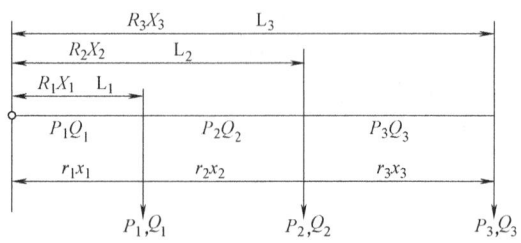

图 4-4 分布负荷的线路参数及负荷分布

3. 按允许电压损失计算导线截面

由式 (4-6) 可知,允许电压损失是有功功率在电阻上的电压损失与无功功率在电抗上的电压损失之和,即:

$$\Delta U_y = \Delta U_{yg} + \Delta U_{wg} \tag{4-8}$$

式中 ΔU_{yg}——有功功率电压损失,即:

$$\Delta U_{yg} = \frac{PL}{U_e}r_0 = \frac{PL}{DSU_e} \tag{4-9}$$

ΔU_{wg}——无功功率电压损失,即:

$$\Delta U_{wg} = \frac{QL}{U_e}X_0 \tag{4-10}$$

上式中 P、L、U_e 都已知,X_0 随导线截面变化很小,可取其平均值 $X_0 = 0.35 \sim 0.4\Omega/\text{km}$,故 ΔU_{wg} 即可求得。这样有功功率电压损失为:

$$\Delta U_y - \Delta U_{wg} = \Delta U_{yg} = \frac{PL}{DSU_e} \tag{4-11}$$

故导线截面可按下式计算,即:

$$S = \frac{PL}{\sigma U_e \Delta U_{yg}} \tag{4-12}$$

式中 σ——导线的电导率 (S/m)。

按式 (4-12) 计算出的截面选择相等或相近的标准截面,若所选截面小于计算值,则应以实际电抗值代入式 (4-8) 验算电压损失是否超过允许值。若超过,则应重选较大截面。

4.1.3 按经济电流密度选择

高压线路应按规定的经济电流密度来选择导线和电缆截面，使电能损耗小又节省有色金属。从降低电能角度讲，导线和电缆的截面越大，电能损耗越小，但线路投资和维修费用以及有色金属的消耗量增加。所以从经济方面考虑，导线和电缆应选择一个比较合理的截面。经济电流密度是根据线路投资和年运行费用综合得出的。

经济电流密度的计算方法如下：

（1）先求出线路上所流过的电流 I，按线路上流过最大负荷的年利用小时数，从表4-4查出经济电流密度 J，根据下式求出经济截面 S：

$$S = \frac{I}{J} \tag{4-13}$$

表4-4 我国规定的导线和电缆经济电流密度　（单位：A/mm^2）

线路类型	导线材料	年最大负荷利用小时数		
		3000 以下	3000~5000	5000 以上
架空线路	铝	1.65	1.15	0.90
	铜	3.00	2.25	1.75
电缆线路	铝	1.92	1.73	1.54
	铜	2.50	2.25	2.00

（2）用上表计算而得的截面，如处在两种相邻导线标准截面之间，一般可选择较大的导线截面。但计算截面接近于更小截面时，且线路今后不可能再增加负荷时，则可选用小一号的导线截面。

4.1.4 按机械强度选择

为了防止断线，导线必须满足机械强度要求，导线机械强度的安全系数不宜低于3.5。

按照机械强度要求，室外架空线路的导线最小允许截面见表4-5。如档距较大或运行条件较差，表中所列数值必须适当加大；如档距不超过25m，表中要求可以降低。允许采用 $10mm^2$ 的多股铝线或 $6mm^2$ 的铜线。按照机械强度的要求，其他低压线路的导线最小允许截面见表4-6。应当注意，移动设备一定要采用铜芯软线，而接户线和沿绝缘支持件敷设的导线，一般不应采用软线。

表4-5 室外架空线路的导线最小允许截面　（单位：mm^2）

导线种类	铝及铝合金		铜		铁	
	单股	多股	单股	多股	单股	多股
最小允许截面	不许使用	16	10	10	φ3.5（mm）	10

表 4-6　一些导线的最小允许截面　　　　（单位：mm²）

用途		导线最小截面		
		铝线	铜线	铜芯软线
照明用灯头引下线	(1) 民用建筑，室内	1.5	0.5	0.4
	(2) 工业建筑，室内	2.5	0.8	0.5
	(3) 室外	2.5	1	1
架设在绝缘支持件上的绝缘导线	(1) 支持点间距 <1m，室内 　　　　　　　　　室外	1.5 2.5	1 1.5	
	(2) 支持点间距 2m 及以下，室内 　　　　　　　　　　　　室外	2.5 2.5	1 1.5	
	(3) 支持点间距 ≤6m	4	2.5	
	(4) 支持点间距 ≤12m	6	2.5	
使用绝缘导线的低压接户线	(1) 档距 10m 以下	10	4	
	(2) 档距 25m 以下	2.5	1	
移动式用电设备	(1) 生活用	0.2	—	
	(2) 生产用	1.0	—	
穿管敷设的绝缘导线		2.5	1	1
		钢芯铝线	铝及铝合金线	
架空线路	35kV	25	35	
	6~10kV	25	35	
	1kV 以下	16	16	

注：1. 屋内照明器如采用链吊或管吊，其灯头引下线为铜芯软线时，可适当减小截面。
　　2. 当配电线路与各种工程设施交叉接近时，若采用铝绞线及铝合金线，要求最小截面为 35mm²；若采用其他导线，要求最小截面为 16mm²。
　　3. 高压配电线路不应使用单股线，裸铝线及裸铝合金线，也不应使用单股线。
　　4. 采用铝绞线及铝合金线的高压配电线路通过非居民区时，或成为建筑物的接户线时，最小允许截面为 25mm²。

4.2　架空线

4.2.1　架空线组成

架空线路主要由导线、杆塔、绝缘子、横担、拉线及基础等组成。架空线路的拉线及其基础用以平衡杆塔各方向受力，保持杆塔的稳定性。

1. 导线

架空线路的导线用以输送电流。对导线的要求是电阻率小、机械强度大、质轻、不易腐蚀、价格便宜、运行费用低等。常用的导线有铝绞线、铜绞线、铜芯铝绞线和钢绞线等。因为铝导线易受碱性和酸性物质的侵蚀，所以腐蚀性强烈的场所应采用铜导线。厂区内（特别是有火灾危险的环境）的低压架空线路宜采用绝缘导线。

2. 杆塔

架空线路的杆塔用以支承导线及其附件，保持导线对地面有足够的高度，以保证人身安全。为防止大风雨季节电杆折断，要求电杆有足够的强度。

电杆高度由以下几部分决定：

（1）杆顶与横担所占位置：顶部留100～300mm，两个横担间距离决定于线路电压等级。

（2）弧垂：即架空线下垂的距离。为了防止在刮风时导线碰线，及导线受拉力过大而将导线拉断，对各种架空线路的弧垂有一定的要求。一般用最大弧垂来校验离地最小距离，用最小弧垂来计算机械应力。

（3）导线与地面、跨越物的距离：为了保证架空线的安全运行，必须保证导线与地面和跨越物有一定的安全距离。

（4）电杆的埋深 电杆的埋深一般为电杆总长L的1/5～1/7。一般地区可采用$L/6$，岩石地区可采用$L/7$，烂泥地区可采用$L/5$，对转角杆、终端杆，埋深应增加10%。

电杆有钢筋混凝土杆、木杆和铁塔之分。水泥杆经久耐用和不受气候影响，不易腐蚀，维护简单，应用最为广泛。混凝土电杆的示意见图4-5。

按功能，杆塔分为以下几种：

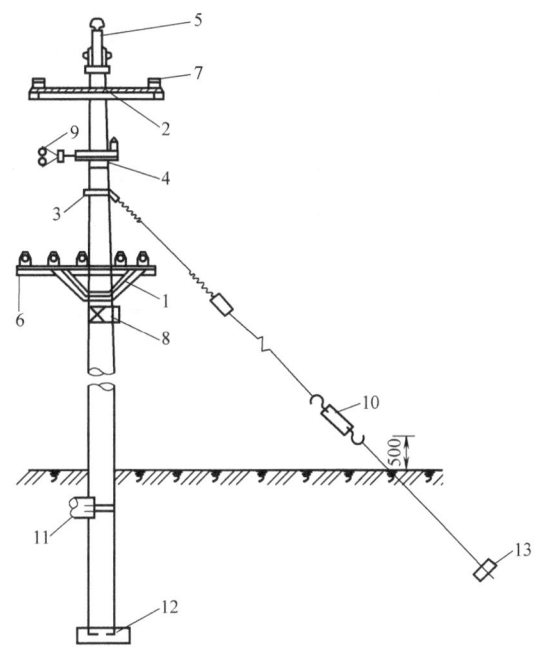

图4-5 混凝土电杆的示意图
1—低压五线横担 2—高压二线横担 3—拉线抱箍
4—双横担 5—高压杆顶支座 6—低压针式绝缘子
7—高压针式绝缘子 8—碟式绝缘子
9—悬式绝缘子或高压碟式绝缘子 10—花篮螺栓
11—卡盘 12—底盘 13—拉线盘

（1）直线杆（塔）。直线杆（塔）位于线路的直线段上，仅作支持导线、绝缘子和金具用。在正常情况下，直线杆（塔）能承受线路侧面的风力，但不承受线路方向的拉力。直线杆占全部电杆数的80%以上。

（2）耐张杆（塔）。耐张杆（塔）位于线路直线段上的几个直线杆之间。这种电杆在断线事故或架线时紧线的情况下，能承受一侧导线的拉力。

（3）跨越杆（塔）。跨越杆（塔）位于线路跨越铁路、公路和河流等处，是高大、加强的耐张型杆。

（4）转角杆（塔）。转角杆（塔）位于线路改变方向的地方。它须承受两侧导线的合力。

（5）终端杆（塔）。终端杆（塔）位于导线的首端和终端。在正常情况下，能承受线路方向全部导线的拉力。

（6）分支杆（塔）。分支杆（塔）位于线路的分支处。这种电杆在主线路方向上有直线型与耐张型两种，在分路方向则为耐张型。

上述各类杆塔在线路中的特征及应用如图4-6所示。

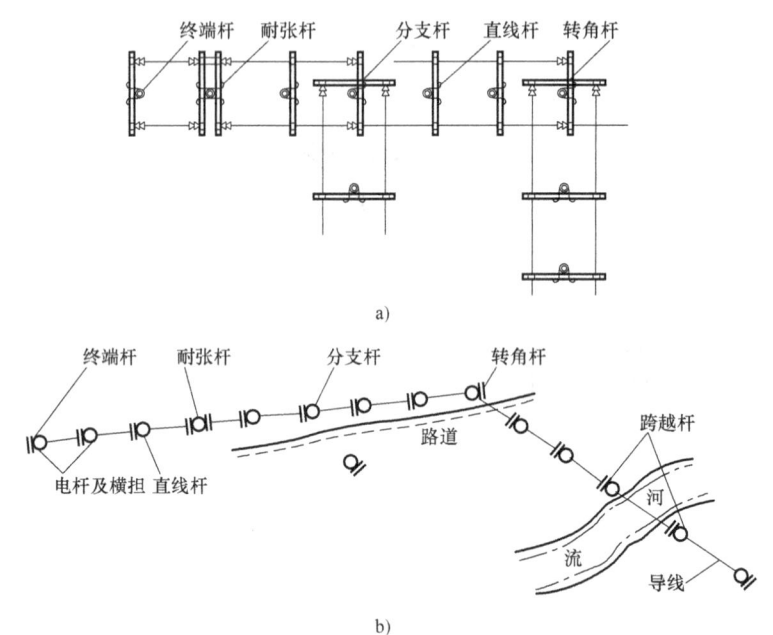

图4-6 各种杆型在线路中的特征及应用
a）各种电杆的特征 b）各种杆型在线路中应用

3. 横担

架空线路的横担用以支撑导线，固定瓷绝缘子，并使每根导线保持一定距离。横担的长短决定于线路电压的高低、档距大小、安装方式和使用地点。一定电压等级的线路线间距离有一定要求,它除满足绝缘要求外,还要考虑导线在空中受风引起的摇摆幅度,其规定见有关规程。

常用的横担有木横担、铁横担和瓷横担。木横担具有良好的防雷性能,但易腐朽,使用时应作防腐处理。铁横担坚固耐用,但防雷性能不好,并应作防锈处理。瓷横担是绝缘子与普通横担的组合体,结构简单、安装方便,电气绝缘性能也比较好;但其瓷质较脆,机械强度较差。

4. 绝缘子

架空线路的绝缘子用以支承、悬挂导线并使之与杆塔绝缘,因此绝缘子必须有良好的绝缘性能,能承受机械应力,承受气候、温度变化和承受振动而不破碎。

绝缘子分为针式绝缘子、碟式绝缘子、悬式绝缘子、陶瓷横担绝缘子和拉紧绝缘子等。为确保线路安全运行,不应采用有裂纹、破损或表面有斑痕的绝缘子。

4.2.2 架空线路的事故类型及预防措施

架空线路的事故多由自然灾害造成,但这些事故并非是不可避免的。只要正确设计和施工,严格贯彻执行有关运行、检修规程,切实做好日常的巡视、维护和检修工作,架空线路的安全运行就会有可靠的保证。

为保证架空线路正常运行,应针对各种可能发生的事故采取相应的预防性措施。

污闪事故是由于绝缘子表面脏污引起的。绝缘子表面秽物的性质不同,对线路绝缘水平的影响也不同。煤尘的主要成分氧化硅和氧化硫;水泥厂排放物的主要成分氧化硅和氧化钙;沿海地区空气中含有氯化钠。这些物质都降低绝缘子的绝缘水平。空气越潮湿,危害越严重。加强绝缘子清扫,增加绝缘子片数以加大爬电距离,采用地蜡、石蜡、有机硅等防尘性涂料,以及加强巡视、测试和维修,都有利于防止污闪事故。

雷电会给架空线路的安全运行带来很大的威胁,为了提高线路的耐雷水平,防止雷击事故,可以装设避雷线或避雷针,以防止导线遭受雷击;可以安装管型避雷器,防止雷电侵入波的危害;可以配置自动重合闸,防止雷击闪络或其他放电造成停电事故;可以在中性点装设消弧线圈,以减轻雷击或其他原因造成单相接地的危险。

架空线路还会因遇到洪水、大风和冰雪等造成事故。为了防洪,汛期应加强巡视检查。必要时,在杆塔周围打防洪桩,提高杆塔的稳定性。为了防止风害,也应加固电杆,加强巡视和测试,还应调整导线的弧垂,修剪线路附近的树木。清除周围的杂物等。为了防止覆冰事故,应加强观察气候的变化,如已经覆冰，可采用通电加热或机械的办法予以清除。

4.3 电缆

电缆可以直接埋入地下，可以在水中、隧道中或架空敷设，也可以敷设在潮湿、有火灾爆炸危险、有酸碱等化学腐蚀的场所，所以在不宜敷设架空线路的地方均使用电缆线路。

在工厂企业的配电线路中，常用的电力电缆按其绝缘和保护层的不同，有油浸纸绝缘电力电缆、塑料绝缘及护套电力电缆。

4.3.1 电缆的组成

电力电缆线路主要由电力电缆、终端头和中间接头三部分组成。

电力电缆分为油浸纸绝缘电缆、交联聚乙烯绝缘电缆和聚氯乙烯绝缘电缆。它主要由导电芯线、绝缘层和保护层组成。芯线分铜芯和铝芯两种。绝缘层分浸渍纸绝缘、塑料绝缘、橡胶绝缘等几种。保护层分内护层和外护层；内护层分铅包、铝包、聚氯乙烯护套、交联聚乙烯护套和橡胶套等多种；外护层包括黄麻衬垫、钢铠和防腐层等。

油浸纸绝缘电力电缆的结构如图4-7所示。交联聚乙烯绝缘电力电缆的结构如图4-8所示。电缆可敷设在电缆沟或电缆隧道中，也可按规定的要求直接埋入地下。直接埋在地下的方式，容易施工，散热良好，但检修、更换不方便，不能可靠地防止外力损伤，而且易受土壤中酸、碱物质的腐蚀。

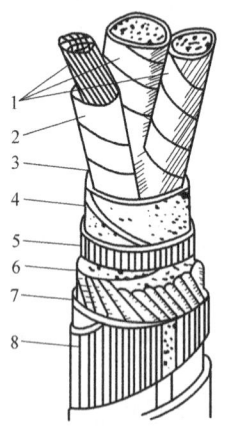

图4-7 油浸纸绝缘电缆构造图
1—芯线 2—纸绝缘 3—浸油黄麻填充物 4—统包绝缘
5—铅（铝）包层 6—纸带 7—浸沥青黄麻层 8—铠装

图4-8 交联聚乙烯绝缘电力电缆

电缆终端头分户外、户内两大类。户外用的有铸铁外壳、瓷外壳的终端头和环氧树脂的终端头；户内用的主要有尼龙和环氧树脂的终端头。环氧树脂终端头成形工艺简单，与电缆金属护套有较强的结合力，有较好的绝缘性能和密封性能，应用最为普遍。

在敷设电缆时，需要用电缆中间接头使两段电缆连接起来。当将电缆的始端与其他设备或导体连接时，需要利用电缆终端头。对于电缆中间接头和终端头的制作应满足以下要求：

(1) 具有不低于电缆本身的绝缘强度。
(2) 导体连接要良好。
(3) 密封要可靠，不能漏油。
(4) 机械强度要高。

运行经验表明，约有70%的电缆线路故障发生在终端头和中间接头上，往往由于电缆终端头和中间接头的缺陷和安装质量不良等造成事故，影响电缆的安全运行。为此，对电缆终端头和电缆中间接头应严格按要求施工。

4.3.2 电缆线路故障及预防措施

电缆线路故障可分为运行中故障和试验中故障。前者是运行中因绝缘被击穿等引起的故障；后者是预防性试验中发现的绝缘缺陷或故障。

电缆故障包括机械损伤、铅皮（铅皮）龟裂及胀裂、终端头污闪、终端头或中间接头爆炸、绝缘击穿和金属护套腐蚀穿孔等。就事故原因而言，包括外力破坏、化学腐蚀或电解腐蚀、雷击、水淹、虫害等自然灾害及施工不妥、维护不当、人员过失等几类。

应当指出，这些因素往往是互相联系和互相影响的。例如，由于电缆长时间过负载运行或散热不良，造成铅皮龟裂，并由此引起绝缘进水，以致发生绝缘被击穿或中间接头爆炸事故。

为了保证电缆线路的安全运行，并保持电缆经常处于良好的状态，必须注意设备的正确运行。运行工作主要包括线路巡视、负荷测量、温度检查及防止腐蚀等项目。

为使电缆安全运行，还应对电缆进行预防性试验。其试验项目有绝缘电阻测定、泄漏电流试验、直流耐压试验以及介质损耗角的测定等。在对电流线路进行检查和维修时，为防止残留电荷伤人，应先放电。在绝缘试验及耐压试验后也应放电。

电缆常见故障及防止方法如下：

(1) 由于外力破坏的事故占电缆事故的50%，为了防止出现这类事故，应加强对横穿河流、道路的电缆线路和塔架上电缆线路的巡视和检查。在电缆线路附近开挖地面时，应采取有效的安全措施；对于施工中已挖开的电缆，应加以保护。

（2）由于管理不善或施工不良，电缆在运输、敷设过程中可能受到机械损伤。运行中的电缆，特别是直埋电缆，可能由地面施工或小动物（主要是白蚁）啃咬受到机械损伤。对此，应加强管理，保证敷设质量，做好标记，保存好施工资料，严格执行破土动工制度等。

（3）电缆虫害最多见的是白蚁。白蚁可造成铅皮穿孔，从而导致绝缘受潮而击穿。为此，在电缆四周可喷洒防蚁和灭蚁的化学药剂。老鼠等小动物啃咬也会使电线受到损伤，为此也应采取适当的防护措施。

（4）由于施工、制作质量差或弯曲、扭转等机械力的作用，可能导致电缆终端头漏油。对此，应严格施工，保证质量，并加强巡视。

（5）由于质量不高、检查不严、安装不良（如过分弯曲、过分密集等）、环境条件太差（如环境温度太高等）、运行不当（如过负载、过电压），运行中的电缆可能发生绝缘击穿，铅包发生疲劳、龟裂和胀裂等损伤，对此，除针对以上原因采取措施外，还应加强巡视，发现问题及时处理。

（6）为了防止电缆终端头污闪事故，应定期用绝缘工具予以清扫，也可在终端头套管上涂防污涂料。在污秽地区，可以采用耐电压高一级的终端头。

（7）由于地下杂散电流和非中性物质的作用，电缆的金属铠装或铅、铝包皮可能受到电化腐蚀或化学腐蚀。化学腐蚀是由于土壤中酸、碱、氯化物、有机体腐烂物和炼铁炉灰渣等杂物造成的；电化学腐蚀则是由于直流电机车从其他直流装置经大地流通的电流造成的。为了防止化学腐蚀，可将电缆穿在防腐的管道中敷设。对于运行中的电缆，除应定期挖开泥土查看电缆外，还应对土壤作化学分析。为了防止电化学腐蚀，应提高直流电机车轨道与大地之间的绝缘，以限制直流泄漏电流。电缆与直流电机车轨道平行时，其间距离不得小于2m，或者电缆穿绝缘管敷设；电缆与地下大金属物件接近时，也应采取绝缘措施。为了防止电化学腐蚀，电缆铠装的电位不得超过1V。

（8）浸水、导体连接不好、制作不良、超负荷运行以及污闪等原因，均可导致电缆终端头或中间接头爆炸。此外，过热是电气线路的常见故障，线路过热可能是多种原因造成的。例如，线路过载、接触不良、线路散热条件被破坏、运行环境温度高、短路（包括金属性短路和非金属性短路）、严重漏电和电动机过于频繁地起动等不安全状态均可能导致线路过热。对此，应加强运行监视，严格控制电缆的负荷电流和电缆温度。

4.4 室内配线

室内配线是建筑物内部（包括与建筑物相关联的外部部位）电气线路的敷设。有明配线和暗配线两种。敷设方式用得最多的是钢（塑料）管配线和铝片卡（或线夹）配线。室内配线方式的适用范围见表4-7。

表4-7 室内配线方式的适用范围

布线方式	适用范围
瓷（塑料）夹板布线	适用于负荷较小的干燥环境，如车间办公室、宿舍和车间内照明线路的明布线
瓷珠布线	适用于负荷较大的干燥或潮湿环境的车间内的明布线或暗布线
瓷绝缘子布线	适用于负荷较大和线路较长而且受机械拉力较大的干燥或潮湿的车间
木槽板布线	适用于负荷较小的干燥环境，且要求整洁美观的场所
金属管布线	适用于导线易受机械损伤，易发生火灾及易爆炸的环境，有明管布线或暗管布线两种
塑料管布线	适用于潮湿或有腐蚀性的环境内，有明管布线或暗管布线两种
钢索布线	适用于屋架较高、跨度较大的大型厂房，多数应用在照明线上，用于固定导线和灯具

4.4.1 室内配线的基本要求

室内配线应符合下列安全要求：

（1）使用的导线的额定电压应大于线路的工作电压。导线截面应能满足供电负荷和机械强度的要求。配线方式和导线的绝缘，应根据安装环境的特点及安装和维修条件和安全要求等因素加以确定。

（2）配线线路中应尽量避免接头。若必须接头，则应保证接头牢靠，接触良好。穿在管内敷设的导线不准有接头。

（3）明配线在敷设时要保持水平和垂直。导线与地面的最小距离应符合相关规定，否则应穿管保护，以防机械损伤。

（4）导线穿越楼板时，应将导线穿入钢管或塑料硬管内保护，保护管的两端距地面不应小于1.8m，下端口到楼板下为止。

（5）导线穿墙时，也应加装保护管（瓷管、塑料管、钢管等），保护管的两端出线口伸出墙面的距离不应小于10mm。

（6）导线通过建筑物的伸缩缝或沉降缝时，应稍有余量；敷设线管时，应装设补偿装置。

（7）导线相互交叉时，应在每根导线上加套绝缘管保护，并将套管牢靠固定，避免相互碰线。

（8）绝缘导线在敷设时与建（构）筑物，或导线间的最小净距应符合相应标准要求。

4.4.2 室内配线的常见事故

室内照明线路和动力线路常因安装不合乎要求或维护检修不及时，以致发生短路、断线和漏电等事故。

1. 短路

（1）用电器具接线不好，接头碰在一起；绝缘损坏，导线碰到金属外壳。

（2）不用插头，直接把线头插入插座，造成混线。

（3）导线的绝缘损伤，在破损处碰线或接地。

（4）房屋失修或漏水，造成线头松脱后相碰或接地。

2. 断线

主要有熔丝烧断、线头松脱、断线、开关未接通、铝线接头腐蚀造成不通等。

3. 漏电

漏电主要是绝缘不良引起的。电线和电气设备长期使用以后，绝缘层逐渐老化变质，因而产生漏电。电气设备的绝缘部分受潮或者污染以后，也容易漏电。

屋内线路导线的连接和架空线路导线的连接一样，接头要求牢固可靠，防止接头接触不良或松脱，增大接触电阻，使接头处过热或烧毁绝缘，还可能产生火花。

为防止室内配线事故，应经常检查线路，发现问题及时维修，消除一切可能造成严重后果的隐患。在水泵房等比较潮湿的地方，要用橡胶绝缘线敷设在瓷珠上，防止漏电。在工业企业厂房，为了避免火灾和遭受机械损伤，采用钢管布线。

4.4.3 室内配线的安全管理

车间电气线路在投入运行前，应建立设备技术管理卡片，标明规范及负荷名称，并在运行维护后及时填写有关检查项目，如负荷情况、绝缘情况和存在缺陷等，以便经常掌握线路的运行状况。每年雷雨季节前，应对线路作一次全面安全检查，按检查结果和发现缺陷的程度安排统一检修计划。对运行中的车间线路，应定期巡视检查。

车间线路巡视检查的内容如下：

（1）检查导线与建筑物等是否有摩擦之处，绝缘是否破损，绝缘支持有无脱落。

（2）车间裸导体各相的驰度和线间距离是否相同，裸导线的防护网（板）与裸导线的距离是否符合要求，明敷设的线管及木槽板等是否有破裂和砸伤情况，铁管的接地是否良好。

（3）导线是否有长期过热现象，导线的各连触点的接触是否良好，有无过热现象。

（4）对于三相四线制的照明回路应着重检查零线回路各连触点的接触情况是否良好，有无腐蚀或脱开，线路上是否接用不合格的或容量不允许的电气设备以及乱拉临时线路等情况。

对于车间内装设的临时线，应有严格的管理制度，并要有专人负责。临时线应采用四芯或三芯的橡胶套或塑料护套软线，线路布置应当整齐。临时线应满足基本的安全要求。有关设备应采取保护接零或其他安全措施，如必要的遮栏和警告牌等。临时架空线长度不得超过 500m，离地高度应不小于 5m，与建筑物、树木或其他导线的距离一般不得小于 2m。临时线应有使用期限制，一般应不超过 3 个月。使用完毕，应立即拆除。

第5章

继电保护

5.1 继电保护原理

5.1.1 继电保护的作用

电力系统在运行中，可能发生一些故障和不正常运行状态。常见的主要故障是相间短路和接地短路，以及变压器、电动机和电力电容器等发生的匝间或层间局部短路故障。不正常运行状态主要指过负荷，一相断线，一相接地或漏电等。

为了能在发生故障时，迅速地、有选择性地切断故障设备，防止事故扩大，减轻故障危害，保证供电安全、可靠，唯有借助于装设于系统中主要电气设备和线路的继电保护装置来实现。

所谓继电保护装置，就是指能对电力系统中电气设备发生故障或不正常状态作出反应，并动作于断路器跳闸或发出信号的一种装置。它的基本任务是：

（1）自动地、迅速地、有选择性地将故障设备从电力系统中切断，以保证系统无故障部分能迅速恢复正常运行，并使故障设备免于继续遭受破坏。

（2）对电气设备的不正常工作状态作出反应，并根据运行维护的条件（例如有无经常值班人员），动作于信号，减负荷或跳闸。此时通常不要求保护迅速动作，而是带有一定的延时，以保证动作的选择性，但在煤矿井下及有爆炸危险的场所，一般均作用于跳闸。

5.1.2 继电保护的基本原理

当电力系统发生故障时，通常伴随有电流的增大、电压的降低以及电流电压之间相位角的变化等物理现象，利用这些物理量的变化，就能区分出系统是处于何种工作状态，从而实现保护。

通常利用短路时电流增大的特征构成过电流保护；利用电压降低的特征构成低电压保护；利用电压和电流比值的变化构成阻抗保护；利用电压和电流之间相位关系的变化构成方向保护；利用比较被保护设备两端电流的大小和相位的差别构成差动保护等。此外还可根据电气设备的特点实现对非电量变化作出反应并进行保护，例如对变压器油箱内故障作出反应并进行瓦斯防护；对电动机绕组温度升高的过负荷作出反应并进行保护等。

上述各类保护装置都是由 1 个或若干个继电器按照其性能和要求连接在一起而组成的。继电保护装置一般由测量元件、逻辑元件和执行元件三部分组成（见图 5-1）。测量元件用来反应和转换被保护对象的各种物理参数，经过它综合和变换，送给逻辑元件，与给定值进行比较，作出逻辑判断，当区别出保护对象有故障时，启动执行元件，发出操作指令，实行跳闸或发出信号，完成保护任务。

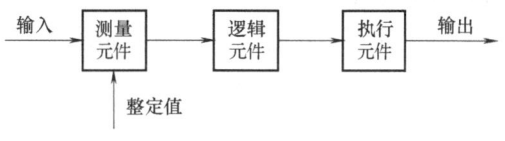

图 5-1　继电保护原理

5.1.3　对继电保护装置的基本要求

为完成继电保护的基本任务，必须满足以下四个基本要求，即选择性、速动性、灵敏性和可靠性。作用于断路器跳闸的继电保护装置，应同时满足上述四个基本要求，而对作用于信号的继电保护装置，其中一部分要求可以降低。

1. 选择性

选择性是指当系统内发生故障时，保护装置仅将故障元件切断，系统中非故障部分仍保持继续运行，使停电范围尽量小的性能。例如图 5-2 所示系统中，当 k2 点发生短路时，应由距短路点最近的保护 3 动作，断开 QF3 断路器将故障线路 BC 切断。变电所 A、B 应继续供电。当 k1 点发生短路时，则应由保护 1 和保护 2 动作，分别断开 QF1 和 QF2 断路器，将连接于变电所 A 和变

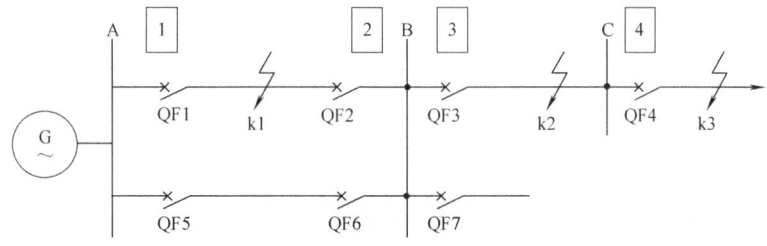

图 5-2　选择性说明

电所 B 的这条故障线路切断，系统中所有非故障部分仍继续运行。继电保护的这种动作称为有选择性动作。

若短路发生在 k3 点，则保护 4 应动作，切断故障线路，假如保护 4 或断路器 QF4 拒动，不能切除故障线路时，则保护 3 应动作，断开 QF3 断路器，以切断故障线路。保护装置的这种动作虽然切断了部分非故障元件，但是在保护或断路器拒动的情况下，还是最大限度地缩小了停电范围，所以也认为是有选择性的动作。

继电保护装置的选择性是依靠选择适当的保护装置和正确地选择整定值使各级保护相互配合而实现的。

2. 速动性

速动性就是快速切断故障线路。快速切断故障线路可避免和减轻电气设备的损坏，保证电力系统及用电设备运行的稳定性，可减少对用电设备用电的影响。

当发生短路故障时，故障点附近电源母线电压降低，非故障电路中电动机的转矩将下降，如果故障线路切断很快，电动机转速还未降低很多电压就已恢复，这样电动机就能很快自起动恢复正常工作。对其他用电设备也一样，电压恢复越快，用电设备恢复正常工作越快。

在有些情况下，快速性和选择性会发生矛盾，这时应在保证选择性的前提下力求保护动作迅速。但当故障影响系统稳定时，则需要牺牲部分选择性，以确保系统稳定运行，然后通过其他自动装置（如自动重合闸装置）予以补救。

3. 灵敏性

继电保护装置的灵敏性是指对其保护范围内发生故障或不正常运行情况的反应能力。要求在其保护范围内，不论短路点的位置、短路类型以及系统运行方式如何，保护装置都能灵敏反应。

4. 可靠性

保护装置的可靠性是指在其保护范围内发生属于它动作的故障时，应可靠动作，不能拒动；当系统中发生的故障不属于它动作的，要禁止动作，不能误动。

保护装置如果不能满足可靠性要求，则保护装置本身就成为扩大事故或造成事故的根源。

为了使保护装置动作可靠，除正确设计保护系统、正确计算继电保护动作定值和选用优质的继电器外，还应对继电保护装置加强维护管理，要进行定期校验和试验。

5.1.4 继电保护装置和继电器的分类

1. 继电保护装置的分类

（1）根据保护装置反应物理量的不同分为电流保护装置、电压保护装置、距离保护装置、差动保护装置、高频保护装置和瓦斯保护装置等。

（2）根据被保护对象的不同分为发电机保护装置、输电线保护装置、母线保护装置、变压器保护装置和电动机保护装置等。

（3）根据保护的故障类型分为相间故障保护装置、接地故障保护装置、匝间短路故障保护装置和非全相运行保护。

（4）根据保护装置的作用可分为主保护装置和后备保护装置，以及为了改善保护装置的某种性能而专门设置的辅助保护装置等。

2. 继电器的分类

继电器是组成继电保护装置的基本元件，当它反应的物理量达到一定数值时，继电器的工作状态就自动发生变化。

继电器按反应的物理量的不同，可分为电量的和非电量的两大类。属于非电量的有：对瓦斯气体多少和流速的瓦斯作出反应的继电器；对气体压力作出反应的压力继电器；对温度作出反应的热敏继电器等。属于电量的通常按继电器的动作原理分为电磁型、感应型、整流型、晶体管型等四种。

（1）电磁型继电器。它是按照电磁原理构成的继电器，继电器的主要元件是电磁铁。

（2）感应型继电器。它是利用电磁铁的磁场与感应导体所产生的磁场两者的相互作用构成的继电器，它比电磁型继电器多一个感应导体。

（3）整流型继电器。它是一种将反应的电量整流后再进行比较的继电器。

（4）晶体管型继电器。它是利用晶体管电路构成的继电器。

近年又发展起来了以计算机为基础的微机型继电器，而许多感应型继电器已停止生产。

上述几种继电器，通常又按它们对物理量反应的性质分为：电流继电器、电压继电器、功率方向继电器、阻抗继电器和周波继电器等。

此外，按继电器的作用又可分为时间继电器、中间继电器和信号继电器等。

5.1.5 电磁型继电器

电磁型继电器是利用电磁力使其可动的机械部分动作，并通过它的触点接通或者断开来实现输出信号的改变。电磁型继电器的形式有螺线管式、吸引衔铁式和转动舌片式等（见图5-3），通常由铁心1、可动Z形衔铁2、线圈3、触点4及反作用弹簧5等部分组成。当继电器的线圈接入电流I_j时，电磁铁的铁心中就产生磁通Φ和电磁力F_{dc}。如果电磁力的数值大于弹簧的反作用力，则衔铁被吸引，并带动继电器的触点闭合。

电磁力F_{dc}与空气隙中磁场强度B或磁通Φ的二次方成正比，即：

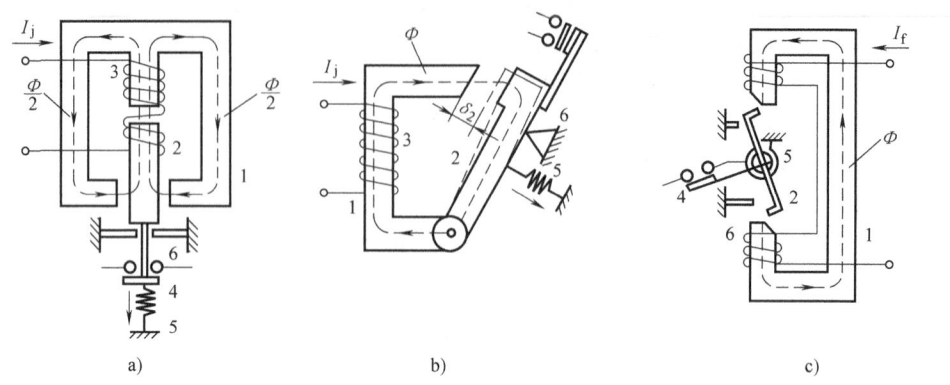

图 5-3 电磁型继电器原理结构图
a) 螺线管式 b) 吸引衔铁式 c) 转动舌片式
1—铁心 2—可动衔铁 3—线圈 4—触点 5—反作用弹簧 6—止挡

$$F_{dc} = \frac{B^2 S}{2\mu_0} = \frac{\Phi^2}{2\mu_0 S} \tag{5-1}$$

由磁路欧姆定律知：

$$\Phi = \frac{WI_j}{R_c}$$

$$F_{dc} = \frac{W^2 I_j^2}{2\mu_0 S R_c^2} \tag{5-2}$$

电磁力矩 M_{dc} 等于电磁力 F_{dc} 与转动舌片力臂 L 的乘积，即：

$$M_{dc} = = F_{dc} L \frac{W^2 L}{2\mu_0 S R_c^2} I_j^2 = K I_j^2 \tag{5-3}$$

式中 I_j——继电器线圈中的电流；

　　W——继电器线圈的匝数；

　　S——气隙的横截面积；

　　R_c——磁通 Φ 所经过磁通的磁阻，当磁路未饱和时，R_c 为一常数；

　　L——电磁力的作用力臂；

　　μ_0——真空磁导率；

　　K——比例系数，当磁路未饱和时 K 为一常数。

式 (5-3) 表明，当磁路未饱和时，作用在衔铁上的电磁力矩 M_{dc} 与线圈中电流的二次方成正比，因此，M_{dc} 不随电流的方向而变化，所以电磁型继电器可以制造成交流或直流继电器。应注意的是，当线圈接入交流时，I_j 是有效值，M_{dc} 是平均值。

当电磁力矩增加到一定值时，可动衔铁被吸引，继电器的触点切换（闭合或断开），该过程称为继电器动作。

继电器动作时，其电磁力矩 $M_{dc.dz}$ 要克服弹簧的反作用力矩和转动舌片所受的摩擦力矩，即：

$$M_{dc.dz} = M_{dc.t} + M_m \tag{5-4}$$

式中　$M_{dc.t}$——弹簧反作用力矩；

　　　M_m——摩擦力矩。

上式称为继电器动作的临界条件，使继电器动作的最小电流称为继电器的动作电流 I_{dz}。继电器动作后，若电流 I_j 减小，在弹簧力作用下可动衔铁将返回到起始位置。当继电器返回时，反作用弹簧的力矩须能够克服电磁力矩和可动衔铁返回时的摩擦力矩。所以继电器返回的条件为：

$$M_{t.f} \geq M_{dc.f} + M_m = KI_j^2 + M_m \tag{5-5}$$

式中　$M_{t.f}$——弹簧的反作用力矩；

　　　$M_{dc.f}$——继电器返回时的电磁力矩。

能使继电器返回的最大电流称为继电器的返回电流，用 I_f 表示。继电器的返回电流与动作电流之比，称作继电器的返回系数，用 K_f 表示，即：

$$K_f = \frac{I_f}{I_{dz}} \tag{5-6}$$

对于反应参数变大的继电器，如过电流继电器，K_f 总是小于1；而反应参数减小的继电器，如低电压继电器，其返回系数总大于1，希望返回系数越接近1越好。

继电器的动作电流可以根据需要进行调节（即整定），其方法是：

（1）改变继电器线圈的串、并联方式，来改变线圈的匝数。

（2）转动调整把手，改变螺旋弹簧的反作用力矩。

由于继电器线圈中存在电感，故线圈中的电流和磁路中磁通的变化都是缓慢的。因此，继电器由线圈通电开始，至获得其动作所需要的电磁力矩需要一定的时间，而且衔铁运动也需要一定的时间。通常把由线圈通电至触点切换完毕所需要的时间，称为继电器的动作时间。为了提高保护装置的速动性，应尽量减小继电器的动作时间。但在某些情况下，也利用继电器本身的动作时间获得保护装置动作所需要的延时。

电磁型继电器的种类很多，常用的有电流继电器、电压继电器、时间继电器、中间继电器和信号继电器等。

继电器的触点分为常开和常闭两种。所谓常开触点，指继电器的衔铁未被吸合时，处于断开状态的触点；所谓常闭触点，指继电器的衔铁未被吸合时，处于闭合状态的触点。继电器标准图例及触点画法参见 JB/T 6524-2004《电力系统继电器、保护及自动化装置电气简图用图形符号》的规定。

5.2 继电保护接线方式

在继电保护中,电流继电器是通过电流互感器间接与一次线路相连,在三相电路中,这种相互连接可以采用不同的连接方式,称之为保护装置的接线方式。

5.2.1 电流互感器的极性和电流方向

继电保护装置的实际接线,应确定电流互感器的极性和电流方向。电流互感器的极性通常按减极性原则标注:即在一、二次绕组中,同时由同极性端子通入电流时,它们在铁心中产生的磁通的方向相同。如图5-4a所示,当从绕组的端子 L_1 和 K_1 通入电流时,它们在铁心中产生的磁通同方向,称为同极性端子,即同名端,并用注角相同的标号进行标注。例如,L_1 和 K_1,L_2 和 K_2,分别为同极性端子。

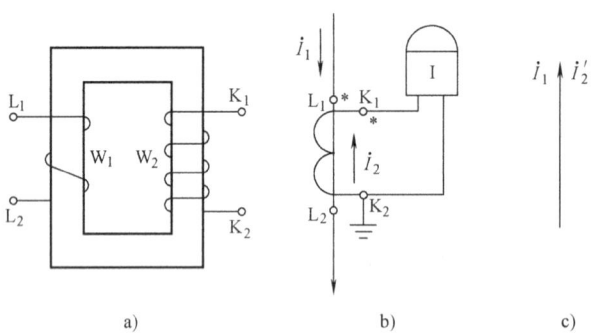

图 5-4 电流互感器的极性和电流方向
a) 结构图 b) 原理图 c) 矢量图

在继电保护中,一般选取一次和二次绕组中电流的正方向相反,如图5-4b所示,选取一次电流 I_1 从 L_1 流向 L_2 为正,而选取二次电流 I_2 从 K_2 流向 K_1 为正。不难看出,此时磁路中的总磁动势为一次绕组和二次绕组磁动势的矢量差,当忽略励磁电流时有:

$$W_1 \dot{I}_1 - W_2 \dot{I}_2 = 0 \tag{5-7}$$

因此:

$$\dot{I}_1 = \frac{W_2}{W_1}\dot{I}_2 = \dot{I}'_2 \tag{5-8}$$

式中 W_1、W_2——电流互感器一次和二次绕组的匝数;

$\dot{I}'_2$——$\dot{I}_2$ 折算到一次侧后的二次电流值。

由式（5-8）可知，$\dot{I}_1 = \dot{I}'_2$，两者大小相等，相位相同，故可用一个矢量来表示，如图 5-4c 所示。

5.2.2 电流保护装置的接线方式

电流保护装置的接线方式主要有以下三种：

1. 三相完全星形接线法

如图 5-5 所示。三个电流互感器与三个电流继电器分别按相联结，互感器与继电器均接成完全星形。因为每相均设有电流互感器，所以这种接线方式能够防护各种相间故障和接地故障。而且当发生相间故障时，有两个以上的继电器同时动作，因而保护动作的可靠性好。

在电流保护的整定计算中，还常用到接线系数 K_{jx}，接线系数是指实际流过继电器的电流 I_j 与电流互感器的二次回路电流 I_2 之比，即 $K_{jx} = I_j / I_2$。显然三相完全星形接线法 $I_j = I_2$，故 $K_{jx} = 1$。

三相完全星形接线方式的缺点是：接线比较复杂，设备投资较大，故多用于大型重要元件的保护（如变压器保护等），以及其他方式不能满足要求的电网保护中。

2. 两相两继电器不完全星形接线法

如图 5-6 所示，它和上述接线方式的主要区别是 B 相不设电流互感器和继电器，因而不能对 B 相接地故障作出反应。但是，由于接地故障通常采用其他专门的保护方式，而两相两继电器不完全星形接线方式简单经济。所以这种方式被广泛用做各种电网的相间故障保护。

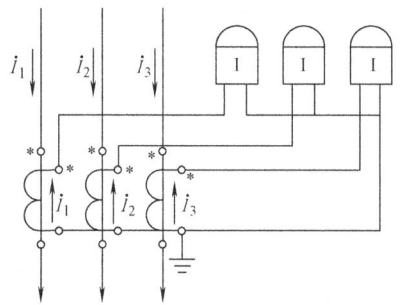
图 5-5 三相三继电器完全星形接线法

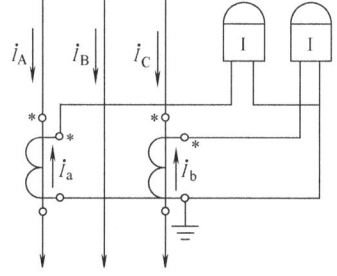
图 5-6 两相两继电器不完全星形接线法

3. 两相电流差式接线法

如图 5-7 所示，两相电流差接线将 A、C 两相电流互感器差接起来，只接一个电流继电器。当采用两相电流差接线时，流过继电器的电流为 A、C 两相电流互感器二次电流的矢量差，所以在正常和三相对称短路的情况下，$K_{jx} = \sqrt{3}$；当 A、C 两相短路时 $K_{jx} = 2$，当 A、B 或 B、C 两相短路时 $K_{jx} = 1$，如图 5-8 所示。

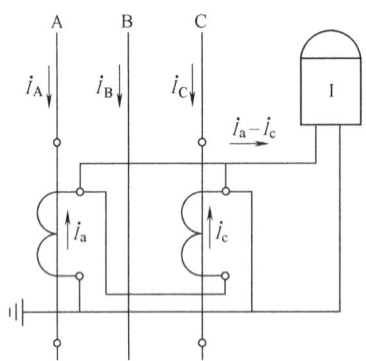

图 5-7　一只继电器的两相电流差式接线法

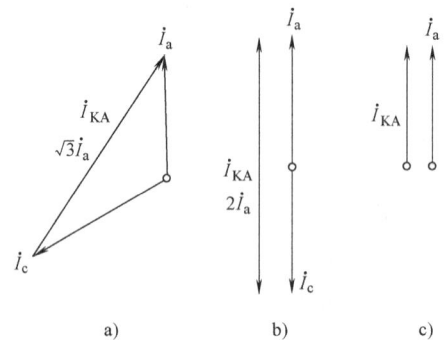

图 5-8　两相电流差式接法短路矢量图
a) 三相短路　b) A、C 两相短路
c) A、B 或 B、C 两相短路

5.3　电网相间短路保护

5.3.1　定时限过电流保护

过电流保护是反应被保护设备电流值增大且当其超过某一预定值而动作的保护。过电流保护装置中电流继电器的起动电流应大于最大负荷电流，以保证正常时不致起动。当线路远端发生短路时，如图 5-9 中 D_1 点，短路电流将由电源经过线路 L_1、L_2、L_3 流到短路点，当短路电流值大于保护装置动作电流值时，则 3 套保护装置同时起动。但根据保护装置选择性的要求，应该只由距离故障点最近的保护装置 3 动作切断故障线路，而保护装置 1、2 在故障线路切断后应可靠返回，这个要求可以依靠使各保护装置带有不同的延时来满足。在这里我们只要使各个保护装置的动作时限满足 $t_3 < t_2 < t_1$ 就可以保证 D_1 点短路时只由保护装置 3 动作使断路器 DL_3 跳闸，切断事故线路 L_3，使非故障线路 L_1、L_2 及变电所的其他用户继续得到供电。

由此可见，为了保证单侧电力网中过电流保护装置的选择性，各保护装置的动作时限必须满足以下条件，即：

$$t_1 > t_2 > t_3$$
$$t_2 = t_3 + \Delta t \tag{5-9}$$
$$t_1 = t_2 + \Delta t = t_3 + 2\Delta t$$

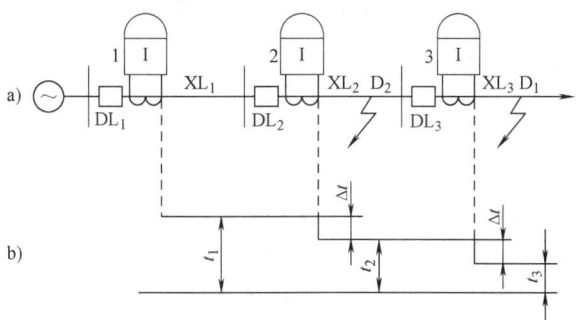

图 5-9 过电流保护装置动作时限配合示意图
a）保护装置配置示意图　b）保护装置的时限特性

即保护的动作时限由用户逐级增加，越接近电源时限越长。这种选择保护动作时间的方法称为阶梯原则。相邻两保护间的动作时间差 Δt 称为时限阶段，通常取 0.5~0.7s。由于各保护装置的动作时限是固定的，与短路电流大小无关，所以称为定时限过电流保护。

由电磁式继电器构成的定时限过电流保护装置接线如图 5-10 所示。

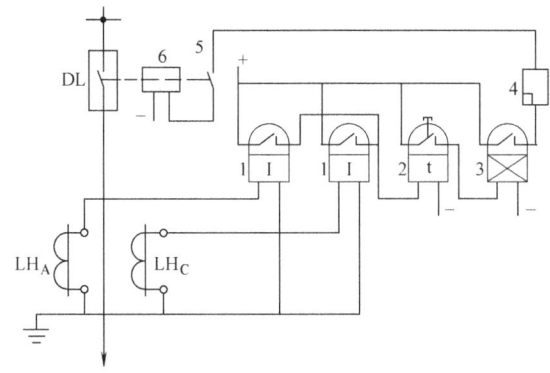

图 5-10　定时限过电流保护接线图
1—过电流继电器　2—时间继电器　3—中间继电器
4—信号继电器　5—辅助触点　6—跳闸线圈

保护装置的动作过程如下：当线路发生短路故障，电流互感器二次电流大于电流继电器的动作电流时，使相应的电流继电器 1 起动，它们相并联的常开触点只要有一个闭合,就会使时间继电器 2 动作,达到整定的时限后,时间继电器触点闭合,使中间继电器 3 动作。接通断路器的跳闸线圈 6,使断路器跳闸,切除短路故障部分。信号继电器 4 串联于跳闸回路中,在中间继电器触点接通跳闸线圈的同时,信号继电器动作,指示牌掉下。断路器跳闸时,辅助触点 5 随之断开跳闸回路,以减轻中间继电器触点的工作。

5.3.2 电流速断保护

定时限过电流保护装置是按阶梯原则的时限特性来获得选择性的,从而越靠近电源端处,短路电流越大,而保护动作时限却加长。这种情况对于切断靠近电源端的故障线路是不允许的。为了克服这一缺点,可以采用电流速断保护。电流速断保护是以动作电流大于保护范围外短路时的最大短路电流而获得选择性的一种电流保护。如图 5-11 所示,曲线 1 表示最大运行方式下流过保护装置的三相短路电流与保护装置安装处至短路点的距离 L 的关系,曲线 2 表示最小运行方式下流过保护装置的两相短路电流与 L 的关系,直线 3 表示保护装置的动作电流,直线 3 分别与曲线 1 和 2 交于 M 和 N 点。由图可知,当短路电流值在直线 3 以下,保护装置就不动作;M 点至保护装置安装处的距离 L_{pmax} 为最大运行方式下三相短路时的保护范围;N 点至保护安装处的距离 L_{pmin} 为最小运行方式下两相短路时的保护范围。由此可知,电流速断保护不能保护线路全长,并且随着运行方式的变更和短路类型的不同,其保护范围随之变化。

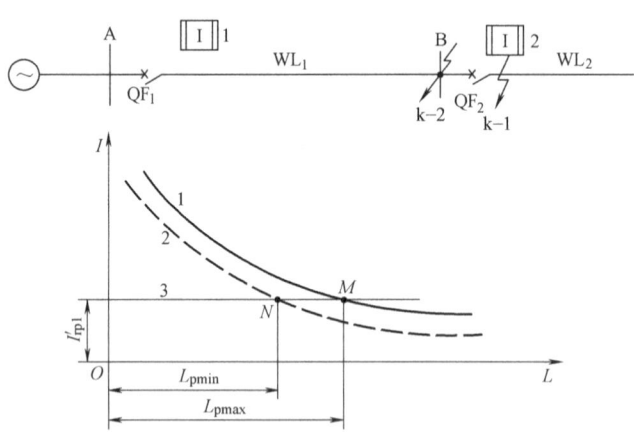

图 5-11 瞬时电流速断保护装置的整定
1—最大运行方式三相短路电流变化曲线
2—最小运行方式两相短路电流的变化曲线 3—动作电流

瞬时电流速断保护装置的灵敏度，通常以保护范围长度占被保护线路全长的百分数表示。在最小运行方式下发生两相短路时，要求能保护线路全长的 15%~20%。

图 5-12 为电流速断保护接线图，图中使用了一个延时 3~4 周波的中间继电器 3，其作用一是扩大触点容量，因为电流继电器触点容量很小，不能直接接通断路器的跳闸回路；二是利用它增加保护装置的固有动作时间，当线路上装有管型避雷器时，避免因管型避雷器放电而引起保护装置的误动作。避雷器放电相当于发生暂时性的接地短路，放电后线路恢复正常，保护装置不应动作。避雷器正常放电约半个周波，但可能延续到 1~1.5 周波，并可能经过很短时间间隔多次动作，因此如无附加延时就可能使速断保护装置误动作。

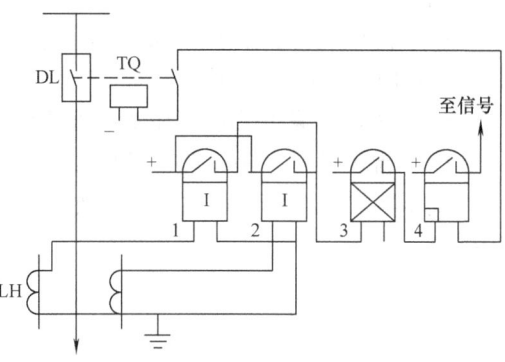

图 5-12　电流速断保护装置不完全星形接线图

由于无时限的瞬时电流速断保护装置不能保护线路全长，因此，保护范围以外的故障须由限时电流速断保护装置切除。限时电流速断保护装置应能保证在任何情况下保护本线路的全长，且应限定在尽可能短的时间内动作，以构成较完善的线路保护。

5.4　变压器保护

变压器的故障可分为内部故障和外部故障两种。内部故障是指变压器油箱内发生的故障，包括相间短路、绕组的匝间短路、层间短路和单相接地（带电部分碰壳）短路等；变压器内部故障的短路电流产生的电弧不仅会烧坏绕组的绝缘，烧坏铁心，而且由于绝缘材料和变压器油因受热分解而产生大量气体可以使变压器油箱爆炸，产生严重后果。外部故障指引出线绝缘套管相间短路和单相接地等故障。

变压器的不正常运行状态主要有：过电流、温度过高和油面降低等。

根据上述故障种类及异常运行状况，变压器装设的继电保护装置有下列类型。

（1）瓦斯保护装置。瓦斯保护装置用于保护变压器油箱内部故障。轻瓦斯时作用于信号，重瓦斯时作用于跳闸。一般 800kV·A 及以上的油浸式变压器,400kV·A及以上的室内油浸式变压器,均应装瓦斯保护装置。

(2)差动保护装置或电流速断保护装置。其作用是保护变压器内部故障和引出线相间短路、接地短路。保护装置动作时能迅速地作用于跳闸,将变压器各侧电路切断。

(3)过电流保护装置。其作用是作为上述保护装置的后备保护装置,它带有一定时限作用于跳闸。

(4)过负荷保护装置。在变压器严重过载时进行保护,一般作用于信号。

(5)温度信号。用作监视变压器温升过高和油温过高,作用于信号。

变压器需装设哪些保护装置,要根据变压器容量、形式及重要性按保护规程确定。

5.4.1 瓦斯保护

对于以变压器油作为绝缘和冷却介质的变压器,当发生内部故障时,短路电流所产生的电弧将使绝缘物质和变压器油分解,从而产生大量气体,利用这种气体来实现的保护装置叫做瓦斯保护装置。

瓦斯保护装置的主要元件是气体继电器,它安装在变压器油箱和储油柜之间的通道中。气体继电器主要由上油杯、下油杯、永久磁铁、干簧触点、挡板、平衡锤和放气阀组成,其结构如图5-13所示。正常运行时,气体继电器里充满了油,由于开口油杯侧所产生的力矩比平衡锤所产生的力矩小,此时开口油杯处于上升位置,触点断开,当变压器内部发生轻微故障时,气体缓慢产生并上升聚集在继电器内,在气体压力作用下油面下降,由开口杯及附件在空气中的重量加上杯内油的重量所产生的力矩超过平衡锤所产生的力矩时,开口杯沿支点转动。当永久磁铁接近干簧触点,干簧触点闭合,使信号继电器动作或接通报警电路,发出轻故障信号(轻度瓦斯动作信号);当变压器内部发生严重故障时,变压器内部产生大量气体,油流冲动气体继电器的挡板,下油杯和永

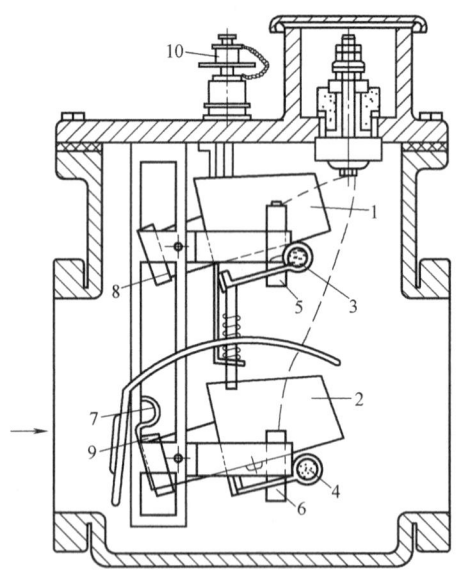

图5-13 气体继电器
1—上油杯 2—下油杯 3,4—永久磁铁
5,6—干簧触点(固定)
7—挡板 8,9—平衡锤 10—放气阀

久磁铁一起迅速下降，干簧触点迅速闭合，接通变压器中断路器的跳闸回路，断路器掉闸，同时，信号继电器动作发出重度瓦斯动作信号。瓦斯保护装置电路原理如图 5-14 所示。当变压器发生轻微故障，瓦斯继电器 1-2 触点闭合，发出报警信号。发生严重故障时，3-4 触点闭合，信号继电器动作，掉牌显示，经中间继电器 KA3-4 触点闭合，跳闸线圈 QF 上电，断路器跳闸。

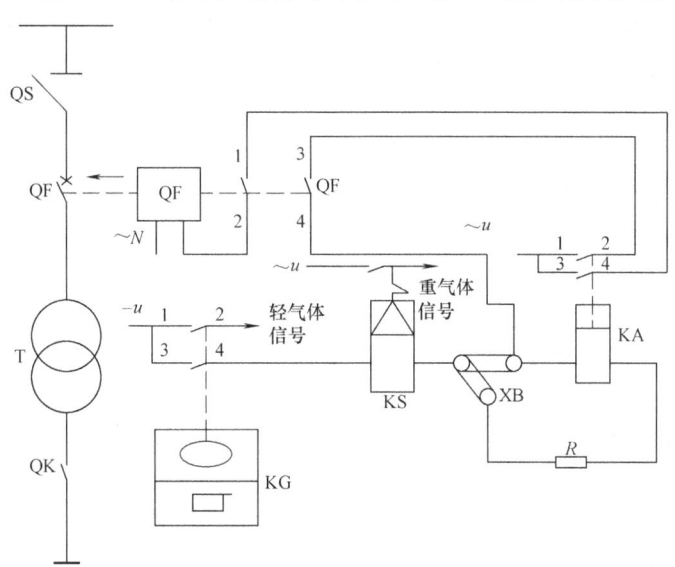

图 5-14 瓦斯保护装置电路原理图
KG—瓦斯继电器 KS—信号继电器 KA—中间继电器
QF—断路器 XB—切换片

5.4.2 纵联差动保护

差动保护装置是反映变压器两侧电流差而动作的保护装置，其动作原理如图 5-15 所示。在变压器两侧装设电流互感器，其极性如图 5-15 所示，将互感器二次侧串联起来构成环路，电流继电器并联在二次侧端子上。这样，流入继电器的电流等于互感器二次电流之差，即 $I_J = I'_2 - I''_2$，适当选择变压器两侧电流互感器的变压比和接线方式，可使正常运行和外部短路时（如图中 d_1 点）二次电流 I'_2 和 I''_2 大小相等，相位相同，流入继电器电

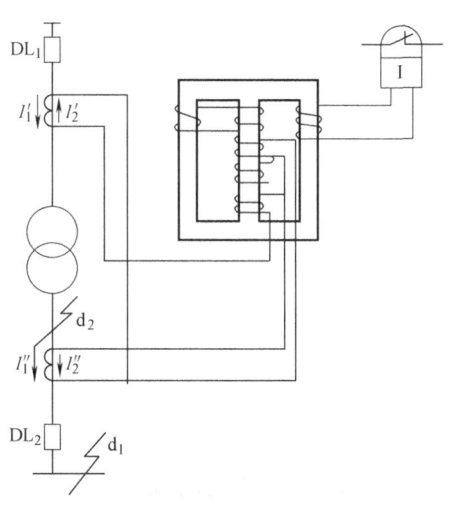

图 5-15 变压器差动保护装置原理

流为零,保护装置不动作。当保护范围内发生短路时(如图中 d_2 点),对于单侧电源的变压器,$I''_2 = 0$,继电器电流 $I_J = I'_2$,继电器动作,使断路器跳闸,将故障变压器电路切断。

差动保护装置的保护范围是变压器两侧电流互感器安装地点之间的区域,因此它可以保护变压器内部及两侧套管和引出线上的相间短路,在保护范围外短路时是不会动作的,因此不需要与相邻元件的保护装置在整定值和动作时间上进行配合,可以构成无延时的速动保护。

5.4.3 变压器的电流速断保护

瓦斯保护装置不能对变压器外部故障作出反应,尤其是套管的故障。所以,对于容量较小的变压器,一般在电源侧装设电流速断保护装置作为电源侧绕组和电源侧套管及引出线故障的主保护,用过电流保护装置保护变压器全部,并作为内部故障的后备保护装置。

图 5-16 为变压器电流速断保护装置的原理接线图。电流互感器装于电源侧。电源侧为中性点直接接地系统时,保护装置采用完全星形接线方式;电源侧为中性点不接地或经消弧电抗器接地的系统时,则采用两相式不完全星形接线。为了避免保护装置范围外部短路时错误地将变压器线路切断,速断保护装置的起动电流,应按躲开变压器外部故障(如 d_1 点)的最大短路电流整定。

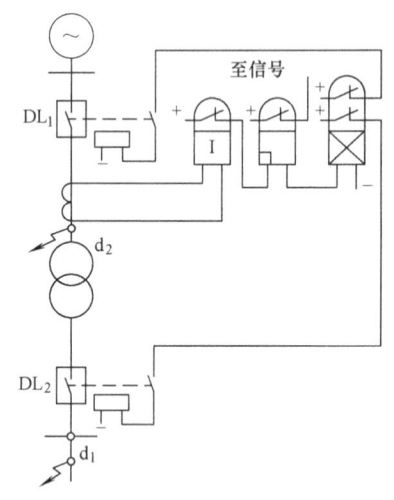

图 5-16 变压器电流速断保护装置原理

5.5 电动机保护

电动机最严重的故障是定子绕组的相间短路,它会导致电动机严重损坏,并引起电网电压下降,影响其他用户正常工作,因此应尽快切除这种故障。

在 380V/220V 三相四线制中性点直接接地的系统中,电动机可能发生单相接地短路故障,它可用三相过电流保护装置无时限地作用于跳闸。在中性点不接地系统中,当电动机单相接地电容电流大于 5A 时,应装设单相接地保护装置并作用于跳闸。

电动机的不正常工作状态主要是过负荷。引起过负荷的原因是电动机所带机械负荷过大或机械部分故障,供电网络电压过低及一相断线等。长时间的过负荷运行,将使电动机温升超过允许值,从而造成绝缘老化,甚至烧毁。所以,应根据电动机的重要程度、工作条件及负荷性质等,来决定是否装设过负荷保护装置。

实际运行中,从经济观点及运行方便要求,电动机的保护装置应尽量简单、可靠。通常,在低压中、小容量电动机上,广泛采用熔断器及断路器的短路脱扣器作为相间短路保护装置;对于高压大容量电动机则多采用 GL 型感应式过电流继电器作为相间短路及过负荷保护装置;容量在 2000kW 以上及小于 2000kW 但具有 6 个引出端子的重要电动机,才应装设纵联差动保护装置。

目前,采用半导体综合保护装置进行电动机的过负荷和短路等故障保护也日益广泛。

5.5.1 电动机过电流及过负荷保护装置

高压电动机及容量在 100kW 以上的低压电动机,若生产工艺过程不易过负荷时,通常只采用电磁式继电器组成的电流速断保护装置,因为它是供电网络的末端,保护装置可不带时限。保护装置的电流互感器接在电动机的引线上,通常用两相式接线,如图 5-17 所示,当灵敏度允许时,应采用两相电流差式接线。

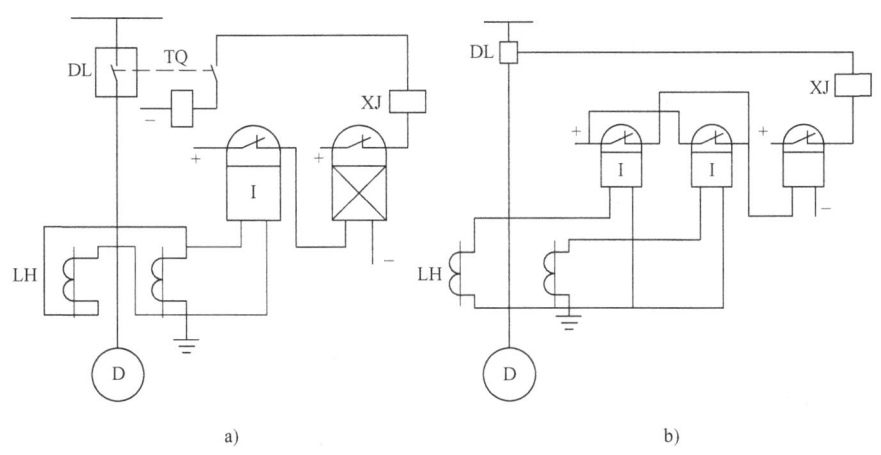

图 5-17 电动机相间短路保护原理
a) 两相电流差接线 b) 不完全星形接线

对于可能过负荷的高压电动机及 100kW 以上大容量电动机,现广泛采用

GL 型感应式过电流继电器,其反时限部分(所谓反时限,就是保护装置的动作时间与反映到继电器中的短路电流的大小成反比关系,短路电流越大,动作时间越短,又称反比延时特性或反延时特性)用做过负荷保护,作用于信号;其速断部分用做短路保护,作用于跳闸。

一般,电动机都允许有一定的过负荷能力,通过过载的电流越大,允许过载的时间越短。如当 1.2 倍电动机额定电流时允许的通过时间为 70s,1.5 倍时为 30s,2 倍时为 20s。电动机允许过载电流与时间关系和反时限特性如图 5-18、图 5-19 所示。所以利用反时限电流继电器作为电动机的过负荷保护装置,将其特性曲线调整在电动机的允许过载特性曲线的下面就是比较安全的。在某一电流倍数下,时限超过允许值时,保护装置动作,发出信号,由值班人员及时处理,从而达到保护电动机的目的。

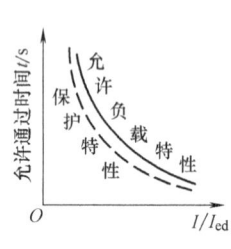 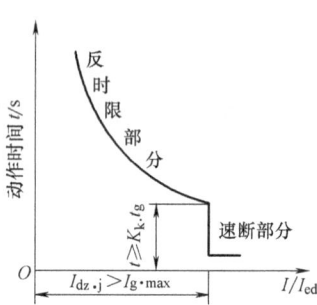

图 5-18 电动机允许过载电流与时间的关系　　图 5-19 GL 型继电器反时限特性

5.5.2 电动机的低压保护

供电网络电压降低时,网络中所有的异步电动机的转速都要下降。同步电动机则可能丢步。而当电压恢复时,由于大量电动机自起动电流很大,以致网络电压不能迅速恢复,增加自起动时间,甚至使自起动成为不可能。因此,当电压降低到使电动机最大转矩接近负载转矩(电动机的额定转矩)时,应采用低电压保护装置将不需要和不允许自起动的电动机从电网上切断,以保证重要的电动机的自起动或不致颠覆。另外对根据生产工艺流程不允许自起动的电动机,或根据安全条件电动机突然自起动对维护人员可能造成危险的也应装设低电压保护装置。

低电压保护的动作电压按照防止电动机在自起动时由于负载转矩大于起动转矩而使电动机过热的条件及保证重要电动机的自起动来选择。

第 6 章

低 压 电 器

低压电器通常指工作在交流电压 1200V 及其以下或直流电压 1500V 及其以下的电路中的电器。低压电器的种类繁多，构造各异，分类方法也很多，常见的低压电器分类方法如图 6-1 所示。

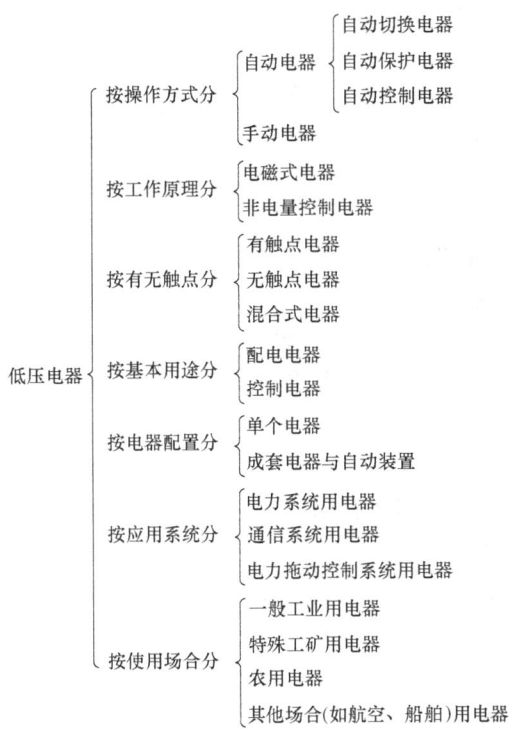

图 6-1 常用低压电器的分类

从结构上看，低压电器一般有两个基本部分，即感受部分和执行部分。感受部分接受外界输入的信号，并通过转换、放大与判断做出有规律的反应，使执行部分动作；执行部分则按照感受部分对外界输入信号的反应进行相应的动作,从而接通或分断电路,实现控制的目的。

在常用低压控制电器中大部分为电磁式电器,对于有触点的电磁式电器的感受部分就是电磁机构,执行部分就是触头系统。电磁机构是电磁式电器的重要组成部分,其工作好坏将直接影响电器的工作可靠性和使用寿命。

6.1 概述

每一用电设备及配电电路都要配适当的配电电器和控制电器。按照他们的作用一般分为正常操作电器、过载保护电器、短路保护电器和检修时的隔离电器。隔离用电器传统为刀开关,新产品为隔离器,这两种电器当额定电流较小时一般具有接通、断开额定电流的能力,兼有正常操作电器和隔离电器的作用。短路保护电器有低压断路器和熔断器,操作电器为适于频繁操作的接触器或起动器。低压断路器和起动器具有过负荷保护功能。

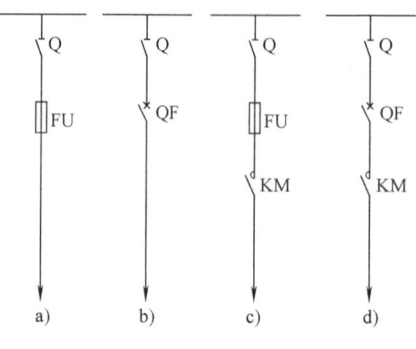

图 6-2 低压电器的配置

在配电线路和电动机回路中一般采用如图 6-2 所示的低压电器。

对于不重要的配电线路、不频繁起动的小容量电动机,常配置如图 6-2a 所示的电器。用刀开关 Q 正常操作,熔断器 FU 作为过负荷保护和短路保护器。

对于配电线路和不频繁起动的电动机一般采用如图 6-2b 所示电器。低压断路器 QF 起过负荷和短路保护器作用。对于照明分支干线经常采用一台低压断路器而不用刀分开。

对于频繁起动的电动机,常配置如图 6-2c 或 d 所示的电器。KM 为接触器或起动器,供频繁操作之用。

当低压电路发生故障或事故时,要求装于同一处的过负荷保护和短路保护之间或上、下级短路保护之间应该有选择性地动作,尽可能地把事故限制在最小的范围内,使电路中非故障部分仍能继续工作,并将导体、电气设备损伤及火灾的范围限制到最小程度。

当相邻串联的短路保护电器为熔断器时,要求上、下级熔断器的额定电流之比不小于过电流选择比,即可满足选择性。当相邻串联的保护电器为低压断路器,或下级为熔断器,上级为低压断路器,要求同一坐标上的下级电器的时间-电流特性应在上级的特性之下，相隔一定的距离且无交点，如图 6-3 所示。

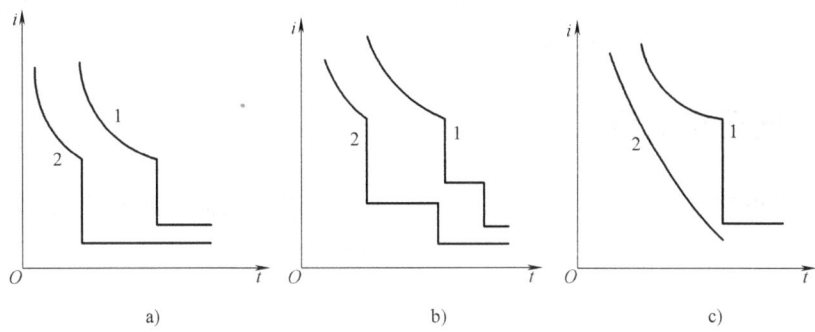

图 6-3　上下级短路保护电器保护特性的配合
a) 断路器的两段式时间-电流特性的配合
b) 断路器的三段式时间-电流特性的配合　c) 熔断器（下级）和断路器的配合
1—上级电器的特性　2—下级电器的特性

在低压电路中，装于同一处的过负荷保护和短路保护可以是一台低压保护器，既能起过负荷保护的作用，又能起短路保护的作用。电动机装有起动器，另配有断路器和熔断器作为短路保护电器，起动器起过负荷保护的作用，这时起动器与短路保护电器的时间-电流特性应有交点，这样才能在全部电流范围内有连续的保护动作特性，并且此合成的动作特性曲线应高于电动机的起动电流曲线，电动机起动时才不会动作，如图 6-4 所示。在运行状态下发生故障时，当故障电流小于图 6-4 中 a 或 b 所对应的电流时，起动器动作断开电路；当故障电流大于交点的对应值时，短路保护电器动作断开电路。根据负荷的重要程度，交点对应的电流值一般可按图 6-3 所示的配合选择，即：电动机端子处短路时，起动器与短路保护电器为图 6-3c 所示类型配合，起动器出现端短路时为图 6-3a 所示类型或图 6-3b 所示类型配合。图 6-3b 所示类型配合除允许触头有轻度烧伤、熔焊外，还允许起动器的过负荷继电器的特性发生永久性改变。

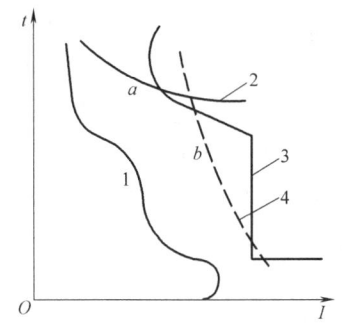

图 6-4　起动器与短路保护电器特性的配合
1—电动机的起动电流　2—起动器的动作特性
3—断路器的动作特性　4—熔断器的动作特性

随着配电变压器容量的增大，有些低压断路器的短路保护能力可能不够。

这时可选择熔断器作为低压断路器的短路和后备保护装置。两者动作特性曲线交点对应的电流应小于短路器的极限断路电流，也就是小于此值的短路电流由断路器断开，大于此值的短路电流由熔断器断开。

6.2 低压电器设备选择

低压电器设备选择的一般原则与高压电器设备的选择原则相同，既要使所选电器在正常时可靠运行，又要能够承受短路电流的破坏作用。

选择低电压电器时应注意所有低压电器都应满足的共同条件，即正常工作条件、工作制、使用类别、安装类别、防污等级、外壳防护等级、防触电等级、电流种类、额定频率和额定电压等。

在选择低压电器设备时，要校验设备的通断能力，必须采用流过设备的最大可能的短路电流，因此短路点的确定原则和高压电路相同。不同点是在低压回路中，几十米长的电缆也能显著影响短路电流的数值，在同一变压器供电的回路中，对不同的分支线路，由于电缆的截面、长度等的不同，要分别取短路点计算短路电流。

6.2.1 低压断路器的选择

1. 配电用低压断路器的选择

按额定电流选择，断路器脱扣器的额定电流 I_N 不小于线路的计算电流 I_C，不大于断路器的壳架等级额定电流 I_{Nes}，即：

$$I_{Nes} \geq I_N \geq I_C \tag{6-1}$$

低压断路器欠电压脱扣器的额定电压等于线路额定电压，欠电压脱扣器的释放电压和吸合电压，通常由产品自定，一般释放电压为额定电压的35%及以下，吸合电压为额定电压的70%及以上。

分励脱扣器的额定电压等于控制电源电压，电动操作机构的工作电压等于控制电源电压。当配电变压器低压侧出口到用电设备之间有多级断路器串联使用时，必须保证在过负荷或短路时有选择性地动作。低压断路器一般都具有反时限动作特性的过电流脱扣器、瞬时动作的过电流脱扣器和固定延时动作的过电流脱扣器。若式（6-1）整定的动作电流不能满足选择性的要求，需重新选择。

反时限过电流脱扣器整定值可在所选断路器的整定值范围内确定，大于线路的计算电流，但一般不大于该线路导线允许载流量的1.1倍。3倍长延时动作电流的可返回时间应大于线路中有最大起动电流的电动机的起动时间。

短延时（固定延时）过电流脱扣器动作电流整定值为：

$$I_{set(s)} \geq 1.2[I_{st1} + I_{C(n-1)}] \tag{6-2}$$

式中 $I_{set(s)}$——短延时过电流脱扣器电流整定值（A）；

1.2——可靠系数，考虑计算负荷的误差、电动机起动电流误差、脱扣器动作电流误差；

I_{st1}——回路中起动电流最大的电动机的起动电流（A）；

$I_{C(n-1)}$——减去 I_{st1} 以后的线路计算电流（A）。

短延时过电流脱扣器的动作时间一般分为 0.2、0.4、0.6s 三种，按前后保护装置保护选择性要求来整定，应使前一级保护的动作时间比后一级保护的时间长一个时间差级。

瞬时过电流脱扣器动作电流整定值为：

$$I_{set(0)} \geq 1.2[1.7I_{st1} + I_{C(n-1)}] \tag{6-3}$$

式中 $I_{set(0)}$——瞬时过电流脱扣器动作电流整定值（A）；

1.7——系数，考虑起动电流中的非周期分量。

低压断路器的短路能力校验时，对动作时间 0.02s 以上的万能式断路器，其额定开断电流 I_{Nbr} 应不小于通过它的三相电路电流周期分量有效值 $I_P^{(3)}$，即 $I_{Nbr} \geq I_P^{(3)}$。对动作时间 0.02s 及以下的塑壳式断路器，其极限分断电流 I_{Nbr} 或 i_{Nbr} 应不小于通过它的三相短路的冲击电流 $I_{imp}^{(3)}$ 或 $i_{imp}^{(3)}$，即 $I_{Nbr} \geq i_{imp}^{(3)}$ 或 $i_{Nbr} \geq i_{imp}^{(3)}$。

低压断路器动作灵敏性以灵敏系数 K_{min} 衡量。灵敏系数为保护线路末端短路的最小短路电流与断路器的瞬时或延时过电流脱扣器电流之比。对于中性点有效接地系统以单相接地短路电流校验灵敏性；对于中性点非有效接地系统，则以两相短路校验灵敏性，要求灵敏系数 K_{min} 不小于 1.5。

校验动作的灵敏性后，在相邻串联的断路器之间还要校验动作的选择性。低压断路器可不校验动稳定和热稳定，但其保护的母线应校验动稳定和热稳定，保护的绝缘导线和电缆应校验热稳定。绝缘导线和电缆的短时过负荷系数，对瞬时和短延时脱扣器可取 4.5；对长延时脱扣器，作短路保护时取 1.1，只作过负荷保护时取 1。

2. 电动机用低压断路器的选择

保护电动机用的低压断路器与保护配电线路用的低压断路器的不同之处在于两者的反时限特性不同。保护鼠笼型电动机的断路器，其瞬动电流整定在 8~15 倍电动机的额定电流，而绕线式电动机应整定在 3~6 倍电动机额定电流。

3. 照明电路用低压断路器的选择

低压断路器长延时动作特性曲线的起点为在约定时间内的约定不脱扣电流，约定不脱扣电流是流过断路器的实验电流和电流整定值之比，一般为 1.05。若电路的计算负荷电流等于实验电流，则在约定时间内（一般为 1h 或 2h）断路器不脱扣。当计算负荷电流确定时，若整定电流稍大，则计算负荷电流与整定电流的比值要小于约定不脱扣电流（1.05），断路器就不会脱扣。当电路过载时，脱扣时间由长延时特性确定。故脱扣器长延时动作电流整定值应略大于 1.05 倍的计算负荷电流，瞬时动作值等于 3 倍或 6 倍计算负荷电流。

6.2.2　接触器、热继电器和起动器的选择

1. 交流接触器的选择

接触器除了按电压等一般条件选择外，主要按电流选择，接触器的额定电流或额定接通、分断能力都和使用类别有关。在断续工作制当中，负荷因数不同，额定电流和分断能力也不同。特别是点动工作制的接触器，由于其接通或断开的负荷电流都可能比负荷的额定电流大，所以还要校验接触器的通断能力。此外，还要考虑被控设备每小时的操作次数的影响。

2. 热继电器的选择

在选择热继电器时，如果仅以电动机的额定电流作为选择的依据是不恰当的。因为电动机的型号、起动特性、负荷情况等，都会影响热继电器的保护作用。对过载能力较差的电动机，其配用的热继电器的额定电流就要适当小些，一般取电动机额定电流的 60%～80%。当三相异步电动机的绕组为星形联结时，选择一般的三极热继电器即可。若绕组为三角形联结，则必须选用带断相运行保护装置的热继电器。

对于不允许停车的机械所用的电动机，即使过载会使其寿命缩短，也不宜让热继电器贸然动作，以免造成重大损失。这时应采用由热继电器和其他保护电器组合的装置，只有在出现最危险的过载时才考虑脱扣。

在断续周期工作时，应确保热继电器的允许操作频率。作可逆运行和密接通断的电动机，不宜用热继电器来保护，而应选择半导体电阻的装入式温度继电器。

3. 起动器的选择

起动器一般由接触器和热继电器组成，制造时已考虑了接触器和热继电器的参数配合，制造厂将热继电器按额定电流与接触器配合后列成表供用户选用。选用起动器时根据被控电动机的功率确定起动器级别；由使用环境确定起动器是开起（无外壳）的还是保护式（有外壳）的；根据线路的要求确定起动器是可逆式的或不可逆式的，是有热保护的还是无热保护的。

在各种工作制中都可应用起动器，但其操作频率在带热继电器时通常不得超过 60 次/h；在不带热继电器且通电持续率不大于 40% 时，额定负载下允许 600 次/h，如降低容量使用，允许提高到 1200 次/h。

6.2.3 刀开关的选择

刀开关、隔离器以及它们与熔断器的组合电器都可以按电路中的计算电流选择，要求其额定电流不小于电路的计算电流。但是，当刀开关被用于控制电动机时，考虑到其起动电流达 6~7 倍额定电流，刀开关的额定电流一般取电动机额定电流的 3 倍左右。例如，在电压 380V 时，4kW 的电动机要配用 30A 刀开关，5.5kW 电动机配用 60A 刀开关。

若电路中不是以熔断器作为短路保护电器，或者短路保护电器是非限流熔断器，这时应校验刀开关、隔离器承受短路电流的能力。

组合电器中的熔断器仍按熔断器的选择方法进行选择。

6.2.4 低压载流导体的选择

低压母线的选择原则和方法与高压母线基本相同。

低压导线导体材料的选择一般采用铝芯线。对于移动设备或有剧烈振动的场合、对铝有严重腐蚀而对铜腐蚀轻微、有爆炸危险或重要的操作回路，应采用铜芯绝缘导线或电缆。

低压配电线路常用的绝缘导线有以下几种：

（1）塑料绝缘导线。其绝缘性能良好，制造工艺简便，价格较低，无论明敷或穿管都可取代橡胶绝缘导线。缺点是塑料绝缘对气候适应性较差，低温时容易变硬变脆，高温或日照下绝缘老化加快，因此，塑料绝缘导线不应在户外敷设。

（2）橡胶绝缘导线。氯丁橡胶绝缘导线耐油性好、不易燃、适应气候环境好、老化过程缓慢和适宜在户外敷设。

（3）架空绝缘导线。其耐压水平较高，对于解决树木与导线间的绝缘及导线与建筑物的间隔距离非常有利。当发生断线时，仅在断线的两端头有电，减轻了对外界的危险程度。低压绝缘线可采用集束性敷设方式。

（4）地埋线。其主要用于农村低压线路。同架空线相比，有节省投资、使用安全、抗御自然灾害的侵袭等优点。缺点是发生故障时寻找故障点困难。白蚁和鼠等动物活动频繁的地区，若埋深不够或无防范措施，会受到损害。

（5）聚氯乙烯绝缘及护套电力电缆，也称为全塑电缆。其主要优点是制造工艺简便，对敷设高度差没有限制，质量轻，弯曲性能好，接头制作简便，价格低。

（6）橡胶绝缘电力电缆。其弯曲性能较好，能够在严寒气候下敷设，特别适用于敷设线路水平落差大或垂直敷设的场合。它不仅适用于固定敷设的线路，也可用于定期移动的固定敷设线路。移动式电气设备的供电回路应采用橡胶护套软电缆。

在 1kV 及以下电源中性点直接接地时，三相回路的电缆芯数选择：若保护线与受电设备的外露可导电部位连接接地，保护线与中性线合用同一导体时，应选用四芯电缆。保护线与中性线各自独立时，宜选用五芯电缆。当敷设在同一路径的同一结构管、沟或盒中时，也可采用四芯电缆与另外的保护线导体组成。若受电设备外露，可导电部位的接地与电源系统接地各自独立时，应选用四芯电缆。

在 1kV 及以下电源中性点直接接地时，单相回路的电缆芯数的选择：若保护线与受电设备的外露可导电部位连接接地，保护线与中性线合用同一导体时，应选用两芯电缆；保护线与中性线各自独立时，宜选用三芯电缆。当敷设在同一路径的同一结构管、沟或盒中时，也可采用两芯电缆与另外的保护线导体组成。受电设备外露可导电部位的接地与电源系统接地各自独立时，应选用两芯电缆。

直流供电回路的电缆芯数的选择，对低压直流供电回路，宜选用两芯电缆，也可选用单芯电缆。

对直埋敷设的电缆，在土壤可能发生位移的地段，如流沙、回填土及大型建（构）筑物附近，应选用能承受机械张力的钢丝铠装电缆。塑料电缆直埋敷设时，若使用中可能承受较大压力和存在机械损伤危险时，应选用钢带铠装。电缆金属或铠装外面应具有塑料防腐蚀外套。在导管或排管中敷设，宜选用塑料外护套或加强型铅保护套。

6.3 电动机

电动机是工业企业最常用的用电设备，是将电能转换为机械能的设备。作为动力机，电动机具有结构简单、价格低廉、效率高和操作方便等优点。工业企业中电动机消耗的电能占总能量消耗的 50% 以上。电动机的安全运行是保证正常生产的基本条件之一。

6.3.1 电动机的选择

电动机类型的选择，取决于生产机械的负载性质、使用环境条件、生产工艺及电网供电情况等因素。电动机规格的选择，主要是通过校验电动机的发热、最小起动转矩、最大过载转矩等参数来确定电动机的额定功率、电压和转速等。电动机的功率必须与生产机械负荷的大小及其持续和间断的规律相适应。电动机功率太小，势必因过负荷造成过热，加速绝缘的老化，缩短电动机的使用年限，而且还可能由于绝缘损坏造成触电事故。

（1）根据环境条件选用相应防护形式的电动机。常用电动机有以下结构形式。

封闭式电动机，带电部分有封闭的外壳，潮气和粉尘等不易侵入，可用于多尘、水土飞溅及有火灾危险或触电危险性大的环境。其代表性产品是 JO 系列和 Y 系列异步电动机。

防爆式电动机，设计有专门的防爆结构，可用于触电危险性大或有火灾、爆炸危险的环境。其代表性产品是 JB 系列防爆式异步电动机。

（2）根据负载性质选择电动机的类型。

1）不需要调速的机械（包括长期工作制、短时工作制和重复短时工作制的机械），应首先考虑采用交流电动机；用于负载平稳且无特殊要求的长期工作制机械，应采用一般笼式异步电动机。在需要重载起动时，小容量的可考虑采用高起动转矩的笼式异步电动机；大容量的则采用绕线式异步电动机。

2）带周期性波动负载的长期工作制机械，为了削平电动机的尖峰负载，一般都采用电动机带飞轮工作。为了充分发挥飞轮的作用，小容量机械宜采用高转差率的笼式异步电动机。大、中容量机械则采用绕线式异步电动机。

3）对于只需要恒定转速或为了补偿电网功率因素的场合，应优先考虑采用同步电动机。

4）需要几种转速且不需要连续调节的机械，可采用多速笼式异步电动机。

5）需要较大的起动转矩的恒定功率调速的机械（如电车、牵引机车等），常采用串励电动机。

6）对起动、制动及调速有较高要求时，宜选用他励直流电动机或带有调速装置的交流电动机。

7）要求调速范围很宽的机械，最好将机械变速和电气调速两者结合起来考虑，这样易于收到技术和经济指标都高的效果。

8）自冷式电动机，散热效能随电动机转速而变化，不宜长期低速运行，如果由于调速的需要而长期低速运行超过电动机所允许的条件时，应增设外通风措施，以免电动机在低速运行时因过热而损坏。

6.3.2 电动机的安全运行

新安装的三相笼式异步电动机在投入运行前应该检查接法是否正确，与电源电压是否相符，防护是否完好（Y 系列电动机防护等级为 IP44），外壳接零或接地是否良好，绝缘电阻是否合格，各部螺钉是否紧固，盘车是否正常，起动装置是否完好。带负荷前应空载运行一段时间，空载试运行时转向、转速、声音、振动和电流应无异常。

1. 运行参数

电动机的电压、电流、频率、温升等运行参数应符合要求。电压波动应在 $-5\% \sim 10\%$ 之间,电压不平衡不得超过 5%,电流不平衡不得超过 10%。当环境温度为 35℃时,允许温升可参考表 6-1 所列数值;环境温度低于 35℃时,电动机功率可增加 $(35-t)\%$,但最多不得超过 8%;环境温度高于 35℃时,功率应降低 $(t-35)\%$。电动机振动的双幅值不应超过 0.05mm;声音应当轻而均匀;滑动接触处只允许有不连续的或微弱的火花。直流电动机在额定工作状态下滑动接触处的火花不应大于 1½级,在短时过电流或短时过转矩时不应大于 2 级,仅在无变阻器直接起动或逆转瞬间允许达到 3 级。各级火花特性如下:

1¼级——电阻边缘小部分有微弱的火花或红色小火花。

1½级——电刷边缘大部分或全部有轻弱的火花。

2 级——电刷边缘全部或大部有较强烈的火花。

3 级——电刷整个边缘有强烈的火花并有大火花飞出。

表 6-1 电动机允许温升　　　　　　　(单位:℃)

部位	绝缘等级					测量方法
	A	E	B	F	H	
绕组	70	85	95	105	130	电阻法
铁心	70	85	95	105	130	
集电环	70					温度计法
滚动轴承	80					
滑动轴承	45					

2. 绝缘

电动机的各项绝缘指标应符合要求,其绝缘电阻可参见表 6-2。

表 6-2 电动机绝缘电阻允许值

额定电压/V	6000			<500			≤42		
绕组温度/℃	20	45	75	20	45	75	20	45	75
交流电动机定子绕组/MΩ	25	15	6	3	1.5	0.5	0.15	0.1	0.05
绕线式转子绕组和集电环/MΩ	—	—	—	3	1.5	0.5	0.15	0.1	0.05
直流电动机电枢绕组和换向器/MΩ	—	—	—	3	1.5	0.5	0.15	0.1	0.05

3. 保护

电动机的保护应当齐全。用熔断器保护时,熔体额定电流应取为异步电动机额定电流的 1.5 倍(减压起动)或 2.5 倍(全压起动)。用热继电器保护时，热元件的电流不应大于额定电流的 1.1~1.25 倍。电动机最好有失压保护装置，重要的电动机应装设缺相保护单元。电动机外壳应根据电网的运行方式可靠接零或接地。

4. 维护和维修

电动机应定期进行检修和保养工作。日常检修工作包括清除外部灰尘和油污。检查轴承并换补润滑油，检查润滑油、集电环和换向器并更换电刷，检查接地（零）线，紧固各螺钉，检查引出线连接和绝缘，检查绝缘电阻等。起动设备应与电动机同步检修。交流电动机大修后的试验项目包括测量各部位的绝缘电阻，500kW 以上的电动机测量吸收比，定子绕组和绕线式转子绕组进行交流耐压试验（40kW 以下只用兆欧表测绝缘电阻），定子绕组进行极性测定、空载试验，高压 500kW 以上者进行直流耐压试验。

6.3.3 电动机故障

电动机或起动器内冒烟起火、剧烈振动、温度超过额定值并继续上升、转速明显下降、缺相运行、内部发生撞击声时，应停止运行。异步电动机的常见故障分析及处理方法见表 6-3。

表 6-3 异步电动机故障分析和处理方法

故障现象	原因分析	处理方法
不能起动或转速低	电源电压过低	检查电源
	熔断器烧断一相或其他连接处断开一相；定子绕组断路；绕组式转子内部或外部断路或接触不良	用兆欧表和万用表检查有无断路或接触不良
	笼型电动机转子断条或脱焊	将电动机接到 15%~30% 额定电压的三相电源上，测量三相电流，如电流随转子位置变化，说明有断条或脱焊
	定子△形接线的误接成Y形接线	检查接线并改正
	负载过大或机械卡住	检查负载及机械部分
起动响声大，三相电流相差很大	定子绕组一相首、末两端反接	用低压单相交流电源，指示灯或电压表等器材，确定绕组首末端，重新接
三相电流不平衡	电压不平衡	检查电源
	定子绕组有线圈短路	检查有无局部过热
	定子绕组匝数错误	测量绕组电阻
	定子绕组部分线圈接线错误	检查接线，并改正

(续)

故障现象	原因分析	处理方法
过热	过载	减速或更换电动机
	电源电压过高	检查并设法限制电压波动
	定子铁心短路	检查铁心
	定、转子相碰（扫膛）	检查铁心、轴、轴承、端盖等
	通风散热故障	检查风扇、通风道等
	环境温度过高	加强冷却或更换电动机
	定子绕组断路或接地	检查绕组直流电阻、绝缘电阻等
	接触不良	检查各触点
	缺相运行	检查电源及定子绕组的连续性
	线圈接线错误	照设计图检查，并改正
	受潮	烘干
	起动过于频繁	按规定频率起动
电刷冒火、集电环过热或烧坏	电刷牌号不符	更换电刷
	电刷压力过小或过大	调整电刷压力（一般电动机为17.7~24.5kPa，牵引和起重电动机为24.5~39.2kPa）
	电刷集电环接触不严	研磨电刷
	集电环不平、不圆或不清洁	修理集电环
内部冒烟、起火	电刷下火花太大	调整、修理电刷和集电环
	内部过热	消除过热原因
振动和响声大	地基不平，安装不好	检查地基及安装
	轴承缺陷或装配不良	检查轴承
	转动部分不平衡	必要时做静平衡及动平衡试验
	轴承式转子变形	检查转子，并改正
	定子或转子绕组局部短路	拆开电动机，用仪表检测
	定子铁心压装不紧	检查铁心并重新压紧

6.4 电气照明

6.4.1 电气照明分类

在生产场所中，都必须有足够的电气照明装置，以改善劳动条件，提高产品质量和工作效率，确保安全生产。

电气照明按其光源可分为热辐射光源和气体放电光源两类。白炽灯、碘钨灯是热辐射光源，它们是由电流通过钨丝升温达到白炽状态而发光的照明装置。这种照明装置的温度高，发光效率低。荧光灯、高压水银灯等是利用电极间气体放电产生可见光和紫外线，由此激发灯管管壁上的荧光粉发光的照明设备。这种照明设备的发光效率可达白炽灯的 3 倍。

就电气照明方式而言，又可分为工作照明和事故照明。前者是在正常工作情况下的照明；后者是在工作照明发生故障时所必要的照明。一般照明用 220V 电压；但如果灯具高度不能满足要求时，应采用 36V 电压。局部照明一般采用 36V 电压，而在金属容器中，或者在地点狭窄、行动不便、周围有接地的大块金属等高度危险的环境中，应采用 12V 电压。在有火灾、爆炸、中毒危险的场所，500 人以上的重要公共场所，都应该有事故照明。事故照明应由独立的电源供电，不能与其他动力线路或工作照明线路合用。事故照明应有特殊的标志。事故照明的供电方式如图 6-5 所示。

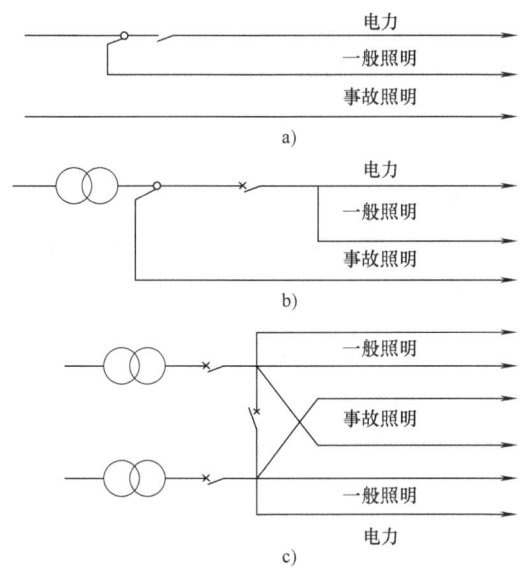

图 6-5 事故照明供电方式

a）不具备变电站（室）的情况 b）有一个变电站的情况 c）有两个变电站的情况

6.4.2 电气照明安全要求

1. 照明装置选择

照明装置应当根据周围环境选用适当形式。在有爆炸或火灾危险的环境中，应采用防爆式灯具，开关应装设在其他地方或室外，或者采用防爆式开关；在有腐蚀性气体或蒸气，或特别潮湿的环境，应采用封闭式（或防水式）灯具，而且开关设备应加保护；在多尘的环境中，应采用防尘式灯具以及有相应措施的开关。

灯座分插口和螺口两类。插口灯座带电部分封闭在里面，比较安全，但承受重量较小。螺口灯座的螺旋部分容易暴露在外，这就要求螺口灯座的螺旋部分接于零线，而灯座内的弹簧舌片接于相间。为了可靠起见，最好在螺口灯具上另加防护环，或者采用带有保护环的螺口灯座，不使其带电部分暴露在外。150W 以上的灯泡应采用瓷质灯座。

2. 照明装置安装及配电

灯具安装应牢固可靠。户外灯具除要考虑承受本身重量外，还要考虑承受风力。吊灯导线不应承受过分拉力。在车间里，通常采用直径不小于 10mm 的吊管悬挂灯具。注意管内导线不应有接头。直接用导线悬挂灯具者，吊线盒里和吊灯座里均应采取挂线措施，以防脱落。灯具、荧光灯镇流器等发热设备的安装，应离开可燃物件，或采取隔热措施。开关设备应排列整齐，便于操作。照明插座和开关离地高度以不小于 1.5m 为宜。

车间照明装置一般应采用保护接零（或接地）措施。应注意保护零线（或地线）与工作零线分开。照明线路的开关应能同时切断相线和零线。应有明显的开、合位置；相邻开关或插座相、零线的配置以及开、合位置都应当一致。不同电压等级的插座应有明显标志。照明线路熔丝的额定电流一般不应超过 15A，对于工业厂房可以放宽至 20A。熔丝的额定电流应大于正常负荷电流，但应小于正常负荷电流的 1.5 倍。

照明线路应避开暖气管道，其间距不得小于 30cm。户内照明线路每条线路上的灯数一般不多于 20 个，户外照明线路一般不多于 10 个。计数时，插座也应按灯考虑，其电流可按 2.5A 计入。车间照明线路的绝缘电阻，每伏工作电压不得低于 1000Ω；在特别潮湿的环境，可以放宽至每伏工作电压 500Ω。

局部照明采用的 36V、24V 或 12V 电压应由隔离变压器供电。机床局部照明的双线圈变压器可以从动力线路上引下电源。如果动力线路熔丝额定电流不超过 25A，允许不另装熔断器。变压器一次侧应采用有护套的三芯软线，长度一般不应超过 2m。对于移动范围不大的局部照明，二次侧应采用 0.75m^2 以上的软铜线；对于大范围移动的行灯，二次侧也应采用有护套的软线。行灯应有完整的保护网，应有耐热、耐湿的绝缘手柄，不可用其他灯具代替行灯。

当事故照明采用直流供电时，因直流电源一般还要同时供给控制线路用电，不允许接地，所以，在中性点接地系统中，直流电源应从不接地的工作零线部分引进事故照明装置，在中性点不接地系统中没有这种要求。

3. 电气照明安全检查

为及时消除事故隐患，保证电气照明装置安全运行，定期对电气照明装置和配电线路进行检查和维修。应检查导线部分的各连接处是否过热或有灼伤痕迹；检查各种仪表及指示灯是否完整、指示是否正确；检查开关及熔断器的外壳是否短缺或损坏，螺钉是否松动或脱落；检查熔断器内熔体的容量是否与负荷电流及导线截面相适应，禁止用不合规格的导线等代替熔丝。如开关内有积尘或熔体熔断后有积炭，应及时清除；特别要注意检查与热源接近的塑料件有无变形、可燃件有无烧糊痕迹。在进行安全检查和维修工作时，要做好安全措施，严格遵守电气安全工作规程的规定。

6.5 其他低压电器

6.5.1 低压开关电器

1. 刀开关

常用的刀开关有 HD 系列单投刀开关和 HS 系列双投刀开关。刀开关应垂直安装在开关板上，并要使静触头在上方。如果倒装，在刀开关断开时则容易发生因自重作用使刀开关自行掉落而误合闸。接线时静触头接电源，动触头接负载。合闸时，应保证三相同时合闸，而且接触良好；分闸时应三相同时断开，而且保证断开一定绝缘距离。无灭弧罩的刀开关一般不允许分断和合上功率大的负载，以免烧坏刀开关。

2. 开起式负荷开关

开起式负荷开关又称胶盖瓷底刀开关，在这种开关中带有保护熔丝，当电路中电流超过允许值时熔丝熔断切断电路，保证电路中设备安全。

开起式负荷开关应垂直安装，手柄向上合闸，不能倒装或平装。因为刀开关在切断电流时刀片和夹座间会产生电弧，将手柄向下分闸时，电弧在电磁力和上升热空气的作用下，向上拉弧，电弧易于熄灭。若倒装了，电弧上升烧坏夹座，甚至伤人。另外，倒装时闸刀拉开后容易因自重而掉落造成误合闸。

接线时，应把电源接在开关上方的进线接线座上，负载接在下方的出线座上。这样在闸刀拉开后更换熔丝时就不会发生触电事故。刀片和夹座应紧密接触，夹座有足够压力。更换熔丝必须在闸刀拉开的情况下进行。换上的熔丝应与原熔丝规格相同。

GB 50055—1993《通用用电设备配电设计规范》中规定："电动机的控制电器不得采用开起式负荷开关（胶盖开关）。采用封闭式负荷开关（铁壳开关）亦不够安全，应予限制。"

3. 铁壳开关

铁壳开关又称封闭式低压负荷开关。铁壳开关的铁壳上装有速断弹簧，弹簧用钩子扣在手柄转抽上，当手柄由合闸位置转向分闸位置的过程中，钩子将弹簧拉紧，在弹簧拉力作用下，闸刀很快与夹座分离，这时电弧迅速拉长而熄灭。为了安全，铁壳开关上还装有连锁装置，使开关在合闸位置时盖子不能打开；在盖子打开时，开关不能合闸。

铁壳开关安装使用安全注意事项如下：

（1）铁壳开关应垂直安装。安装高度以操作方便和安全为原则，一般安装高度为离地面 1.3~1.5m。

（2）铁壳开关外壳应可靠接地或接零。

（3）铁壳开关进出线孔均要有绝缘垫圈。

（4）采用管子敷线时，管子应穿入进出线孔，并用管扣螺母拧紧，露出螺母的丝扣为 2~4 扣。如果管子不进入出线孔，也可接一段金属软管与铁壳开关连接，金属软管两端均采用软管接头固定。

（5）铁壳开关的接线有两种形式，一种是电源与铁壳开关的静触头相接，负载接开关熔丝下的下桩头。这种接线形式在开关拉断后，闸刀与熔丝不带电，便于维修和更换熔丝。另一种接线形式是电源接闸刀熔丝下桩头，负载接开关的静触头。这种接线在开关的闸刀发生故障时熔丝熔断，切断电源。

（6）更换熔丝必须在开关闸刀断开情况下进行，换上的熔丝规格应与原熔丝相同。

4. 组合开关

组合开关又叫转换开关，是一种手动控制电器。组合开关形式很多，安装时，应使手柄保持水平旋转位置。由于组合开关通断能力较低，故不能用来分断故障电流。用做电动机正反转控制时，必须在电动机完全停止转动后才能接通电源。当负载功率因数较低时，组合开关的触点容量应降低使用。

5. 低压断路器

低压断路器又称自动断路器，如图 6-6 所示。它是最完善的低压控制开关。它既能带负载通断电路，又能在电路发生短路、严重过负荷和电源电压太低或失压情况时自动跳闸，切断电路，起保护作用。

自动断路器不宜安装在易受振动的地方，以免振动造成开关内部零件松动。一般应垂直安装，灭弧室应位于上部。接线时，一定要接触紧密、牢固，否则运行中将发热，甚至引起开关爆炸。

自动断路器操作机构安装调整应符合下列要求：

（1）操作手柄或传动杠杆的开、合位置应正确，操作力不应大于产品允许规定。

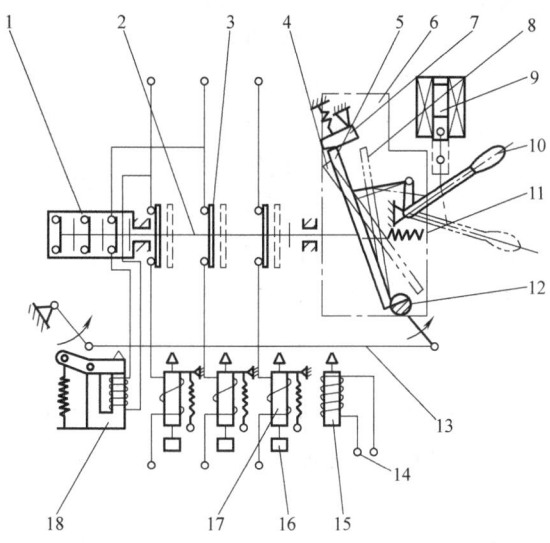

图 6-6 低压断路器动作原理图
1—辅助触头 2—传动杆 3—主触头 4—自由脱扣位置 5—闭合位置
6—自由脱扣机构 7—锁扣 8—再扣位置 9—闭合电磁铁 10—操作手柄
11—断开弹簧 12—脱扣半轴 13—脱扣杆 14—接控制电源 15—分励脱扣器
16—延时装置 17—过电流脱扣器 18—欠电压脱扣器

（2）触头在闭合、断开过程中，可动部分与灭弧室的零件不应有卡涩现象。

（3）触头接触应紧密可靠，接触电阻小。

6.5.2 主令电器

主令电器是在控制系统中发出指令或信号的操纵电器。主要用来切换控制电路，使电路接通或分断，实现控制系统的各种控制。随着电子技术和自动化水平的提高，目前主令电器正向无触点方向发展。

常用的主令电器有按钮、位置开关、万能转换开关和主令控制器等。下面介绍按钮和位置开关。

1. 按钮

控制按钮是一种接通或分断小电流电路的主令电器。控制按钮触头允许通过的电流较小，一般不超过 5A，主要用在低压控制电路中，手动发出控制信号，以控制接触器、继电器、电磁起动器等。

控制按钮由按钮帽，复位弹簧、桥式动、静触头和外壳等组成，一般为复合式，即同时具有常开、常闭触头。按下时常闭触头先断开，然后常开触头闭合。去掉外力后在复位弹簧的作用下,常开触头断开,常闭触头复位。其结构如图6-7所示。

控制按钮可做成单式（一个按钮）、双式（两个按钮）和三联式（三个按钮）的形式。为便于识别各个按钮的作用,避免误操作,通常在按钮上做出不同标志或涂以不同颜色,以示区别。一般红色表示停止,绿色表示起动。另外,为满足不同控制和操作的需要,控制按钮的结构和形式也有所不同,如钥匙式、旋钮式、紧急式和揿钮式等。若将按钮的触点封闭于隔爆装置中,还可以构成防爆型按钮,适用于有爆炸危险、有轻微腐蚀性气体或蒸汽的环境以及雨雪和滴水的场合。

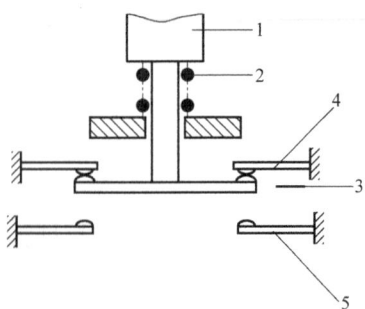

图6-7 控制按钮结构
1—按钮帽 2—复位弹簧 3—动触头
4—常闭触头 5—常开触头

2. 位置开关

依照生产机械的位置发出命令以控制其运动方向或行程长短的主令电器称为位置（行程）开关。若将行程开关安装于生产机械行程的终点处,以限制其行程,则又可称为限位开关或终点开关。当生产机械运动到某一预定位置,与行程开关发生碰撞时,行程开关便发出控制信号,实现对生产机械的电器控制。

行程开关按其结构可分为直动式、滚动式和微动式三种。

直动式行程开关的外形及结构原理如图6-8所示。它的动作原理与控制按钮相同,它的缺点是触点分合速度取决于生产机械的移动速度,当移动速度低于0.40m/min时,触点的分断太慢,易受电弧烧损,此时,应采用有弹簧机构瞬时动作的滚轮式行程开关。滚轮式行程开关的外形如图6-9所示。当生产机械的行程较小而作用力很小时,可采用具有瞬时动作和微小行程的微动开关。

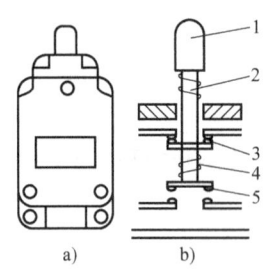

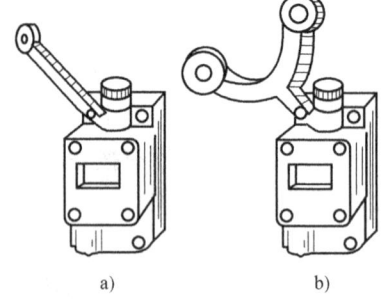

图6-8 直动式行程开关的外形及结构原理图
a) 外形图 b) 结构原理图
1—顶杆 2—弹簧 3—常闭触点
4—触点弹簧 5—常开触点

图6-9 滚轮式行程开关的外形图
a) 单轮旋转式 b) 双轮旋转式

3. 转换开关

转换开关是由多组相同结构的开关元件叠装而成，用以控制多回路的一种主令电器。可用于控制断路器操作机构的分合闸，各种配电设备中线路的换接、遥控和电流表、电压表的换相测量等；也可用于控制小容量电动机的起动、换向和调速。由于它换接线路多，用途广泛，故又称为万能转换开关。

转换开关由凸轮机构、触头系统和定位装置等部分组成。它依靠凸轮转动，用变换半径来操作触头，使其按预定顺序接通和分断电路；同时由定位机构来保证动作的准确可靠。凸轮工作位置有 90°、60°、45° 和 30° 四种。触头系统多为双断口桥式结构。在每个触头座内安装 2～3 对触头，并在每相的触头上设置灭弧装置。定位装置是采用滚轮卡棘轮辐射型结构，操作时滚轮与棘轮之间的摩擦为滚动摩擦，所需操作力小，定位可靠，并有一定速动作用，有利于提高分断能力。

常用的转换开关有 LW5 和 LW6 两个系列。LW5 系列转换开关的额定电压为交流 380V 或直流 220V，额定电流 15A，允许正常操作频率为 120 次/h，机械寿命 100 万次，电寿命 20 万次。LW6 系列转换开关是一种体积小巧的转换开关，适用于交流电压至 380V，直流电压至 220V，工作电流至 5A 的控制电路中，也可用于不频繁地控制 2.2kW 以下的小型感应电动机。

4. 主令控制器

主令控制器是用来较为频繁地切换复杂的多回路控制电路的主令电器。它一般由触头、凸轮、转轴、定位机构、面板及其支承件等部分组成，因其不直接控制电动机，而是切换接触器控制电路，再由接触器控制电动机，因此，主令控制器的触头是按小电流设计的，尺寸小，一般不需要灭弧装置。

从结构形式来看，主令控制器有两种类型：一种是凸轮非调整式主令控制器，其凸轮不能调整，其触头只能按一定的触点分合表动作；另一种是凸轮调整式主令控制器，其凸轮片上开有孔和槽，它装在凸轮盘上的位量可以调整，因此，其触点的开合次序也可以调整。

一般主令控制器的手柄是停留在需要的工作位置上，但在带有特殊反作用弹簧的主令控制器中，它的手柄能自动恢复到零位。

主令控制器主要用于轧钢及其他生产机械的电力拖动自动控制系统中以及大型起重机的电力拖动自动控制系统中对电动机的起动、制动和调速等作远距离控制用。

5. 主令电器的选用原则

主令电器首先应满足控制电路的电气要求，如额定工作电压、额定工作电流（含电流种类）、额定通断能力、额定限制短路电流等，这些参数的确定原则与选用主电路开关电器和控制电器的原则相同。其次应满足控制电路的控制功能要求，如触头类型（常开、常闭、是否延时等）、触头数目及其组合形式等。除此之外，还需要满足一系列特殊要求，这些要求随电器的动作原理、防护等级、功能执行元件类型和具体设计的不同而异。

对于人力操作控制按钮、开关，包括按钮、转换开关、脚踏开关和主令控制器等。除满足控制电路电气要求外，主要是安全要求与防护等级，必须有良好的绝缘和接地性能，应尽可能选用经过安全认证的产品，必要时宜采用低电压操作等措施，以提高安全性。其次是选择按钮颜色标记及组合原则等。防护等级的选择应视开关的具体工作环境而定。选用按钮时应注意其颜色标记必须符合国标的规定。不同功能的按钮之间的组合关系也应符合有关标准的规定。

6.5.3 手持电动工具

手持式电动工具是采用小容量电动机或电磁铁，通过传动机构驱动工作头的一种手持或半固定式的机械化工具。其结构轻巧，携带使用方便，各行各业使用手持式电动工具的种类和数量越来越多。为了防止在使用手持式电动工具时引起人身伤亡事故，国家颁布了《手持式电动工具的管理、使用、检查和维修安全技术规程》。

1. 基本分类

（1）手持式电动工具按用途分类。

金属切削类：电钻（多速、角向、万向、软轴）、磁座钻、电铰刀、电刮刀、电冲剪、型材切割机和曲线锯等。

砂磨类：电动砂轮机（直向、角向、软轴）、砂光机和抛光机（直向、角向）等。

装配类：电动扳手、电动旋具和电动胀管机等。

建筑及道路施工类：冲击电钻、电锤、电镐、电动打夯机、电动地板刨平机和电动混凝土振动器（平板式、插入式）等。

矿山类：电动凿岩机、岩石电钻和煤电钻等。

铁道类：铁道螺钉电动扳手、枕木电钻和枕木电镐等。

农牧类：电动喷洒机、电动剪枝机、电动采茶机和电动剪毛机等。

木材加工类：电刨、电圆锯、电木锯、电动开槽机和平板式砂光机等。

其他：电动骨钻、胸骨锯、石膏电钻、电动裁布机、电动喷枪和电动锅炉去垢机等。

（2）手持式电动工具按电气安全防护方法分类。

1）Ⅰ类：即普通电动工具。绝缘结构中全部或多数部位只有基本绝缘。工具设有接地装置，如果绝缘损坏或失效，可触及金属零件，它通过接地装置与安装在固定线路中的保护接地或保护接零导线连接在一起，不致成为带电体,防止操作者触电。

2)Ⅱ类:又称双重绝缘工具。绝缘结构由双重绝缘或加强绝缘组成。当基本绝缘损坏或失效时,附加绝缘将操作者与带电体隔离,避免触电。Ⅱ类工具在工具的明显部位(如铭牌)标有Ⅱ类绝缘的符号"回"。它可分为绝缘外壳和金属外壳两种。

3)Ⅲ类:由安全电压电源供电的工具,并能确保在工具内不产生高于特低电压的电压。

2. 安全性能要求

(1)手持式电动工具的安全要求。

手持式电动工具要求外壳完整,无裂纹、破损等缺陷,铭牌上各项参数清晰可见。机械防护装置(防护罩、防护盖、手柄防护装置)完整,无脱落破损、裂纹、松动、变形。表面应光滑无毛刺和尖锐棱角,否则会成为新的危险源。电源开关动作灵活,不卡涩,无缺损、裂纹和松动。工具的工作状态(旋转、往复、冲击)灵活无障碍。

工具上的电源应满足以下要求:

Ⅰ类工具的电源线必须采用三芯(单相工具)或四芯(三相工具)的多股铜芯橡胶套软电缆或护套软线。其中绿/黄双色线在任何情况下只能用做保护接地或保护接零线。采用截面积为 $0.75\sim1.5\mathrm{mm}^2$ 以上多股软铜线。工具的电源线完整,护套无破损和裂纹。没有接长或拆换。工具电源线上的插头完整,无破损和裂纹。无放电痕迹,绝缘无碳化现象。带有接地插脚的插头、插座,接地插脚只能单独连接保护线。严禁在插头、插座内用导线直接将接地插脚与中性线连接。插头插入插座的接触顺序应符合规定,防止误插入。工具的定期检查和测试记录完整,工具未超过检查周期,测定绝缘电阻的数值不应低于下列数值:Ⅰ类工具 2MΩ;Ⅱ类工具 7MΩ;Ⅲ类工具 10MΩ。

Ⅰ类手持式电动工具的外壳都必须接地或接零,当这些设备发生相与地短路时,能迅速切断电源开关,设备外壳上也不致产生危险的接触电压。因此,良好的接地装置或接零线,是这一类设备安全运行的关键。因此要保证导电的连续性,保证电气设备至接地体之间或电气设备至电源变压器中性点之间导电的连续性,最远两点之间的电阻小于 1Ω。

Ⅲ类手持电动工具安全电压电源来自安全隔离变压器,必须采用双圈变压器,禁止使用自耦变压器。变压器外壳上应有接地端子,一次侧、二次侧应有明显标志。

(2)使用中的安全措施。

手持式电动工具和移动式电气设备的使用人,必须经过培训,学习有关的安全操作规程,能熟练地使用相关工具和设备。在领用工具或设备时,应进行必要的检查，检查工具和设备的安全性能，除从外观检查判断外，必要时应查阅定期检查记录和测试记录或预防性试验报告。所有检查测试应不超周期。

手持式电动工具检查至少应包括以下项目：核对铭牌参数，是否符合作业需要；外壳、手柄有无裂缝或破损；保护连线是否正确，牢固可靠；电源线是否完好无损；电源插头是否完整无损；电源开关动作是否正常灵活，有无缺损和破裂；机械防护装置是否完好；工具转动（往复、冲击）是否灵活和轻快，有无阻滞现象；电气安全保护装置是否良好。

移动式电动工具在使用前电气部分至少应检查下列各项：设备外壳接地端子上是否已接好符合要求的接地线或接零线，多台式的接地线不许串联；电源线截面是否满足负荷电流需要；电源开关、剩余电流保护装置是否操作灵活和正确；电源线接线盒是否完好，盒盖是否使裸露的接线柱不外露。

在一般场所，为保证使用者安全，应选用Ⅱ类工具。如使用Ⅰ类工具必须采取其他安全保护措施，如剩余电流保护装置、安全隔离变压器等，否则，使用者必须戴绝缘手套，穿绝缘鞋或站在绝缘垫上。选用绝缘胶垫，除检查其安全性能外，还应注意尺寸，可以按作业活动范围外长宽再各加40cm。因为绝缘胶垫在做工频耐压试验时，极板小于边长，所以绝缘胶垫的四周没有经过试验，就不能认定它是绝缘良好，作业时也只能站在中央部位。

使用剩余电流保护装置应检查铭牌，额定动作电流应不大于15mA，动作时间不大于0.1s。带负载拉合3次，用试验按钮动作3次，均应不拒动和误动。进出线按标志接线，决不能接反。

在潮湿的场所或金属构架上等导电性能良好的作业场所，必须使用Ⅱ类或Ⅲ类工具。在狭窄场所（如锅炉、金属容器、管道内等）应使用Ⅲ类工具。如果使用Ⅱ类工具，必须安装额定动作电流不大于15mA、动作时间不大于0.1s的剩余电流保护装置。安装后进行检查和试验，应完好。

在特殊环境如湿热、雨雪以及存在爆炸性或腐蚀性气体的场所，使用的工具必须符合相应防护等级的安全技术要求。

当电源距离作业点较远而电源线长度不够时，不得将电源线任意接长或拆换，应采用耦合器。电源连接器进行连接，连接处应有断路器等断电装置，以便因作业需要就近断开（合上）电源。工具的危险运动零部件防护装置不得任意拆卸，以免飞屑等击伤操作人员。移动工具时严禁手拎电源电缆线移动工具，必要时应先断开电源。根据作业性质佩戴护目镜、安全帽等个人安全防护用品。在一个作业点活动范围内不应有裸露的带电体或易燃物以及其他妨碍作业的物体，否则应采取相应的安全措施。使用中出现异声、放电等异常现象，应立即断开电源，进行详细检查或送交专职人员检查，判断原因。未修复的工具禁止使用。

6.5.4 起重机电气设备安全

工矿企业中一般都装有起重设备，如电动葫芦及各种形式的起重机等。这些设备的电气控制线路及电气装置必须安全可靠。

起重机电气设备在安装使用过程中必须注意下列事项：

（1）所使用的电气设备及器材均应符合国家或部颁现行的技术标准。设备上应有铭牌，不准使用伪劣次品或"三无"产品。

（2）起重机电气设备（电动机、控制设备等）的结构形式及绝缘类别应与运行环境相适应。

（3）电源线路应装设单独开关控制和短路保护装置，并设置在起重机附近便于操作的地方。例如当额定电流不超过200A时，可用铁壳开关控制，装在墙上；当额定电流超过200A时可选用动力配电箱控制，落地安装。

（4）起重机照明回路应接在起重机总电源开关的外侧，在总开关切断电源后，照明不应断电。

（5）滑接线应平直，接触面平滑无锈蚀。型钢滑接线的连接，应采用附有连接托板对头焊接。圆形截面的滑接线，应尽量避免中间接头，如对接时，偏差不应大于0.5mm，接头处应处理光滑，并有足够的机械强度。

滑接线距地面的高度不应低于3.5m，在有机动车通道部分不应低于6m，不足上述距离应采取保护措施。

滑接线与一般管道之间的距离不应小于1m；与设备和氧气管道之间的距离不应小于1.5m；与易燃易爆气体和液体管道之间的距离不应小于3m。

当起重机在终端位置时，滑接器距滑接线的末端应有不小于200mm的裕度。

固定滑接线的瓷绝缘子两端均应垫防振垫子，瓷绝缘子必须完好，无裂纹损坏。

安装于户外或潮湿场所的滑接线应采用户外式绝缘子。

型钢滑接线安装时应满足的要求：滑接线在绝缘子上的固定应有伸缩可能；在跨越建筑物伸缩缝的地方，滑接线应装设膨胀补偿装置；滑接线之间的水平或垂直距离应一致，其偏差不应大于长度的1/1000，最大偏差不应大于10mm；钢滑接线与导线连接处，应在钢接触面上涂锡。

悬吊式滑接线必须符合的要求：线路终端应有拉紧绝缘子，并用花篮螺栓紧固；花篮螺栓应有适当的调节裕度，当滑接线长度在25m及以下时，其裕度不应小于0.1m，长度在25m以上时，其裕度不应小于0.2m；悬挂点间距应符合要求，线间距离一般不应小于300mm，各相弧垂误差不应大于20mm；滑接线与终端装置直接的绝缘应可靠。

桥式起重机大车滑线端的端梁下，应设置防护板，防止吊具或钢丝绳与滑接线意外接触。

（6）起重机的电源采用软电缆时，悬吊软电缆的滑轮应能沿滑道向两侧自由、灵活、无跳动的移动，不得有卡阻现象，软电缆不应受拉力；悬挂装置的电缆夹应与软电缆可靠固定（电缆夹于其他连接零件间能自由转动）；电缆夹间的距离应满足要求；软电缆的长度应比移动距离大20%左右，以防电缆在最远位置上被拉断，在最近位置上又不要堆积过多。为防止电缆在移动中受到拉力，常使用牵引绳带动电缆移动。牵引绳长度一般应比电缆稍短。吊索一般使用圆钢或钢丝绳，两端应紧固牢靠。

（7）起重机的驾驶室一般装设在滑接线的对侧，如需装在同侧时，应采取防止人员上下时可能触及带电滑接线的防护措施。梯子和走台与滑接线间应设置防护板，驾驶室的地板上宜铺设一层橡胶绝缘垫，以保证操作人员的安全。

（8）安装在起重机桥架的滑接器形式应和滑接方式及安装方式相符合，滑接器沿滑接线全长应可靠地接触，自由无阻地滑动；绝缘子不应有裂纹、破损及瓷釉损坏等缺陷，导电部分对地的绝缘良好；弹簧的压力应适应；滑接器与导线之间的连接应采用多股软铜线。

（9）采用角钢作固定式滑接线时，其规格应符合安全规程。

（10）滑接线除接触面外，应涂以红漆，必要时应安装带电指示灯。

（11）起重机上的电气设备应安装牢固。采用螺栓固定时应有弹簧垫圈。起重机上凡易于触及的裸露导电部分应有防护装置。起重机的音响信号应清晰可靠。起重机电气装置的机构、滑接线支架等非带电金属部分，均应可靠接地并涂锌或涂防腐漆。

6.5.5 电焊机使用安全

电焊机是企业常用的一种电气设备，其使用必须符合现行有关焊机标准规定的安全要求。如果手工电弧焊机的空载电压高于现行相应焊机标准规定的限值，则必须采用空载自动断电装置等防止触电的安全措施。电焊机的工作环境应与技术说明书上的规定相符。如在气温过低或过高、湿度过大、气压过低以及在腐蚀性或爆炸性等特殊环境中作业，应使用适合特殊环境条件性能的电焊机，或采取防护措施。应该防止电焊机受到碰撞或剧烈振动（特别是整流式焊机）。室外使用的电焊机必须有防雨雪的防护设施。

电焊机必须装有独立的专用电源开关，其容量应符合要求。当焊机超负荷时，应能自动切断电源。禁止多台焊机共用一个电源开关。电源控制装置应装在电焊机附近便于操作的地方，周围留有安全通道。采用起动器起动的焊机，必须先合上电源开关，再起动焊机。

焊机的一次电源线，长度一般不宜超过 3m，且不得拖地跨通道使用，当有临时任务需要较长的电源线时，应沿墙或立柱用瓷绝缘子隔离布设，其高度必须距地面 2.5m 以上，不允许将电源线拖在地面上。电焊机外露的带电部分应设有完好的防护（隔离）装置，电焊机裸露接线柱必须设有防护罩。使用插头插座连接的焊机，插孔的接线端应用绝缘板隔离，并装在绝缘板平面内。

禁止连接建筑物金属构架和设备等作为焊接电源回路。

各种电焊机（交流、直流）、电阻焊机等设备或外壳、电气控制箱、焊机组等，都应按《电力设备接地设计技术规程》的要求接地（接零）。焊机的接地装置必须经常保护、连接良好，定期检测接地系统的电气性能。禁用氧气管道和乙炔管道等易燃易爆气体管道作为接地装置的自然接地极，防止由于产生电阻热或引弧时冲击电流的作用，产生火花而引爆。专用的焊接工作台架应与接地装置连接。

焊机用的软电缆线应采用多股细铜线电缆，其截面要求应根据焊接需要载流量和长度，按焊机配用电缆标准的规定选用。电缆外皮必须完整、绝缘良好、柔软，绝缘电阻不得小于 $1M\Omega$。电缆外皮破损时应及时修补完好。连接焊机与焊钳必须使用软电缆线，长度一般不宜超过 20m。焊机的电缆线应使用整根导线，中间不应有连接接头。当工作需要接长导线时，应使用接头连接器牢固连接，连接处应保持绝缘良好。焊接电缆线需横过马路或通道时，必须采取保护套等保护措施，严禁搭在气瓶、乙炔发生器或其他易燃物品的容器和材料上。禁止利用厂房的金属结构、轨道、管道、暖气设施或其他金属物体搭接起来作电焊导线电缆。禁止焊接电缆与油、脂等易燃物料接触。

电焊钳必须有良好的绝缘性与隔热能力，手柄要有良好的绝缘层。焊钳的导电部分应采用纯铜材料制成。焊钳与电焊电缆的连接应简便牢靠，接触良好。

第 7 章

电气防护技术

7.1 工作接地

电力系统中的接地可分为两类,即工作接地和保护接地。

所谓工作接地是为下述目的而进行的接地:

(1) 保证电力系统在正常及故障条件下具有适当的运行条件。

(2) 保证电力设备绝缘所要求的工作条件。

(3) 保证继电保护和自动装置以及过电压保护装置的正常工作。

通常,工作接地都是通过电气设备的中性点来进行的,所以又称为中性点接地。

电力网的中性点接地方式有不接地(绝缘)、经电阻接地、经电抗接地、经消弧线圈接地和直接接地(有效接地)等。

电力网中性点工作方式是一个涉及供电可靠性、过电压与绝缘配合、继电保护和自动装置的正确动作、通信干扰、系统稳定以及安全生产等多方面的综合性技术问题。

7.1.1 中性点不接地的电力系统

在中性点不接地的电力系统中,由于输电线路与大地之间存在着分布电容,各相对地就有电容电流通过,其大小决定于线路对地的电压和电容。为便于讨论问题,假设 A、B、C 三相系统的电压、负荷和线路参数都是对称的,每相导线的对地电容相等,用集中电容 C 来表示,并忽略导线相间分布电容。大量实验研究结果证明,上述假设条件引起的误差尚在允许范围之内。

1. 中性点不接地系统的正常运行

中性点不接地电力系统正常运行时的电路图和矢量图如图 7-1 所示。由于正常运行时三相电压 $\dot{U}_A$、$\dot{U}_B$、$\dot{U}_C$ 是对称的,所以三相导线对接地电容电流

$\dot{I}_{C0}$也是对称的,三相电容电流矢量之和为零,地中没有电容电流通过,中性点对地电位为零($\dot{U}_0$),即中性点与地电位一致。这时中性点接地与否对各相对地电压没有任何影响。

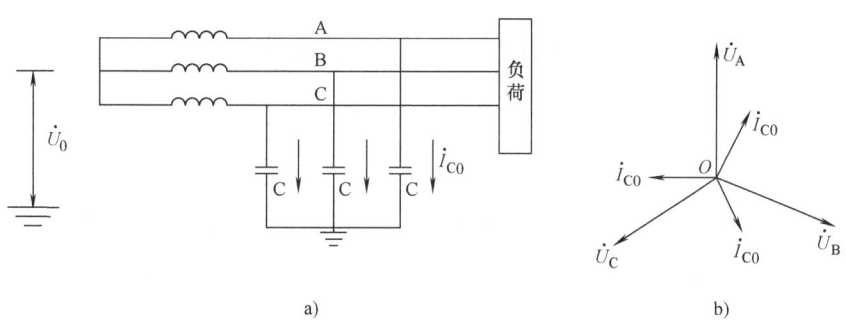

图 7-1　中性点不接地系统正常运行
a) 电路图　b) 矢量图

当中性点不接地系统的各相对地电容不相等时,即使在正常运行状态下,中性点的对地电位也不再是零,通常称此情况为中性点位移,即中性点不再是零电位了。这种现象的产生,多是由于架空线路排列不对称的缘故。在图 7-2 的中性点位移矢量图中,$\overline{OO'}$ 即 $\dot{U}_0$ 便为中性点位移(电压)。

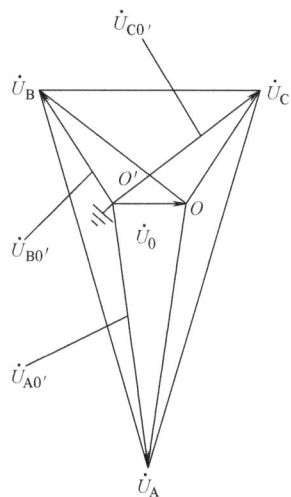

图 7-2　中性点位移的矢量图

2. 中性点不接地系统的单相接地故障

图 7-3a 为发生 A 相单相金属性接地故障的电路图,此时 A 相对地电压降为零,而非故障相 B、C 对地电压在相位和数值上均发生变化,即:

$$\left.\begin{array}{l} \dot{U}'_A = \dot{U}_A + \dot{U}_0 = 0 \\ \dot{U}'_B = \dot{U}_B + \dot{U}_0 = \dot{U}_B + (-\dot{U}_A) = \dot{U}_{BA} \\ \dot{U}'_C = \dot{U}_C + \dot{U}_0 = \dot{U}_C + (-\dot{U}_A) = \dot{U}_{CA} \\ \dot{U}_0 = -\dot{U}_A \end{array}\right\} \quad (7-1)$$

由式 7-1 和图 7-3b 的矢量图可知,当 A 相发生接地故障时,中性点电压升高为相电压,B 相和 C 相对地电压变为 $\dot{U}'_B$ 和 $\dot{U}'_C$,$\dot{U}'_B$ 和 $\dot{U}'_C$ 的相位差为 60°,其幅值都等于正常运行时的线电压,即升高到相电压的 $\sqrt{3}$ 倍。

如果单相接地故障经过一定的接触电压(亦称过渡电阻)接地,而不是金属性接地,那么故障相对地电压将大于零而小于相电压,非故障相对地电压将小于线电压而大于相电压。

由图 7-3b 还可看出,在系统发生单相接地故障时,三相之间的线电压仍然对称,用户的三相用电设备仍能照常运行。

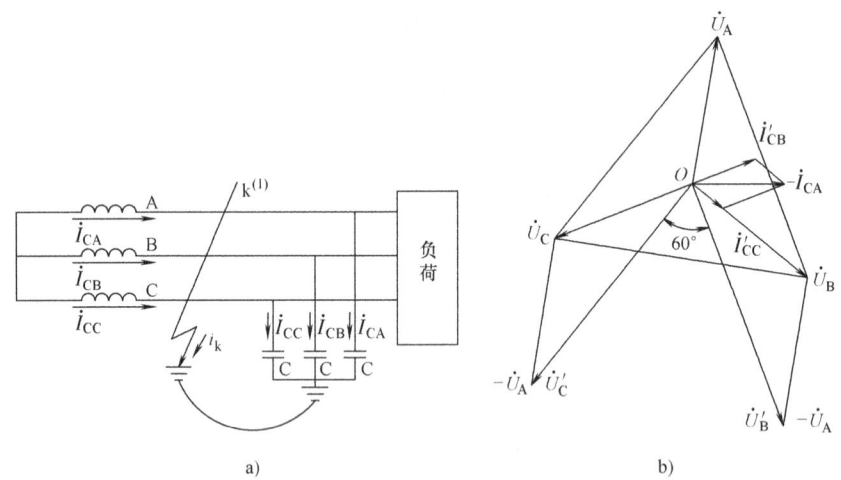

图 7-3 中性点不接地系统单相接地故障
a) 单相接地故障电路图　b) 矢量图

中性点不接地系统发生单相接地故障时,在接地点将流过接地故障电流(电容电流)。例如,A 相发生接地故障时,A 相对地电容被短接,B、C 相对电压升高到等于线电压，所以对地电容电流变为：

$$\dot{I}'_{CB} = \frac{\dot{U}'_B}{-jX_C} = \sqrt{3}\omega C\dot{U}_B e^{j60°} \tag{7-2}$$

$$\dot{I}'_{CC} = \frac{\dot{U}'_C}{-jX_C} = \sqrt{3}\omega C\dot{U}_B \tag{7-3}$$

接地电流 i_K 就是上述电容电流的矢量和，即：

$$\dot{I}'_k = -(i_{CB} + i_{CC}) = -3\omega C\dot{U}_B e^{j30°} \tag{7-4}$$

其绝对值为：

$$I_k = 3\omega CU_{Ph} = 3I_{C0} \tag{7-5}$$

式中　I_k——单相接地电流（A）；

　　　U_{Ph}——电力网的相电压（V）；

　　　ω——电源的角频率（rad/s）；

　　　C——每相导线的对地电容（F）；

　　　I_{C0}——系统正常运行时每相导线的对地电容电流 $I_{C0} = \omega CU_{Ph}$（A）。

由式 7-5 可知，中性点不接地系统发生单相接地时的故障电流等于正常运行时每相导线对地电容电流的 3 倍。由于线路对接地电容电流很难准确计算，所以单相接地电流（电容电流）的经验计算式为：

$$I_k = (l_{oh} + 35l_{cab})U_N/350 \tag{7-6}$$

式中　U_N——电力网的额定线电压（kV）；

　　　l_{oh}——同级电力网具有电的直接联系的架空线路总长度（km）；

　　　l_{cab}——同级电力网具有电的直接联系的电缆线路总长度（km）。

综上所述，在中性点不接地的三相系统中，当发生一相接地故障时：

（1）故障相电压等于零，中性点电压升高为相电压，非故障相电压升高到相电压的 $\sqrt{3}$ 倍，即等于线电压。所以，在这种系统中，线路及各种电气设备相对地的绝缘水平应根据线电压来设计，绝缘投资所占比重加大。显而易见，电压等级越高，绝缘投资越大。

（2）各相间的电压大小和相位仍然不变，三相系统的平衡没有遭到破坏，因此可以继续运行一段时间，这样可提高供电可靠性，这是这种系统的最大优点，但其不允许长期接地运行，尤其是发电机直接供电的电力系统，因此非故障相对地电压升高到线电压，一相接地运行时间过长可能会造成两相短路，所以在这种系统中，一般应装设绝缘监视或接地保护装置。当发生单相接地时能及时发出信号，使运行人员迅速采取措施，尽快消除故障。我国有关规程规定，中性点不接地系统发生单相接地故障后，允许继续运行的时间最长不得超过 2h。

(3) 接地点通过的电流为容性的,其大小等于正常运行时单相对地电容电流的 3 倍,这种电容电流不易熄灭,可能会在接地点产生稳定的或间歇性的电弧。实验证明,如果接地电流大于 30A,将形成稳定电弧,成为持续性电弧接地,这将烧毁电气设备和可能引起多相相间短路。如果接地电流大于 5 ~ 10A,而小于 30A,则有可能形成间歇性电弧,这是由于电力网中电感和电容形成了谐振回路所致。间歇性电弧容易引起弧光接地过电压,其幅值可达 $(2.5 \sim 3) U_{ph}$,将危害整个电网的绝缘安全。如果接地电流在 5A 以下,当电流经过零值时,电弧就会自然熄灭。故在这种系统中,若接地电流大于 5A,发电机、变压器和电动机都应装设动作于跳闸的接地保护装置。

在我国,3 ~ 60kV 的电力系统通常采用中性点不接地方式。

7.1.2 中性点经消弧线圈接地的电力系统

中性点不接地系统发生单相接地故障时,在短时间内仍可继续供电,这是其优点。但若输电线路比较长,接地电流大到使接地电弧不能自行熄灭的程度,会产生间歇性电弧而引起弧光接地过电压,甚至发展成为多相短路,造成严重故障。为了克服这一缺点,可将电力系统的中性点经消弧线圈接地。

所谓消弧线圈,其实就是具有气隙铁心的电抗器,安装在变压器或发电机中性点与大地之间,如图 7-4a 所示。由于装设了消弧线圈,当发生单相接地故障时,接地故障相与消弧线圈构成了另一个回路,接地故障相接地电流中增加了一个感性电流,它和装设消弧线圈前的容性电流方向刚好相反,相互补偿,减少了接地故障点的故障电流,使电弧易于自行熄灭,从而避免了由此引起的各种危害,提高了供电可靠性。从图 7-4a 可以看出,如 C 相发生接地时,中性点对地电压 $\dot{U}_0$ 变为 $-\dot{U}_C$,消弧线圈在 $\dot{U}_0$ 作用下,产生电感电流 $\dot{I}_L$(滞后于 $\dot{U}_0 90°$),其数值为:

$$I_L = U_C/X_L = U_{ph}/X_L \tag{7-7}$$

电力系统中性点经消弧线圈接地时,有三种补偿方式,即全补偿方式、欠补偿方式和过补偿方式。

(1) 若选择消弧线圈的电感时,使得 $I_L = I_C$,则接地电容电流将全部被补偿,接地故障点电流为零,此即全补偿方式。采用全补偿方式使接地电流为零似乎很理想,但实际上此时容抗等于感抗,系统会发生串联谐振,产生很大的谐振电流,并在消弧线圈的阻抗上形成很高的电压降,使中性点的对地电位大为升高,可能会损坏设备的绝缘。因此,这种补偿方式并不好,一般系统都不采用全补偿方式。

(2) 若选择消弧线圈的电感时,使 $I_L < I_C$,则接地故障点有未被补偿的电

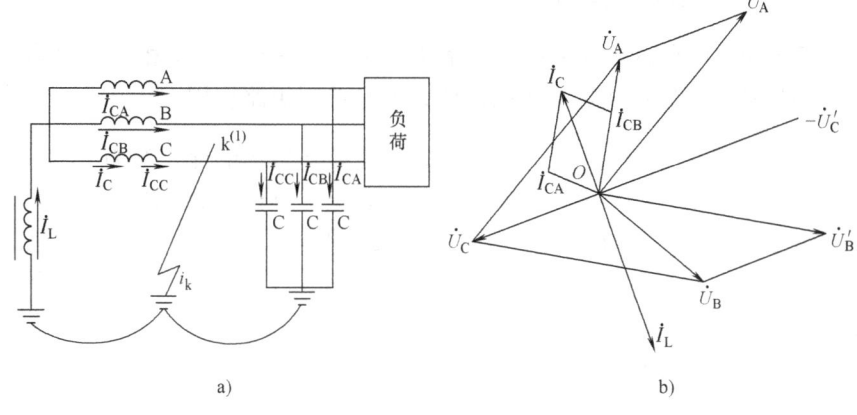

图 7-4 中性点经消弧线圈接地系统的单相接地故障
a) 单相接地故障电路图   b) 矢量图

容电流流过,这种补偿方式称为欠补偿方式。采用欠补偿方式时,当电力网运行方式改变而切除部分线路时,整个电力网对电容抗将减少,有可能发展成为全补偿方式,导致电力网发生谐振,危及系统安全运行;另外,欠补偿方式容易引起铁磁谐振过电压等其他问题,所以很少被采用。

(3) 若选择消弧线圈时,使得 $I_L > I_C$,则接地故障点有剩余的电感电流流过,这种补偿方式称为过补偿方式。在过补偿方式下,即使电力网运行方式改变而切除部分线路时,也不会发展成为全补偿方式,致使电力网发生谐振。同时,由于消弧线圈有一定的裕度,今后电力网发展、线路增多、对地电容增加后,原有消弧线圈还可继续使用。因此,实际上大多采用过补偿方式。

选择消弧线圈时,应当考虑电力网的发展规划,其容量估算式为:

$$S_{ar} = 1.35 I_C U_N / \sqrt{3} \qquad (7-8)$$

式中 S_{ar}——消弧线圈的容量(kV·A);
   I_C——电力网的接地电容电流(A);
   U_N——电力网的额定电压(kV)。

为了调节补偿度(I_L 与 I_C 的比值),一般的消弧线圈制造成最大补偿电流和最小补偿电流之比为 2:1 或 2.5:1,通常在这个范围内装有 5~9 个分接头供调节使用。

按我国有关规程规定,在 3~60kV 的电力网中,电容电流超过下列数值时,电力系统中性点应装设消弧线圈:①3~6kV 电力网,30A;②10kV 电力网,20A;③35~60kV 电力网,10A。

7.1.3 中性点直接接地的电力系统

图 7-5 为中性点直接接地的电力系统。如果该系统发生单相接地故障，则中性点与接地极构成单相接地短路回路，就是单相短路，用 $k^{(1)}$ 表示，线路上将流过很大的单相短路电流 $I_k^{(1)}$，使线路上安装的继电保护装置迅速动作，作用于断路器跳闸，将故障部分断开，从而防止了单相接地故障时产生间歇性电弧过电压的可能。很显然，中性点直接接地的电力系统发生单相接地故障时，是不能继续运行的，所以其供电可靠性不如电力系统中性点不接地和经消弧线圈接地方式。

中性点直接接地的电力系统的主要优点是，发生单相故障时中性点电位仍接近于零，非故障相对接地电压接近于相电压。因此电气设备的绝缘水平只需按电力网的相电压考虑，从而可以降低工程造价。目前，我国 110kV 及以上的电力系统基本上采用中性点直接接地方式。国外 220kV 及以上的电力系统也都采用这种接地方式。

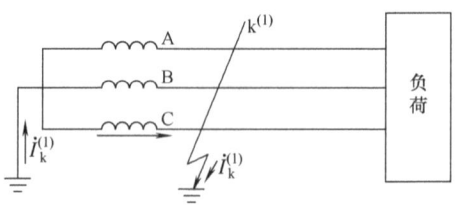

图 7-5 中性点直接接地的电力系统

这种接地方式在发生单相接地故障时，接地相短路电流很大，会造成设备损坏，严重时会使系统失去稳定。为保证设备安全和系统的稳定运行，必须迅速切除故障线路。电力系统中发生单相接地故障的比重占整个短路故障的 65% 以上，当发生单相接地时切除故障线路，将中断向用户供电，使供电可靠性降低。为了弥补这个缺陷，在线路上广泛安装三相或单相自动重合闸装置，靠它来尽快恢复供电，提高供电可靠性。另外，当中性点直接接地系统发生单相接地故障时，正常相的电压仍为相电压，对设备绝缘没有影响。

对于 1kV 以下的低压系统来说，电力网的绝缘水平已不成为主要矛盾，系统中性点接地与否，主要从人身安全角度考虑。在 380/220V 系统中，一般都采用中性点直接接地方式，一旦发生单相接地故障时，可以迅速跳开断路器或烧断熔断丝，将故障部分断开；另一方面，此时非故障相对地电压基本不升高，不会出现人接触时超过 250V 的危险电压。如果系统中性点不接地，发生单相接地故障时非故障相对地电压将接近于线电压，对人身安全的危害会更大。当然，即使 250V 左右的接触电压，对人身安全仍是有危险的，应采取措施防止触电。

最后指出，中性点直接接地系统发生单相接地故障时，单相短路电流在导线周围产生单相交变电磁场，将对附近的通信线路和信号设施产生电磁干扰。

但只要采取措施减小单相接地短路电流,或采取特别的屏蔽措施,都可以减小这种干扰。

7.1.4 中性点电阻接地的电力系统

中性点经电阻接地方式主要用于配网系统中。

配网系统中性点接地方式有不接地、经消弧线圈接地和经电阻接地等。关于中性点不接地和经消弧线圈接地方式前面已经叙述过,这里主要叙述中性点经电阻接地方式。

中性点经电阻接地可以直接消除不接地系统的两个严重缺点,既能减少电弧过电压的危害性,又使灵敏而有选择性的接地保护得以实现。同时,由于这种系统的接地电流小于直接接地系统,故对邻近通信线路的干扰也就较弱。中性点经电阻接地方式包括大电阻和小电阻两种接地形式。

1. 大电阻接地

单从降低电弧过电压的角度来看,只要接地电阻 R_e 满足 $R_e \leqslant 1/(\omega C)$($C$ 是系统的每相对地分布电容)就可以了。

电弧接地时,在电弧点燃熄灭过程中,系统积累多余的电荷,使震荡过程加剧,从而产生很高的过电压。若能使这些电荷在从电弧熄灭到重燃前的半个工频周期内通过中性点接地电阻泄漏掉,电弧过电压就能降低。研究表明,当 $R_e \geqslant 10/(3\omega C)$ 时,电弧接地引起的瞬态过程与中性点不接地系统没有多大区别;而当 $R_e \leqslant 1/(\omega C)$ 时,过电压小得多了。这是因为,线路对地电容上的积累电荷以时间常数 $\tau = 3R_eC = 3/\omega = 3/(2\pi f)$ 按指数规律经中性点接地电阻 R_e 泄放,在半个工频周期内,线路电容上的累积电荷将由100%降至 $e^{-\pi/3}$ =35%,即线路累积电荷约2/3已在半个工频周期内泄漏掉了,因而不会再产生很高的振荡过电压。

在规模不大的架空线路系统中采用大电阻接地,接地电流不大,仍未破坏接地电弧自行熄灭的条件。因此,中性点经大电阻接地系统既可以保持不接地系统发生单相接地故障时仍能维持短时供电的优点,同时又解决了不接地系统存在的电弧接地过电压的问题。

这种中性点经大电阻接地的方式适用于接地故障电流小于10A的系统。

2. 小电阻接地

为了保证继电保护的快速选择性要求,就必须降低中性点接地电阻值,以增加单相接地故障的短路电流。但电流越大,中性点接地电阻的功率也越大,设备将很笨重,同时电流太大,又将有与直接接地方式类似的缺点。根据运行经验,按单相接地故障电流控制在100~1000A水平选择小电阻接地的电阻值,再低时采用经电抗接地将更有效。也有些国家选择将单相接地故障电流控制在变压器额定电流水平。

这种中性点经小电阻接地方式既可消除电弧接地过电压,又可避免不接地系统中经常出现的由电磁式电压互感器引起的铁磁谐振现象。当系统规模较大,特别是要求迅速切除故障线路时,可采用这种接地方式。

确定配网系统中性点的接地方式,应从供电可靠性、故障时瞬态电压、瞬态电流对通信线路的干扰、继电保护的影响,以及确保人身安全诸方面综合考虑。在配网系统中,当单相接地故障电容电流较大时,一般采用中性点经消弧线圈或经电阻接地。在我国城市配网系统中,全电缆出线变电站的单相接地故障电容电流超过30A时,采用中性点经电阻接地;全架空线路出线变电站的单相接地故障电流超过10A时,采用中性点经消弧线圈接地。当电缆或架空线混合线路的单相接地故障电容电流超过10A时,可采用中性点经消弧线圈接地,或采用中性点经电阻接地,各有优缺点,应根据具体情况通过技术经济比较确定。

中性点经电阻接地方式,对供电可靠性有影响,但影响不大,其供电可靠性仍可得到保证。现在城市配网系统逐步形成手拉手、环网供电网络,一些重要用户由两路或多路电源供电,对用户的供电可靠性不再是依靠允许系统带着单相接地故障坚持运行2h来保证,而是靠加强电网结构、调度控制和配网自动化来保证。

7.1.5　中性点接地方式的比较与选择

常用中性点接地方式的比较见表7-1。

表7-1　中性点接地方式的比较

接地方式	不接地	经消弧线圈接地	直接接地	经电阻接地
接地电流	小,为对地电容电流,一般只允许在10A以下	最小,等于残流	最大,可能达到系统三相短路电流或更大	中等,基本由中性点电阻值决定,本表只讨论接地电流为100~1000A的情况
单相接地时健全相电压	大,等于线电压	大,等于线电压	最小,小于80%残电压	一般处于80%~100%线电压之间
避雷器工作条件	非有效接地系统用	非有效接地系统用	有效接地系统用	非有效接地系统用,但避雷器选择条件可以放宽
变压器等设备的绝缘水平	最高,全绝缘	高,与不接地系统同	最低,变压器可采用分级绝缘	低于不接地系统用,当采用不接地系统的绝缘水平时寿命延长

(续)

接地方式	不接地	经消弧线圈接地	直接接地	经电阻接地
向双重接地故障发展的可能性	最大	中	最小	小
接地故障的继电保护	普通接地继电器不适应，需要专门技术，不够可靠	需专门技术，通常只动作于信号	简单可靠	简单可靠
断路器工作条件	切断容量由三相短路电流决定	切断容量由三相短路电流决定，动作次数少	单相接地电流有时比三相短路电流大，动作次数多	切断容量由三相短路电流决定，动作次数多
接地故障时供电中断情况	在能够自然熄弧的情况下供电不被中断	自然熄弧，但永久性故障时仍需跳闸	立即跳闸，但通过重合闸弥补此缺陷	立即跳闸，但通过重合闸弥补此缺陷
地网和接地设施费用	最少	地网费用少，但接地设施价格较高	无接地设备，但地网建设费用大	中

对于不同电压等级的电力系统中性点接地方式的选择，可以归纳如下：

（1）220kV 及以上电压等级的电力网，采用中性点直接接地方式。

（2）110~154kV 电力网，我国原有的 154kV 电力网是经消弧线圈接地的，而 110kV 电力网则大部分采用直接接地方式，小部分采用经消弧线圈接地方式。

（3）20~60kV 电力网，从提高供电可靠性出发采用中性点不接地或经消弧线圈接地方式。当单相接地电容电流大于 10A 时，可采用经消弧线圈接地方式。

（4）3~10kV 电力网，考虑供电可靠性与故障后果，一般采用中性点不接地方式；当单相接地电容电流大于 30A 时，可采用经消弧线圈接地或经电阻接地的方式。

（5）1000V 以下的低压配电网，即 380/220V 三相四线制电力网，从保证安全出发，均采用中性点直接接地方式，这样可以防止一相接地时出现超过 250V 的危险对地电压。在特殊场所，如爆炸危险场所或矿下，也有采用中性点不接地方式的，这时一相或中性点应有击穿熔断器，以防止高压窜入低压所引起的危险。

（6）发电机中性点一般均采用中性点不接地或经消弧线圈接地的运行方式，这时为了保证在发生单相接地故障时，能坚持2h带故障运行，而为了防止故障电流烧坏定子铁心，应将单相接地电流限制在5A以下，此时也可考虑采用等效于高值电阻的二次绕组接有小电阻的变压器接地方式。但对没有直配线的特大容量机组来说，为降低作用在发电机绝缘上的电压，也可考虑采用中性点直接接地或经小电阻接地的运行方式。

7.2 电网安全性分析

7.2.1 电网的分类

电网分类可以采用不同的方式。

按供电系统的电压可分为超高压电网（500kV以上）、高压电网（220kV、110kV、35kV、10kV、6kV等）和1000V及以下的低压电网（0.4kV等）。

按供电电源的相数可分为单相电网、两相电网和三相电网。单相电网是采用一条相线和一条中性线供给照明及小型设备用电的电网；两相电网是采用两条相线供给电焊机等设备用电的电网；三相电网是采用三条相线供给一般电动机等设备用电的电网。

按供电电流的性质可分为直流电网和交流电网。电力输送的主要方式是交流送电，但在一些特殊的场合，如较长线路的海底电缆送电和电动机车等要采用直流送电。

按电网的中性点运行方式，电网可分为中性点接地电网和不接地电网。电网的中性点系指所有发电机及变压器三相绕组的中性点。

7.2.2 不接地电网的安全性分析

图7-6为三相三线制不接地电网。Z_1、Z_2、Z_3分别表示各相对地绝缘阻抗，绝缘阻抗由各相对地绝缘电阻和导线对地分布电容并联组成，绝缘一般是兆欧级的。在特殊情况下，绝缘电阻可能下降为$2 \sim 5 k\Omega$。电缆的分布电容可取$0.05\mu F/km$；架空线的分布电容约为$0.005\mu F/km$。

1. 正常运行触电危险性分析

在低压不接地电网中，单相触电时流过人

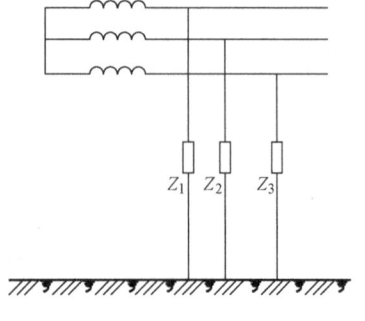

图7-6 不接地电网

体的电流通过电网各相对地绝缘阻抗形成回路如图 7-7 所示。

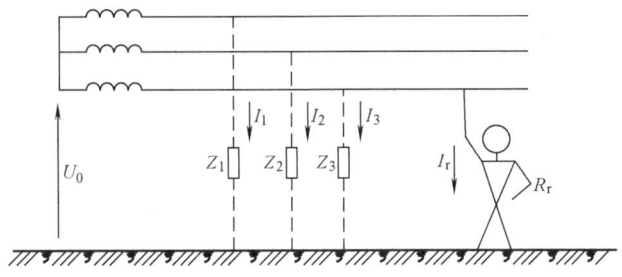

图 7-7 不接地电网人体单相触电

如各相对地绝缘阻抗对称,即 $Z_1 = Z_2 = Z_3 = Z$,可计算出人体承受的电压和流过人体的电流,根据对称性可知 $U_0 = 0$。图 7-8 为等效电路。等效电路中的电动势应为网络二端开路,即没有人触电时该相的对地电压,因为对称,该电压即为相电压。等效电路中的内阻抗为网络内电压源短路后的等效阻抗,即三相阻抗的并联 $Z/3$。根据等效电路,按下式求得人体承受的电压和流过人体的电流:

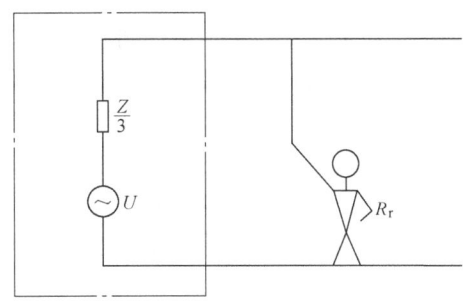

图 7-8 等效电路

$$U_r = \frac{R_r}{|R_r + Z/3|}U = \frac{3R_r}{|3R_r + Z|}U \tag{7-9}$$

$$I_r = \frac{U}{|R_r + Z/3|} = \frac{3}{|3R_r + Z|}U \tag{7-10}$$

式中　U——相电压;

　U_r、I_r——人体电压和人体电流;

　R_r——人体电阻;

　Z——各相对地的绝缘(复数)阻抗。

由于绝缘阻抗 Z 一般为兆欧级,所以 I_r 很小,不超过数十毫安。因此,不接地电网正常运行时,人体单相触电危险性较小。

2. 电网故障运行时触电危险性分析

不接地电网在正常运行的情况下,中性点的对地电压近似为零。然而,当电网有一相接地时,中性点的对地电压将发生变化。如图 7-9 所示,设电网的相电压为 U、各相对地绝缘阻抗为 Z、电网 L_3 相接地、接地电阻 R_d,则接地电流为:

$$I_d = \frac{3U}{|3R_d + Z|} \qquad (7\text{-}11)$$

接地相对地电压为：

$$U_3 = \frac{3UR_d}{|3R_d + Z|} \qquad (7\text{-}12)$$

中性点对地电压为：

$$U_0 = U - U_3 = \left|\frac{Z}{3R_d + Z}\right|U \qquad (7\text{-}13)$$

一般，接地电阻为几十至几百欧姆，即 $R_d \leqslant Z$，这样，当不接地电网发生一相接地故障时，接地相的对地电压很小；而中性点的对地电压将接近电源的相电压，同时，未接地相的电压由于 U_0 很小，未接地的两相的对地电压将上升至线电压。

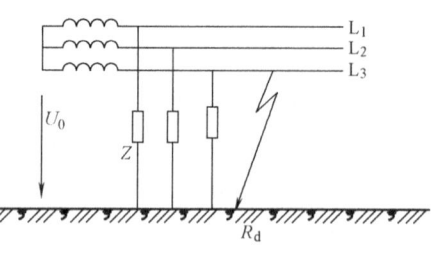

图 7-9　不接地电网的一相故障接地

因此，当不接地电网发生一相故障接地时，人体如果在接地相触电（人体电阻为 R_r），则通过人体的电流为：

$$I_r = \frac{3U\dfrac{R_d R_r}{R_d + R_r}}{\left|3 \times \dfrac{R_d R_r}{R_d + R_r} + Z\right|} \times \frac{1}{R_r} \qquad (7\text{-}14)$$

因此，当不接地电网发生一相故障接地时，人体与未接地相接触时触电的危险性是比较大的。另外，不接地电网一相接地时，通常允许持续较长时间，此期间最为危险。

3. 不接地电网的应用

对于中性点不接地系统，就单相触电而言，绝缘良好时，人体接触单根相线时危险较小；当发生一相接地时，其他两相的对地电压可达 380V，从这个角度考虑，对于那些触电危险性较大、过电压问题不突出以及线路简明的场合，如果电网对地分布电容不大且能保证高水平的对地绝缘，则宜采用不接地电网。当然，电网运行方式的选择还决定于一些其他因素。低压不接地电网一般用于采矿和石油化工等部门。

在不接地电网中，为了减少一相故障接地的危险性，应对电网对地绝缘状态进行监视，并尽早找出故障点，排除故障。此外，在不接地电网中，还要考虑对高压窜入低压的防护。

低压电网的绝缘监视，采用三只相同的电压表按图 7-10 所示接线。电网对地绝缘正常时，各电压表读数均为相电压；当发生一相接地时，该相电压表读数急剧降低，另两相则显著升高。即使系统没有接地，而是某相对地绝缘显著恶化时，三只电压表也会给出不同的读数，引起工作人员的注意。

高压电网绝缘监视接线如图 7-11 所示。监视仪表通过电压互感器同相线连接。互感器有两组低压线圈，一相接成星形，供绝缘监视的电压表用；一相接成开口三角形，开口处接信号继电器。正常时，三相平衡，三只电压表读数相同，三角形开口处电压为零，信号继电器不动作；当一根接地或一、二线绝缘明显恶化时，三只电压表出现不同读数，同时三角形开口处出现电压，信号继电器动作，发出信号。

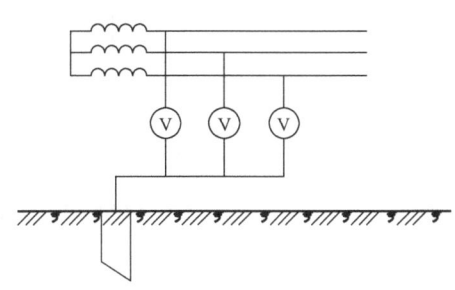

图 7-10　低压电网的绝缘监视

当高压电因导线折断或绝缘损坏而窜入低压系统时，整个低压系统的对地电压升高到高压系统的对地电压，而且这种故障可能在较长时间内存在。为了减轻高压窜入低压的危险，在不接地低压电网中，把低压电网的中性点经击穿熔断器进行接地，并接上 2 只电压表对击穿熔断器进行监视，如图 7-12 所示。正常情况下，击穿熔断器处在绝缘状态，系统不接地时，2 只电压表读数各为相电压的一半。当高压窜入低压时，击穿熔断器中的空气隙被击穿，故障电流经接地装置流入大地，这个电流即高

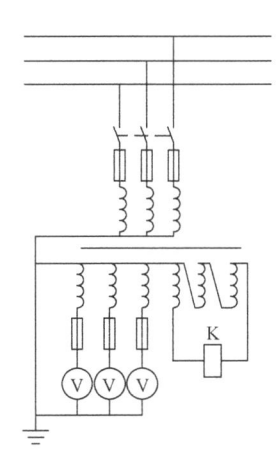

图 7-11　高压电网的绝缘监视

压系统的接地短路电流，它将使高压系统过电流保护装置动作，切断故障。同时，电压表 V_1 读数降至零，电压表 V_2 读数上升至相电压，使系统的运行状况得到监视。为了不降低系统运行的可靠性，电压表应当采用高内阻式。

7.2.3　接地电网的安全性分析

图 7-13 为三相四线制接地电网。这种电网可以提供两种工作电压——线电压和相电压，不仅能给三相动力负载供电，还能给照明负载供电。R_0 为变压器中性点工作接地电阻，$R_0 \leqslant 4\Omega$，变压器中性点通过工作接地电阻与大地连接，因此减轻了电网一相接地和高压窜入低压的危险。

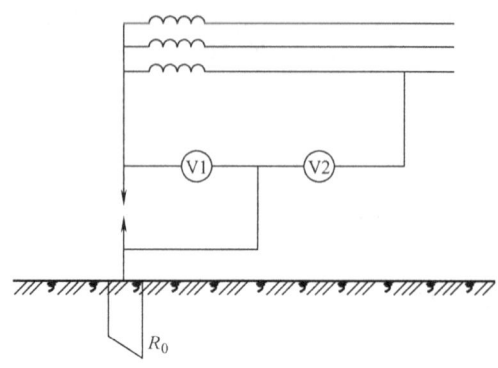

图 7-12　高压窜低压防护及监视

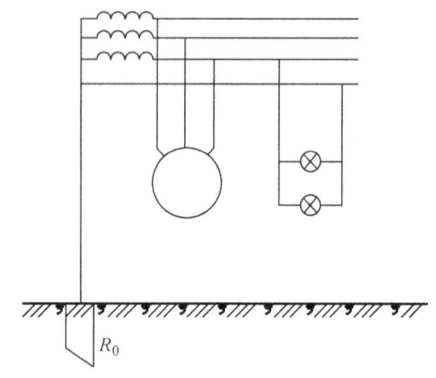

图 7-13　接地电网

1. 电网正常运行触电危险性分析

在接地电网中,如有人单相触电(见图 7-14),通过人体的电流 I_r 决定于人体电阻 R_r、地面电阻 R_d 和工作接地电阻 R_0,即:

$$I_r = \frac{U}{R_r + R_d + R_0} \quad (7-15)$$

如果人站立在潮湿的或者导电性的地面上,即 $R_d = 0$,且 $R_0 \ll R_r$,则:

$$I_r = \frac{U}{R_r} \quad (7-16)$$

这时,人体实际处于全部相电压之下,是非常危险的。

然而,当有高压窜入低压,或有感应过电压、谐振过电压发生时,电网的工作接地能稳定系统的电位,限制系统对地电压不超过某一范围,减轻过电压的危险。如图 7-15 所示,当高压窜入低压时,低压零线对地电压为:

$$U_0 = I_{gd} R_0 \quad (7-17)$$

式中 I_{gd}——高压系统单相接地电流。

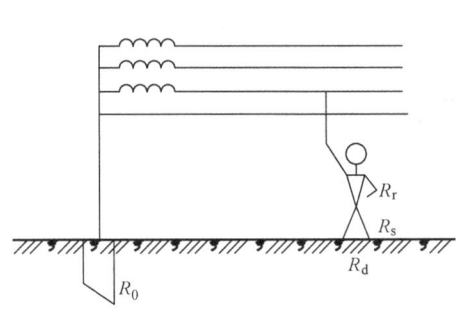
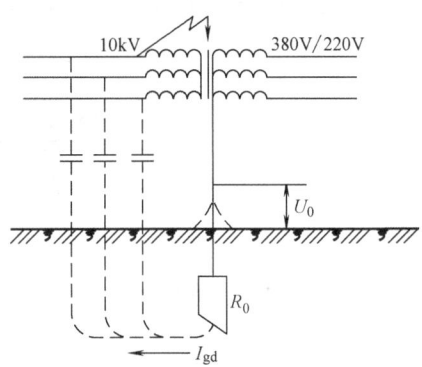

图 7-14 接地电网中单相触电　　图 7-15 中性点接地时高压窜入低压

在这种情况下，规定此 $U_0 = 120V$，要求工作接地电阻为 $R_0 \leq \dfrac{120}{I_{gd}}$。

对于不接地的高压电网，单相接地电流通常不超过 30A，$R_0 \leq 4\Omega$ 是能满足要求的。

同时，由于有工作接地电阻的存在，接地电网容易受到外系统的干扰和影响。当不同电网的工作接地相距很近时，某一电网中性点电位的漂移将会对周围接地体产生影响，因而引起与这些接地体相连的其他电网中性点电位的漂移。另外，地下的杂散电流也会对接地电网产生干扰或影响。

2. 电网故障运行触电危险性分析

如图 7-16 所示，当接地电网一相接地时，另两相对地电压不会升高至线电压。这时，接地电流 I_d 取决于相线接地处电阻 R_{dx} 和电网工作接地电阻 R_0，即：

$$I_d = \frac{U}{R_0 + R_{dx}} \tag{7-18}$$

接地点（即接地相）和中性点的对地电压分别为：

$$U_{dx} = I_d R_{dx} = \frac{R_{dx}}{R_0 + R_{dx}} U \tag{7-19}$$

减小 R_0，可以限制 U_0 在某一范围之内。这时，未接地的另两相对地电压为：

$$U_s = \sqrt{U_0^2 + U^2 - 2U_0 U \cos 120°} = \sqrt{U_0^2 + U^2 + U_0 U} \tag{7-20}$$

这个电压介于相电压和线电压之间。所以，与不接地电网相比，接地电网在发生一相接地故障时，工作接地电阻能够抑制对地电压的升高。通常规定 $R_0 \leq 4\Omega$，则当 $R_{dx} \geq 15\Omega$ 时，可保证 $U_s < 250V$、$U_0 < 50V$。在高土壤电阻率地

区，降低中性点工作接地电阻比较困难，但相线故障接地处的电阻往往也较大，因此，允许把 R_0 提高到不超过 10Ω。

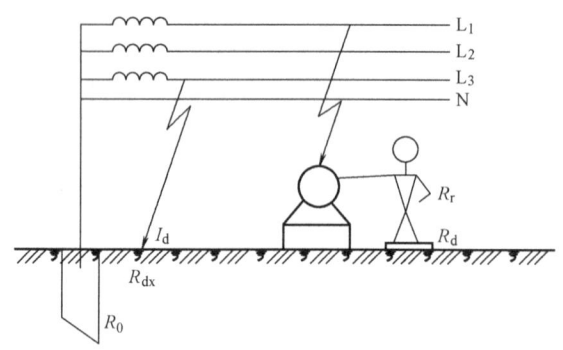

图 7-16 接地电网一相接地

380V/220V 三相四线制接地电网发生一相接地故障时，接地相和零线的对地电压均小于相电压，未接地相的对地电压可控制在 250V 以下。因此，接地电网在一相接地时触电的危险性较不接地电网小。

3. 接地电网的应用

接地电网在正常时不如不接地电网安全。绝缘损坏时，触电电压略高于 220V，而且熔断器可能不起作用。

就技术要求而言，由于接地电网可提供两种工作电压——线电压和相电压，因而得到了广泛的应用。这时，由于所采用的变压器数量少、导线截面积小等原因，使电气设备的总价格大大降低。就单相触电而言，正常运行时，是中性点不接地电网较安全；而一相故障接地时，则是中性点接地电网较安全。因此，从安全角度考虑，对于那些难以保证线路对地绝缘强度（如环境相对湿度大、周围有腐蚀性介质、线路过长或分支线过多等）的场合，以及对于那些不能及时发现和排除绝缘故障状态的场合和对地电容较大、电容电流足以危及人身安全的场合，均应采用中性点接地电网。例如，大型企业的电网、城市和农村的电网、电站用电电网等都应采用接地电网。另外，在电网分支线较多的场合，如机械加工车间，也应采用接地电网。

7.3 保护接地

7.3.1 接地装置

接地装置由埋入地下的金属接地体（钢管、扁钢等）和连接用的接地线组成。

1. 接地电流和接地电阻

经接地点流入地下的电流称为接地电流。接地电流是经接地体向土壤流散的。电流在土壤中的分布如图 7-17 所示。

电流自接地体向大地流散的过程中所遇到的全部电阻叫做接地体的流散电阻。接地电阻是接地体的流散电阻与接地线的电阻之和。接地线的电阻一般很小,可以忽略不计。因此,可以认为流散电阻就是接地电阻。

2. 对地电压曲线

电流通过接地体向大地作半球形流散。因为球面积与半径的平方成正比,所以半球形的面积随着远离接地体而迅速增大,与半球形面积对应的土壤电阻随着远

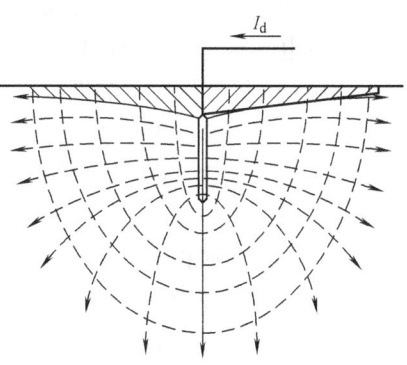

图 7-17 接地电流流散图

离接地体而迅速减小,至离开接地体 20m 处,半球形面积已达 $2500m^2$,土壤电阻已小到可以忽略不计。可以认为,在离接地体 20m 以外,电流不再产生电压降了,电压已降为零。

用曲线来表示接地体及其周围各点的对地电压,即对地电压曲线。显然,随着离开接地体,土壤电阻逐渐减缓,曲线的陡度逐渐减小,如图 7-18 所示。当设备漏电,电流 I_d 自接地体向大地流散时,对地电压曲线呈双曲线形状,至离开接地体 20m 处,对地电压接近于零。计算接触电压时,人所站立的位

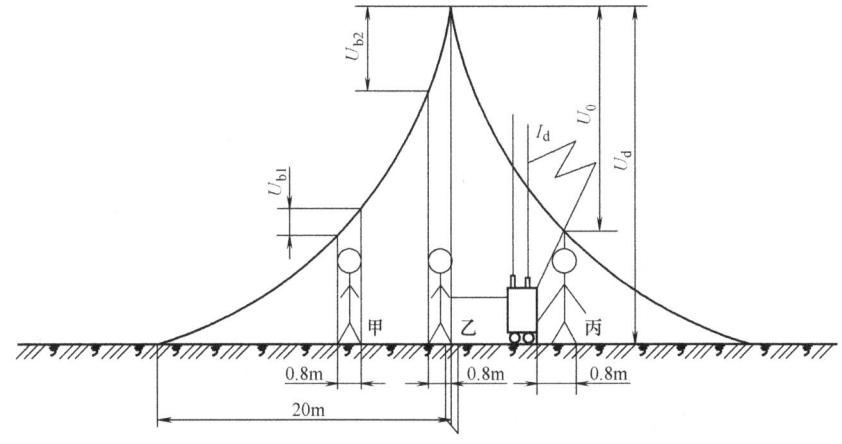

图 7-18 接触电压和跨步电压示意图

置按人体离开设备0.8m考虑。图中，乙紧靠接地体位置，承受的跨步电压最大；甲离开了接地体，承受的跨步电压要小一些。

接地装置可利用直接埋在地中或水中的自然接地体。如：地下金属管道（不包括可燃或可爆炸物质的管道）；金属井管、与大地有可靠连接的建筑物的金属结构；水工构筑物及其类似的构筑物的金属管、桩。

交流电气设备的接地线还可利用以下接地体接地：建筑物的金属结构（梁、柱等）及设计规定的混凝土结构内部的钢筋。生产用的起重机的轨道、走廊、平台、电梯竖井、起重机与升降机的构架、运输皮带的钢梁和电除尘器的构架等金属结构；配线的钢管。

不得利用蛇皮管、管道保温层的金属外皮或金属网、低压照明网络的导线铅皮以及电缆金属护层作接地线。

接地体顶面埋设深度应符合设计规定。当无规定时，不宜小于0.6m。角钢、钢管、铜棒、铜管等接地体应垂直配置。除接地体外，接地体引出线的垂直部分和接地装置连接（焊接）部位外侧100mm范围内应做防腐处理；在做防腐处理前，表面必须除锈并去掉焊接处残留的焊药。接地线应采取防止发生机械损伤和化学腐蚀的措施。在与公路、铁路或管道等交叉及其他可能使接地线遭受损伤处，均应用管子或角钢等加以保护。接地线在穿过墙壁、楼板和地坪处，应加装钢管或其他坚固的保护套，有化学腐蚀的部位还应采取防腐措施。热镀锌钢材焊接时将破坏热镀锌防腐，应在焊痕周围100mm内做防腐处理。

接地干线应在不同的两点及以上与接地网相连接。每个电气装置的接地应以单独的接地线与接地汇流排或接地干线相连接，严禁在一个接地线中串接几个需要接地的电气装置。重要设备和设备构架应有2根与主地网不同地点连接的接地引下线，且每根接地引下线均应符合热稳定及机械强度的要求。连接引线应便于定期进行检查测试。

接地体（线）的连接应采用焊接，焊接必须牢固无虚焊。接至电气设备上的接地线，应用镀锌螺栓连接；有色金属接地线不能采用焊接时，可用螺栓连接、压接、热焊剂（放热焊接）连接。接地装置的所有连接必须可靠。

7.3.2 保护接地原理

在中性点不接地系统中，将一切正常情况下不带电而在绝缘损坏时可能带电的金属部分（例如各种电气设备的金属外壳，配电装置的金属构架等）接地以保证工作人员触及时的安全称之为保护接地。

保护接地用来防护由下列原因造成的触电事故：

（1）在电气设备绝缘损坏之后触及到设备的金属结构和外壳。

（2）在电气绝缘损坏之处，或在载流部分发生接地故障处附近，人的两脚受到的"跨步电压"的危害。

如图 7-19 所示，在不接地的低压系统中，当一相碰壳时，接地电流 I_d 通过人体和电网对地绝缘阻抗形成回路。如各相对地绝缘阻抗相等，漏电设备对地电压为：

$$U_d = \frac{3UR_r}{|3R_r + Z|} \tag{7-21}$$

式中　U——电网相电压；

R_r——人体电阻；

Z——电网每相对地绝缘阻抗。

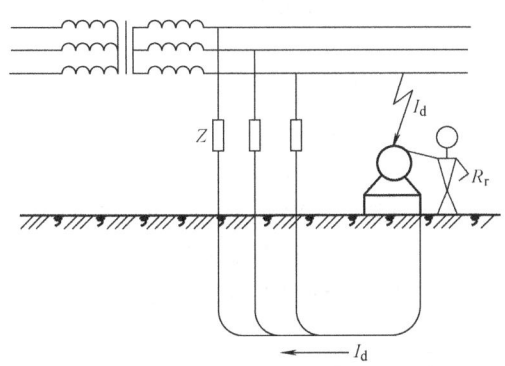

图 7-19　不接地的危险性示意图

电网对地绝缘阻抗 Z 由电网对地分布电容和对地绝缘电阻组成，并可看成是两者的并联。一般情况下，绝缘电阻大于分布电容的容抗，如果把绝缘电阻看成是无限大，则对地电压为：

$$U_d = \frac{3UR_r}{|3R_r - jX_c|} = \frac{3UR_r}{\sqrt{9R_r^2 + \frac{1}{\omega^2 C^2}}} \tag{7-22}$$

式中　C——每相对地分布电容；

X_c——每相对地容抗，$X_c = \frac{1}{\omega C}$；

ω——电源角频率，$\omega = 2\pi f$。

当电网对地绝缘正常时，漏电时设备对地电压很低；但当电网绝缘性能显著下降，或电网分布很广时，对地电压可能上升到危险程度。当采用如图 7-20 所示的保护接地后，漏电设备对地电压主要取决于保护接地电阻 R_b 的大小。由于 R_b 和 R_r 并联，可以近似地认为对地电压为：

$$U_d = \frac{3UR_b}{|3R_b + Z|} \qquad (7\text{-}23)$$

又因为 $R_b \ll |Z|$，所以设备对地电压大大降低。只要适当控制 R_b 的大小，即可以限制漏电设备对地电压在安全范围以内。

例如，对于长度数公里的 380V 电缆电网，如果人体电阻为 1500Ω，当发生漏电且人体触及设备时，人体承受的电压约为 98V，通过人体的电流约为 65mA，这对人是很危险的。这种情况下，如果加上保护接地，且接地电阻 $R_b = 4Ω$，则人体承受的电压降低为 0.3V，通过人体的电流约为 0.2mA。

在不接地（对地绝缘）电网中，单相接地电流的大小主要取决于电网的特征，如电压的高低、范围的大小、敷设的方式

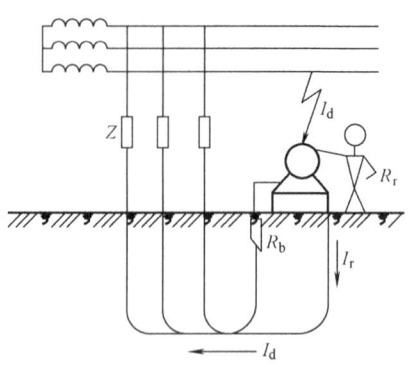

图 7-20　保护接地原理图

等。一般情况下，由线路对地分布电容决定的电抗都比较大，而绝缘电阻还要大得多，数以兆欧姆计，计算时可看做是无限大，因此，单相接地电流一般都很小，这就有可能采用保护接地把漏电设备对地电压限制在安全电压以下。

7.3.3　保护接地的应用范围

保护接地适用于各种不接地电网，在这类电网中，凡由于绝缘破坏或其他原因而可能呈现危险对地电压的金属部分，除另有规定外，均应接地，把设备上的故障电压限制在安全范围内。主要包括：

（1）电动机、变压器、电器、携带式或移动式用电器具等的金属底座和外壳。

（2）电气设备的传动装置。

（3）屋内外配电装置的金属或钢筋混凝土构架以及靠近带电部分的金属遮栏和金属门。

（4）配电、控制、保护用的屏（柜、箱）及操作台等的金属框架和底座。

（5）交、直流电力电缆的金属接头盒、终端头和膨胀器的金属外壳和可触及的电缆金属护层和穿线的钢管。穿线的钢管之间或钢管和电气设备之间有金属软管过渡的，应保证金属软管段接地畅通。

（6）电缆桥架、支架和井架。

（7）装有避雷线的电力线路杆塔。

（8）装在配电线路杆上的电力设备。

(9) 在非沥青地面的居民区内，不接地、消弧线圈接地和高电阻接地系统中无避雷线的架空电力线路的金属杆塔和钢筋混凝土杆塔。

(10) 承载电气设备的构架和金属外壳。

(11) 发电机中性点柜外壳、发电机出线柜、封闭母线的外壳及其他裸露的金属部分。

(12) 气体绝缘全封闭组合电器（GIS）的外壳接地端子和箱式变电站的金属箱体。

(13) 电热设备的金属外壳。

(14) 铠装控制电缆的金属护层。

(15) 互感器的二次绕组。

7.4 保护接零

7.4.1 保护接零的原理和应用范围

在中性点直接接地的系统中，如果用电设备上不采取任何安全措施，则设备漏电时，触及设备的人体将承受 220V 的相电压，显然是很危险的。但是在这样的配电系统中，单纯采取保护接地是不能保证人员安全的。如图 7-21 所示，如果电动机仅有保护接地装置，当某相发生碰壳短路时，人体处在与保护接地装置并联的状态，其简化电路如图 7-22 所示。图中，U 为电网相电压，R_d、R_0 和 R_r 分别为保护接地装置的接地电阻、变压器中性点接地电阻和人体电阻。这时，人体承受的电压为：

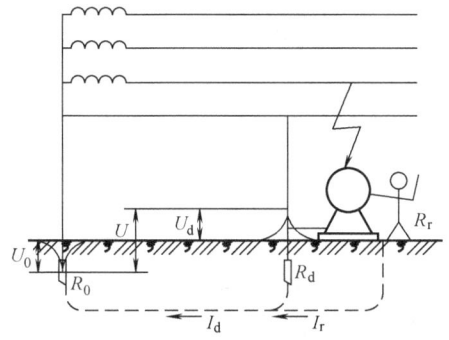
图 7-21 接地电网采用保护接地的危险

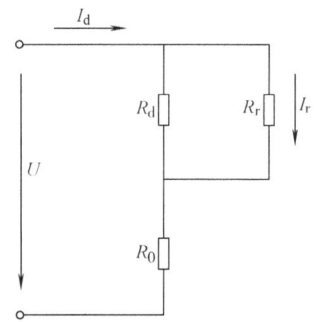
图 7-22 采取保护接地的简化电路图

$$U_r = \frac{R_d R_r}{R_0 R_d + R_0 R_r + R_d R_r} U \tag{7-24}$$

在一般情况下，上式可简化为：

$$U_r \approx \frac{R_d}{R_0 + R_d} U \tag{7-25}$$

通常低压配电系统的相电压为220V，而 R_0 和 R_d 一般不超过4Ω，如果都按4Ω考虑，可以得到：$U_r \approx 110V$。这个电压对人体仍然是很危险的。这就是说，在接地系统中，单纯采取保护接地虽然比不采取任何安全措施时要好些，但并没有彻底解决人员安全问题。

为此，我们采取保护接零的措施以保证人员安全。保护接零的原理如图7-23所示，当某相带电部分碰连设备外壳时，通过设备外壳形成该相线对零线的单相短路，短路电流 I_d 能促使线路上的保护装置（如熔断器 FU）迅速动作，从而使故障部分断开电源，消除触电危险。

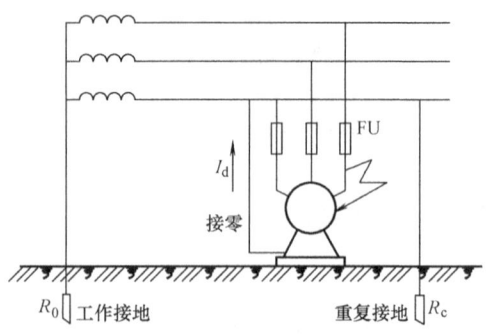

图7-23 保护接零原理

保护接零适用于低压中性点直接接地、电压 380V/220V 的三相四线制电网。在这种电网中，凡由于绝缘破坏或其他原因可能呈现危险电压的金属部分，除另有规定外，均应接零。应接零的设备或部位与本章保护接地所列的项目大致相同。

特别应当注意，由同一台变压器供电的采取保护接零的系统中，所有电气设备都必须同零线连接起来，构成一个零线网。如果有个别设备离开零线网，而且采取保护接地措施，则情况是相当严重的。

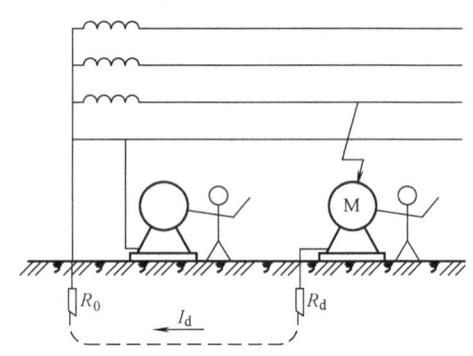

图7-24 接地和接零混用的危险

如图7-24所示，M设备采取了接地措施，而未接零。当M设备发生碰壳时，电流通过 R_d 和 R_0 成回路，电流不会太大，线路可能不能断开，故障长时间存在。这时，除了接触该设备的人有触电危险外，由于零线对地电压升高到下式：

$$U_0 = \frac{R_0}{R_d + R_0} U \tag{7-26}$$

所有与接零设备接触的人都有触电危险。因此，除非另外采取了切实可靠的安全措施，否则这种情况是不允许的。

如果再把 M 设备的外壳同电网的零线连接起来，则 R_d 成为零线上的重复接地，对安全是有利的。

在同一车间内，如果电气设备分别由运行方式不同的两台变压器供电，则可根据具体情况，在各系统的电气设备上分别采取接零保护或接地保护，且接地装置可以共用。

7.4.2 重复接地

将零线上一处或多处通过接地装置与大地再次连接，称为重复接地。图 7-23 中的 R_c 即重复接地。重复接地在降低漏电设备对地电压、减轻零线断线的危险性、缩短故障时间、改善防雷性能等方面起着重要作用。

1. 降低漏电设备对地电压

图 7-25 是没有装设重复接地的保护接零系统，当发生碰壳短路时，线路保护装置将迅速动作，切断电源。但从发生碰壳短路起，到保护装置动作完毕止的短时间内，设备外壳是带电的，其对地电压即短路电流在零线部分产生的电压降为：

$$U_d = U_1 = I_{dl} Z_1 = \frac{Z_1}{Z_x + Z_1} U \tag{7-27}$$

式中　I_{dl}——单相短路电流；

　　　Z_1——零线阻抗；

　　　Z_x——相线阻抗；

　　　U——电网相电压。

零线阻抗越大，设备对地电压越高。一般情况下，这个电压对人是危险的。

应当指出，企图用降低零线阻抗的办法来获得设备上的安全电压是不现实的。例如，如果要求设备对地电压 $U_d = 50V$，则在 380V/220V 系统中，零线阻抗必须小于相线阻抗的 30%，或者说零线导电能力必须大于相线导电能力的 3.4 倍。这当然是很不经济的，也是不现实的。

一般情况下，零线导电能力不应低于相线导电能力的 50%，即相当于零线阻抗不应高于相线阻抗的 2 倍。这时，如果发生碰壳短路，设备对地电压

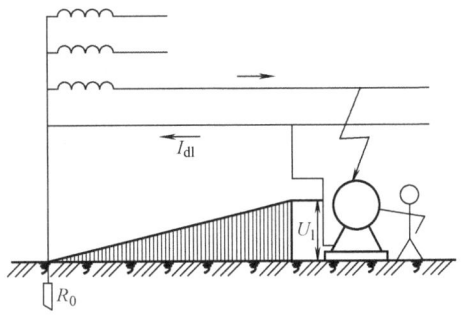

图 7-25　无重复接地的保护接零

约为：

$$U_d = \frac{Z_1}{Z_x + Z_1}U = \frac{2Z_1}{Z_x + 2Z_x}U = \frac{2}{3} \times 220\text{V} \approx 147\text{V}$$

由此可见，单纯接零还是有触电危险的。

在上述情况下，如像图 7-26 那样再加上重复接地，则设备对地电压可以降低，触电危险可以减轻。图中 R_c 是重复接地装置的接地电阻。这时，由于有了 R_c，零线对地电压重复分布。接零设备的对地电压即接地电流 I_d 通过接地电阻 R_c 的电压降为：

$$U_d = U_c = I_d R_c = \frac{R_c}{R_c + R_0}U_1 \tag{7-28}$$

显然，这时设备对地电压只占零线电压降的一部分。假定零线电压仍然为 147V（实际上，由于有了 R_c 和 R_0 与零线并联，零线电压还应该低一些），并假定 $R_c = 10\Omega$、$R_0 = 4\Omega$，可求得设备对地电压：

$$U_d = \frac{10}{10 + 4} \times 147\text{V} = 105\text{V}$$

这个电压虽然对人还是危险，但危险性相对减小了。

2. 减轻零线断线的危险性

图 7-27 表示没有重复接地的接零系统。如图所示，当零线断裂，断线处后面某一设备碰壳时，事故电流通过触及设备的人体和工作接地构成回路。因为人体电阻比工作接地电阻 R_0 大得多，所以，在断线处以后的部分，人体几乎承受全部相电压。

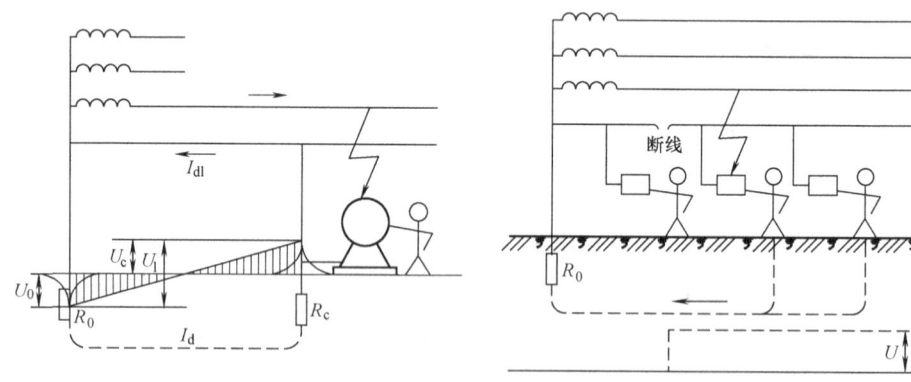

图 7-26　有重复接地的保护接零　　图 7-27　无重复接地时零线断线

如图 7-28 那样，在零线上有重复接地，情况就不一样了。这时，碰壳电流主要通过重复接地电阻 R_c 和工作接地电阻 R_0 构成回路。在断线处以后的部分，接零设备对地电压为 $U_c = I_d R_c$，在断线处以前的部分，接零设备对地电压

为 $U_0 = I_d R_0$，U_c 与 U_0 之和为电网相电压。因为 U_c 和 U_0 都小于相电压，所以危险程度减轻了一些。

在保护接零系统中，当零线断线时，即使没有设备发生碰壳短路，而是出现三相负荷不平衡，零线上也可能出现危险的对地电压。在这种情况下，重复接地也有减轻或消除危险的作用。如图 7-29 所示，在两相停止用电，一相保持用电的情况下，电流将通过该相负荷、人体和工作接地形成回路。因为人体电阻较大，所以大部分电压降在人体上，触电危险性很大。如果零线上或设备上有了重复接地（见图 7-30），则人体承受的电压（设备对地电压）即为重复接地电阻 R_c 上

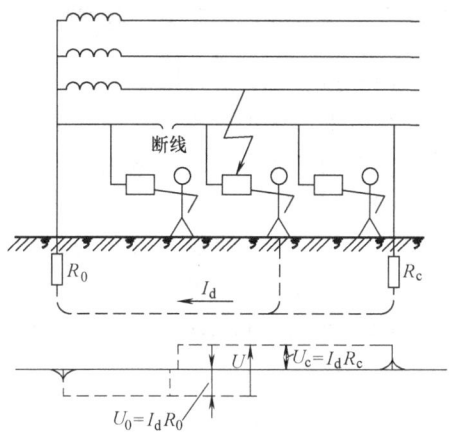

图 7-28　零线上有重复接地

的电压降。一般来说，R_c 与负荷电阻和工作接地电阻相比不会太大，其上电压降也只占电网相电压的一部分，从而减轻或消除触电的危险。

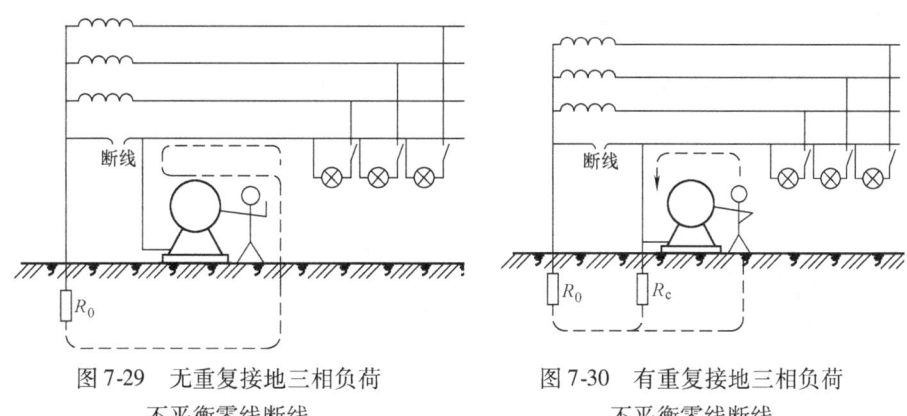

图 7-29　无重复接地三相负荷　　　　图 7-30　有重复接地三相负荷
　　　不平衡零线断线　　　　　　　　　　不平衡零线断线

3. 缩短故障持续时间

因为重复接地和工作接地构成零线的并联分支，所以当发生短路时，能增加短路电流，加速线路保护装置的动作，缩短事故持续时间。线路越长，效果越显著。

4. 改善防雷性能

架空线路零线上的重复接地，对雷电流有分流作用，有利于限制雷电过电压，改善防雷性能。

重复接地可以从零线上直接接地,也可以从接零设备外壳接地。户外架空线路宜采取集中重复接地。车间内部宜采取环形重复接地。

7.4.3 保护接地与保护接零的区别

(1) 保护原理不同。保护接地是限制设备漏电后的对地电压,使之不超过安全范围;保护接零是借助零线路使设备形成短路,促使线路上的保护装置动作,以切断故障设备的电源。

(2) 适用范围不同。保护接地既适用于一般不接地的高压电网,也适用于采取了其他安全措施(如装设漏电保护器)的低压电网;保护接零只适用于中性点直接接地的低压电网。

(3) 线路结构不同。如果采取保护接地措施,电网中可以无工作零线,只设保护接地线;如果采取保护接零措施,则必须设工作零线,利用工作零线作接零保护。保护零线不应接开关、熔断器,当在工作零线上装设熔断器等时,还必须另装保护接地线或接零线。

7.5 双重绝缘和加强绝缘

7.5.1 双重绝缘和加强绝缘的结构

典型的双重绝缘和加强绝缘的结构如图 7-31 所示。现将各种绝缘的意义介绍如下:

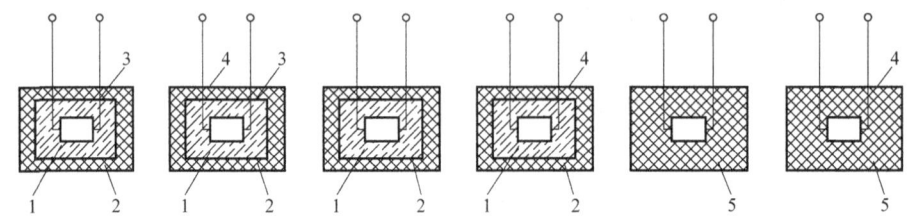

图 7-31 双重绝缘和加强绝缘
1—工作绝缘 2—保护绝缘 3—不可触及的金属件 4—可触及的金属件 5—加强绝缘

工作绝缘,又称基本绝缘或功能绝缘,是保证电气设备正常工作和防止触电的基本绝缘,位于带电体与不可触及金属件之间。

保护绝缘,又称附加绝缘,是在工作绝缘因机械破损或击穿等失效的情况下,可防止触电的独立绝缘,位于不可触及金属件与可触及金属件之间。

双重绝缘,是兼有工作绝缘和附加绝缘的绝缘。

加强绝缘,是基本绝缘经改进后,在绝缘强度和机械性能上具备了与双重绝缘同等防触电能力的单一绝缘，在构成上可以包含一层或多层绝缘材料。

具有双重绝缘和加强绝缘的设备属于Ⅱ类设备。按外壳特征分为以下三类Ⅱ类设备：

第一类，全部绝缘外壳的Ⅱ类设备。此类设备的外壳上除了铭牌、螺钉、铆钉等小金属外，其他金属件都在连续无间断的封闭绝缘外壳内，外壳成为加强绝缘的补充或全部。

第二类，全部金属外壳的Ⅱ类设备。此类设备有一个金属材料制成的无间断的封闭外壳。其外壳与带电体之间应尽量采用双重绝缘；无法采用双重绝缘的部件可采用加强绝缘。

第三类，兼有绝缘外壳和金属外壳两种特征的Ⅱ类设备。

7.5.2 双重绝缘和加强绝缘的安全条件

由于具有双重绝缘或加强绝缘，Ⅱ类设备无须再采取接地、接零等安全措施，因此，对双重绝缘和加强绝缘的设备可靠性要求较高。双重绝缘和加强绝缘的设备应满足以下安全条件。

1. 绝缘电阻和电气强度

绝缘电阻在直流电压为500V的条件下测试，工作绝缘的绝缘电阻不得低于2MΩ，保护绝缘的绝缘电阻不得低于5MΩ，加强绝缘的绝缘电阻不得低于7MΩ。

交流耐压试验的试验电压：工作绝缘为1250V，保护绝缘为2500V，加强绝缘为3750V。对于有可能产生谐振电压者，试验电压应比2倍谐振电压高出1000V。耐压持续时间为1min，试验中不得发生闪络或击穿。

直流泄漏电流试验的试验电压：对于额定电压不超过250V的Ⅱ类设备，应为其额定电压上限值或峰值的1.06倍；于施加电压5s后读数，泄漏电流允许值为0.25mA。

2. 外壳防护和机械强度

Ⅱ类设备应能保证在正常工作时以及在打开门盖和拆除可拆卸部件时，人体不会触及仅由工作绝缘与带电体隔离的金属部件。其外壳上不得有易于触及到上述金属部件的孔洞。

若利用绝缘外护物实现加强绝缘，则要求外护物必须用钥匙或工具才能开起，其上不得有金属件穿过，并有足够的绝缘水平和机械强度。

Ⅱ类设备应在明显位置标上作为Ⅱ类设备技术信息一部分的"回"字形标志。例如标在额定值标牌上。

3. 电源线连接

Ⅱ类设备的电源连接线应符合加强绝缘要求，电源插头上不得有起导电作用以外的金属件,电源连接线与外壳之间至少应有两层单独的绝缘层。

电源线的固定件应使用绝缘材料,如使用金属材料,应加以与保护绝缘同等级的绝缘。

对电源线截面积的要求见表 7-2。

表 7-2 电源连接线截面积

额定电流 I_N/A	电源线截面积/mm^2
$I_N \leqslant 10$	0.75①
$10 < I_N \leqslant 13.5$	1
$13.5 < I_N \leqslant 16$	1.5
$16 < I_N \leqslant 25$	2.5
$25 < I_N \leqslant 32$	4
$32 < I_N \leqslant 40$	6
$40 < I_N \leqslant 63$	10

①当额定电流在 3A 以下、长度在 2m 以下时,允许截面积为 0.5mm^2。

此外,电源连接线还应经受基于电源连接线拉力试验标准的拉力试验而不损坏。

一般场所使用的手持电动工具应优先选用Ⅱ类设备。在潮湿场所或金属构架上工作时,除选用安全电压的工具之外,也应尽量选用Ⅱ类工具。

7.5.3 不导电环境

利用不导电的材料制成地板、墙壁等,使人员所处的场所成为一个对地绝缘水平较高的环境,这种场所称为不导电环境或非导电场所。不导电环境应符合如下安全要求:

(1) 地板和墙壁对地的电阻:500V 及以下者不应小于 50kΩ;500V 以上者不应小于 100kΩ。

(2) 保持间距或设置设备屏障,使得在电气设备工作绝缘失效的情况下,人体也不可能同时触及到不同电位的导体。

(3) 为了维持不导电的特征,场所内不得设置保护零线或保护地线,并应有防止场所内高电位引出场所外和场所外低电位引入场所内的措施。

(4) 场所的不导电性能应具有永久性特征,不应因受潮或设备的变动等原因使安全水平降低。

7.6 剩余电流动作保护

剩余电流动作保护旧称漏电保护,是利用剩余电流动作保护装置来防止电气事故的一种安全技术措施。剩余电流动作保护装置简称 RCD（Residual Current Operated Protective Device）。所谓"剩余电流（residual current）"，是指流过剩余电流动作保护装置主回路电流瞬时值的矢量和（用有效值表示）。剩余电流动作保护装置是一种低压安全保护电器，主要用于防止人身被电击，防止因接地故障引起的火灾。

剩余电流动作保护装置的主要功能是提供间接接触电击保护，而额定漏电动作电流不大于 30mA 的剩余电流动作保护装置，在其他保护措施失效时，也可作为直接接触电击的补充保护，但不能作为基本的保护措施。

实践证明，剩余电流动作保护装置和其他电气安全技术措施配合使用，在防止电气事故方面有显著的作用。

7.6.1 剩余电流动作保护装置的工作原理

图 7-32 是一例三相四线制供电系统的剩余电流动作保护电气原理图。通过此图，对剩余电流动作保护装置的原理进行说明。图中 TA 为零序电流互感器；QF 为主开关；TL 为主开关 QF 的分励脱扣器线圈。

在被保护电路工作正常，没有发生漏电或触电的情况下，由基尔霍夫定律可知，通过 TA 一次电流的矢量和等于零。这使得 TA 铁心中磁通的矢量和也为零，TA 二次侧不产生感应电动势。剩余电流动作保护装置不动作，系统保持正常供电。

当被保护电路发生漏电或有人触电时，由于漏电电流的存在，通过 TA 一次侧各相负荷电

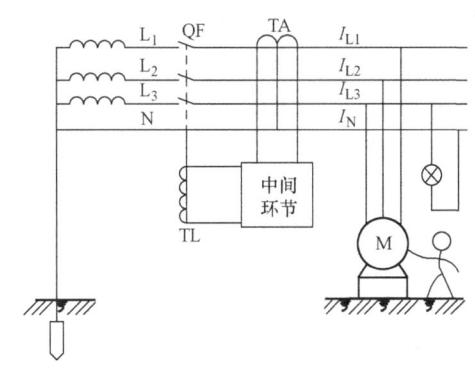

图 7-32 剩余电流动作保护装置的电气原理图

流的矢量和不再等于零，即产生了剩余电流。这就导致了 TA 铁心中磁通的矢量和也不再为零，即在铁心中出现了交变磁通。在此交变磁通作用下，TA 二次线圈就有感应电动势产生。此漏电信号经中间环节进行处理和比较，当达到预定值时，使主开关分励脱扣器线圈 TL 通电，驱动主开关 QF 自动跳闸，迅速切断被保护电路的供电电源，从而实现保护。

7.6.2 剩余电流保护装置

1. 电磁式剩余电流保护装置

电磁脱扣型剩余电流保护装置的原理如图 7-33 所示。这种保护以极化电

磁铁 YA 作为中间机构。这种电磁铁由于有永久磁铁而具有极性。在正常情况下，永久磁铁的吸力克服弹簧的拉力使衔铁保持在闭合位置。三相电源线穿过环形的零序电流互感器 TA，构成互感器的一次侧，与极化电磁铁连接的线圈构成互感器的二次侧。设备正常运行时，互感器一次三相电流与其铁心中产生的磁场互相抵消，互感器二次侧不产生感应电动势，电磁铁不动作。设备发生漏电时，出现零序电流，互感器二次侧产生感应电动势，电磁铁线圈中有电流通过，并产生交变磁通，这个磁通与永久磁铁的磁通叠加，产生去磁作用，使吸力减小，衔铁被反作用弹簧拉开，脱钩机构 Y 动作，断开电源。SB、R_x 构成检查支路，SB 是检查按钮，R_x 是限流电阻。

极化电磁铁的磁路是常闭磁路。与工作时有明显空气隙的开式磁路相比，这种磁路的磁阻小很多。因此，其驱动功率很小，灵敏度很高。同时，在磁路中增加一直流偏磁，可以调整铁心材料的工作点，使之在磁导率较高的部位工作，这也有利于提高电磁铁的灵敏度。

电磁式剩余电流保护装置也可以不采用机械脱扣的方式。这时，极化电磁铁的衔铁应带动电气触点，并通过中间继电器控制电源开关。其工作原理如图 7-34 所示。零序电流互感器 TA 的二次侧接向继电器的线圈。继电器的常开触点串联在中间继电器 KA_2 的线圈电路中。中间继电器的常闭触点串联在开关设备的脱扣线圈 YA 的电路中。设备漏电时，继电器动作，并通过中间继电器和开关设备断开电。

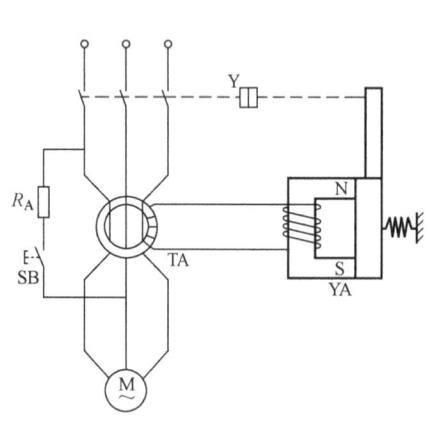

图 7-33 电磁脱扣型剩余电流保护装置的原理

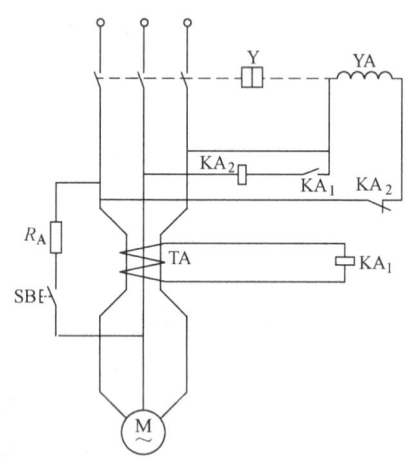

图 7-34 灵敏继电器型剩余电流保护装置工作原理

2. 电子式剩余电流保护装置

在检测元件与执行元件之间增设电子放大环节，即构成电子式剩余电流保护装置。图 7-35 为一种比较简单的电子式剩余电流保护装置的线路图。其电流互感器有 2 个线圈，L_1 是原线圈，2~4 匝；L_2 是二次线圈，约 200 匝；放大器由晶体三极管 V_1 和 V_2 等元件组成；晶体二极管 V_3 和 V_4 起过电压保护作用；继电器 J 是执行元件。这种剩余电流保护装置的动作电流可达到 20mA 以下。

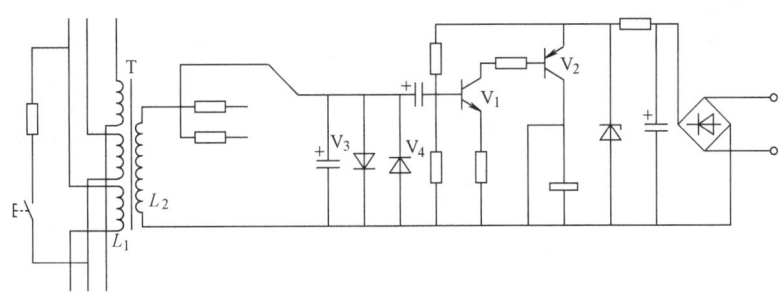

图 7-35　晶体放大型剩余电流保护装置线路图

电子式剩余电流保护装置的主要特点是：灵敏度很高，动作电流可以设计到 5mA；整定误差小，动作准确；容易取得动作延时，动作时间容易调节，便于实现分段保护。由于电子元件承受冲击能力较弱，放大器与零序电流互感器之间宜装设相电压保护环节；当主电路缺相时，电子式剩余电流保护装置可能因失去电源而丧失保护性能，为此，可以采用图 7-36 所示的三相整流的电子式剩余电流保护装置或其他专门形式的剩余电流保护装置。

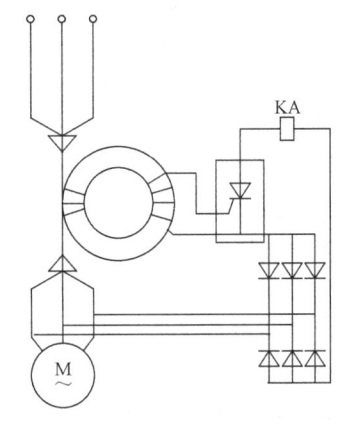

图 7-36　三相整流电子式漏电保护装置

7.6.3　剩余电流保护装置应用

1. 参数的选择

（1）额定剩余动作电流（$I_{\Delta n}$）。这是制造厂对剩余电流动作保护装置规定的剩余动作电流值，在该电流值时，剩余电流动作保护装置应在规定的条件下动作。该值反映了剩余电流动作保护装置的灵敏度。

我国标准规定的额定漏电动作电流值为 0.006A、0.01A、0.03A、0.05A、0.1A、0.3A、0.5A、1A、3A、5A、10A、20A 和 30A 共 13 个等级。其中，0.03A 及其以下者属高灵敏度，主要用于防止各种人身触电事故；0.03A 以上至 1A 者属中灵敏度，用于防止触电事故和漏电火灾；1A 以上者属低灵敏度，用于防止漏电火灾和监视一相接地事故。

（2）额定剩余不动作电流（$I_{\Delta no}$）。这是制造厂对剩余电流动作保护装置规定的剩余不动作电流值，在该电流值时，剩余电流动作保护装置应在规定的条件下不动作。为了防止误动作，剩余电流动作保护装置的额定剩余不动作电流不得低于额定剩余动作电流的 1/2。

（3）分断时间。这是指从突然施加剩余动作电流的瞬间起，到所有极电弧熄灭瞬间，即被保护电路完全被切断为止所经过的时间。剩余电流动作保护装置根据分断时间的不同，分为一般型和延时型两种。延时型剩余电流动作保护装置被人为地设置了延时，以适应分级保护的需要，主要用于分级保护的首端，仅适用于 $I_{\Delta n} > 0.03A$ 的间接接触电击防护。延时型剩余电流动作保护装置的延时时间优选值为 0.2s、0.4s、0.8s、1s、1.5s 和 2s。分级保护时，延时型剩余电流动作保护装置延时时间的级差为 0.2s。

（4）额定频率。额定频率的优先值应为 50Hz、60Hz。

（5）额定电压（U_n）为 230V 或 400V。

（6）额定电流值（I_n）为 6A、10A、16A、20A、25A、32A、40A、50A、63A、80A、100A、125A、160A、200A、250A、315A、400A、500A、630A、700A 和 800A。

2. 对直接接触电击事故的防护

在直接接触电击事故的防护中，剩余电流保护装置只作为直接接触电击事故基本防护措施的补充保护措施（不包括对相与相、相与 N 线间形成的直接接触电击事故的保护）。用于直接接触电击事故防护时，应选用一般型（无延时）的剩余电流保护装置。其额定剩余动作电流不超过 30mA。

3. 对间接接触电击事故的防护

间接接触电击事故防护的主要措施是采用自动切断电源的保护方式，以防止由于电气设备绝缘损坏发生接地故障时，电气设备的外露可接近导体持续带有危险电压而产生电击事故或电气设备损坏事故。当电路发生绝缘损坏造成接地故障，其故障电流值小于过电流保护装置的动作电流值时，应安装剩余电流保护装置。

当剩余电流保护装置用于间接接触电击事故防护时，应正确地与电网的系统接地形式相配合。

对 TN 系统，采用剩余电流保护装置的 TN-C 系统，应根据电击防护措施的具体情况，将电气设备外露可接近导体独立接地，形成局部 TT 系统。将 TN-C 系统改造为 TN-C-S、TN-S 系统或局部 TT 系统后，才可安装和使用剩余电流保护装置。在 TN-C-S 系统中，剩余电流保护装置只允许使用在 N 线与 PE

线分开部分。

TT系统的电气线路或电气设备必须装设剩余电流保护装置作为防电击事故的保护措施。

4. 对电气火灾的防护

为防止电气设备或线路因绝缘损坏形成接地故障引起的电气火灾，应装设当接地故障电流超过预定值时能发出报警信号或自动切断电源的剩余电流保护装置。为防止电气火灾发生而安装剩余电流动作电气火灾监控系统时，应对建筑物内防火区域做出合理的分布设计，确定适当的控制保护范围。为防止电气火灾发生而安装的剩余电流动作电气火灾监控系统，其剩余动作电流的预定值和预定动作时间应满足分级保护的动作特性相配合的要求。

5. 分级保护

低压供用电系统中为了缩小发生人身电击事故和接地故障切断电源时引起的停电范围，剩余电流保护装置应采用分级保护。根据用电负荷和线路具体情况的需要，分级保护方式的选择一般可分为两级或三级保护。各级剩余电流保护装置的动作电流值与动作时间应协调配合，实现具有动作选择性的分级保护。剩余电流保护装置的分级保护应以末端保护为基础。住宅和末端用电设备必须安装剩余电流保护装置。末端保护上一级保护的保护范围应根据负荷分布的具体情况确定。为防止配电线路发生接地故障导致人身电击事故，可根据线路的具体情况采用分级保护。配电线路电源端的剩余电流保护装置的动作特性应与线路末端保护协调配合。企事业单位的建筑物和住宅应采用分级保护，电源端的剩余电流保护装置应满足防接地故障引起电气火灾的要求。

7.6.4 剩余电流保护装置安装

剩余电流保护装置安装应符合有关标准的要求。安装应充分考虑供电方式、供电电压、系统接地形式及保护方式。剩余电流保护装置的形式、额定电压、额定电流、短路分断能力、额定剩余动作电流、分断时间应满足被保护线路和电气设备的要求，在不同的系统接地形式中应正确接线。采用不带过电流保护功能，且需辅助电源的剩余电流保护装置时，与其配合的过电流保护元件（熔断器）应安装在剩余电流保护装置的负荷侧。应当根据用电场所的特征和安全要求选用适当结构和适当灵敏度的剩余电流保护装置。在安装过程中应注意以下几点。

1. 零线上的重复接地

当前，广泛采用的三相四线制接地电网中，动力和照明是由同一台变压器供电的。三相负荷由三条相线供电；单相负荷由一条火线和一条零线供电。如图7-37所示。如果单相负荷，将会产生不平衡的零序电流。如果没有重复接地（即图中的 R_c），由于 $\dot{I}_1$、$\dot{I}_2$、$\dot{I}_3$ 和 $\dot{I}_0$ 都穿过零序电流互感器的铁心，且 $\dot{I}_1 + \dot{I}_2 + \dot{I}_3 + \dot{I}_0 = 0$，互感器二次侧不产生动作信号，保护装置不动作。如果有了重复接地，则另有一部分零序电流 $\dot{I}_\Delta$ 经 R_c 和 R_0 构成回路，以致 $\dot{I}_1 + \dot{I}_2 + \dot{I}_3 + \dot{I}_0 = \dot{I}_\Delta \neq 0$。这种情况虽然是正常的，而且 $\dot{I}_\Delta$ 也很可能很小，但是，$\dot{I}_\Delta$ 的出现足以引起保护装置误动作。因此，安装电源总的漏电保护时，中性线上不得装设重复接地。

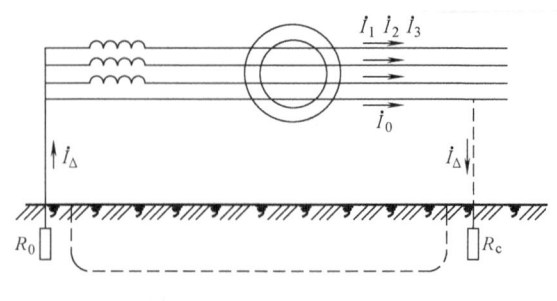

图 7-37　电流总保护图

2. 分支线的零线

分支线装设了剩余电流保护装置时，各分支线的零线应互相分开。因为当任一分支线有不平衡负荷时，不平衡电流不会全部沿该分支线零线返回，而是有部分不平衡电流沿其他分支线零线返回。如图 7-38 所示，由于 $\dot{I}_{11} + \dot{I}_{21} + \dot{I}_{31} = \dot{I}_{01} + \dot{I}_{02}$，以致两分支线上的剩余电流保护装置同时动作。

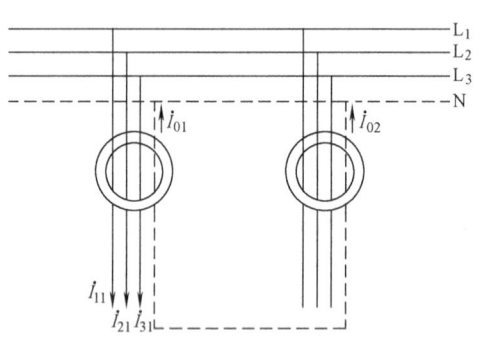

图 7-38　分支线部分的零线

单相设备的零线与三相设备的零线亦应分开。如图 7-39 所示，即使三相设备总是平衡的，由于单相设备从相线返回的电流分成 $\dot{I}_{01}$ 和 $\dot{I}_{02}$，使得 $\dot{I}_{21} + \dot{I}_{01} \neq 0$，以及 $\dot{I}_{12} + \dot{I}_{22} + \dot{I}_{32} + \dot{I}_{02} \neq 0$，两者都可能误动作。

3. 单相设备正确接线

以照明灯为例，在图 7-40 中，除 1、2 为正确接线外，3、4 的工作电流分别通过互感器 TA_1 和 TA_2，将造成它们的误动作；5 的工作电流既通过 TA_1，又通过 TA_2，将造成两者的误动作。

4. 并联变压器的工作接地

两台变压器并联运行，且装设中性点式剩余电流保护装置时，剩余电流保护装置必须装在公共的工作接地线上，使不平衡电流全部通过互感器，以免降

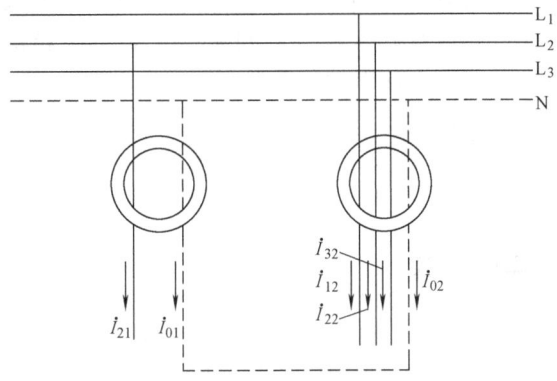

图 7-39 三相设备与单相设备的零线

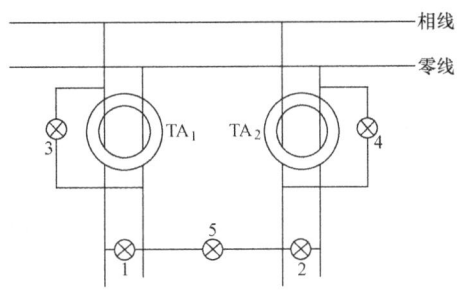

图 7-40 单相设备接线

低灵敏度甚至拒动作。

5. 必须安装剩余电流保护装置的设备和场所

（1）末端保护。具体如下：

1）属于 I 类的移动式电气设备及手持式电动工具。

2）生产用的电气设备。

3）施工工地的电气机械设备。

4）安装在户外的电气装置。

5）临时用电的电气设备。

6）机关、学校、宾馆、饭店、企事业单位和住宅等除壁挂式空调电源插座外的其他电源插座或插座回路。

7）游泳池、喷水池、浴池的电气设备。

8）安装在水中的供电线路和设备。

9）医院中可能直接接触人体的电气医用设备。

10）其他需要安装剩余电流保护装置的场所。

（2）线路保护。低压配电线路根据具体情况采用二级或三级保护时，在总电源端、分支线首端或线路末端（农村集中安装电能表箱、农业生产设备的电源配电箱）安装剩余电流保护装置。

7.7 电气隔离

7.7.1 电气隔离的原理

电气隔离是通过采用1:1即一、二次侧电压相等的隔离变压器来实现的，如图7-41所示。电气隔离的保护原理是在隔离变压器二次侧构成了一个不接地的电网，因而阻断了变压器二次侧工作的人员单项触电时电击电流的通路。

电气隔离的回路必须符合以下条件：

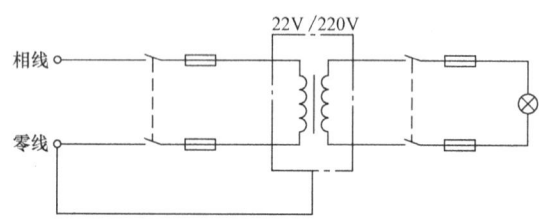

图7-41　电气隔离变压器接线图

1. 变电器一次、二次绕组间有加强绝缘

如图7-42所示，由于变压器的一次侧零线是接地的，如果变压器的一次、二次绕组之间有金属性连接，当有人在二次侧单相触电时就有可能通过一次、二次绕组的连接处，经一次侧的接地电阻构成回路。因此，电源变压器的一次、二次绕组不得有金属性连接，并应具有加强绝缘的结构。

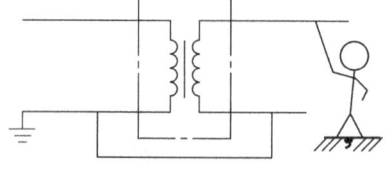

图7-42　隔离变压器一次、二次绕组连接的危险

2. 二次侧保持独立

为保证安全，隔离回路不得与其他回路及大地有任何连接。凡采用电气隔离作为安全措施的，还必须有防止二次回路故障接地和串联其他回路的措施。因为一旦二次侧发生接地故障，这种措施将完全失去安全作用。对于二次回路较长者，还应装设绝缘监测装置。

3. 二次侧线路要求

当二次侧线路电压过高或线路过长时，都会降低回路的对地绝缘水平，增大故障接地的危险。因此，必须限制电源电压和二次侧线路的长度。按照规定，电源电压 $U \leqslant 500\text{V}$，线路长度 $L \leqslant 200\text{m}$；或电压与线路长度的乘积 $UL \leqslant 10^5 \text{V} \cdot \text{m}$。

4. 等电位连接

图 7-43 中的虚线是等电位连接线。如果没有等电位连接线，当隔离回路中两台距离较近的设备发生不同相线的碰壳故障时，这两台设备外壳将带有不同的对地电压。如有人同时触及这两台设备，则接触电压为线电压，触电危险性极大。因此，如隔离回路带有多台用电设备（或器具），则各设备（或器具）的金属外壳应采取等电位连接措施。这时，所用插座应带有供等电位连接的专用插孔。

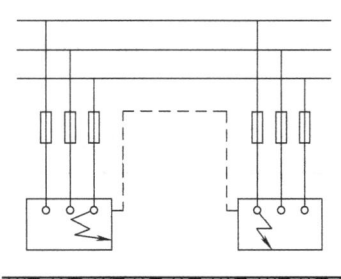

图 7-43 电气隔离措施的等电位连接

7.7.2 隔离变压器

隔离变压器指输入绕组与输出绕组彼此绝缘和隔离的小容量变压器。其中，二次侧供给安全电压的叫做安全隔离变压器。隔离变压器是实施安全电压、电气隔离等防护方式的基本元件。

1. 主要技术参数

单相隔离变压器的额定容量不应超过 $25\text{kV} \cdot \text{A}$，三相的不应超过 $40\text{kV} \cdot \text{A}$。

一般用途的单相安全隔离变压器的额定容量不应超过 $10\text{kV} \cdot \text{A}$，三相的不应超过 $16\text{kV} \cdot \text{A}$。电铃用变压器的额定容量不应超过 $100\text{V} \cdot \text{A}$。玩具用变压器的额定容量不应超过 $200\text{V} \cdot \text{A}$。

隔离变压器的空载输出电压：交流不应超过 1000V；脉动直流不应超过 $1000\sqrt{2}\text{V}$。

一般用途的安全隔离变压器的空载输出电压：交流不应超过 50V；脉动直流不应超过 $50\sqrt{2}\text{V}$。电铃用变压器的交流、脉动直流空载输出电压分别不应超过 24V 和 $24\sqrt{2}\text{V}$。玩具用变压器的交流、脉动直流空载输出电压分别不应超过 33V 和 $33\sqrt{2}\text{V}$。

负载时，变压器的输出电压不应降低太多。一般情况下，电压降低不应超过额定值的 5%~15%；对装有整流元件的变压器，允许多降低 5%；对安全隔离变压器，电压降低可以再大一些。

隔离变压器的发热应符合规定。当环境温度为 35℃，正常使用时的金属材料握持部分的升温不得超过 20℃，其他材料的温升不得超过 40℃；对于不被持续握持的外壳，分别不得超过 25℃ 和 50℃。接线端子的温升不得超过 35℃。内部及外部导线橡胶的温升不得超过 30℃，聚氯乙烯绝缘的不得超过 40℃ 等。

隔离变压器应按规定进行耐压试验。其各部绝缘电阻应满足表 7-3 的要求。

表 7-3　隔离变压器各部绝缘电阻要求

部　位	绝缘电阻/MΩ
带电部分与壳体之间的基本绝缘	2
带电部分与壳体之间的加强绝缘	7
输入回路与输出回路之间	5
输入回路与输入回路之间	2
输出回路与输出回路之间	2
Ⅱ类变压器的带电部分与金属物件之间	2
Ⅱ类变压器的金属物件与壳体之间	5
绝缘壳体上的内、外金属物件之间	2

2. 安全机构

为了防止触电，隔离变压器的外壳一般不应打开。其外壳结构应能防止偶然触及带电部分的可能性。变压器的输出绕组除有专门规定外，不得与壳体相连，以保持对地绝缘。触电防护部件应保持牢固，并有足够的机械强度。变压器的柄、操作杆、按钮等应由绝缘材料制成，或有附加绝缘加以覆盖。轴、柄、操作杆、按钮等均不应带电。输入绕组与输出绕组互相隔离；其结构应保证不出现金属性连接的可能性。隔离变压器应具有耐热、防潮、防水及抗震的结构。不应用易燃材料作为结构材料。

可移动式变压器应采用抗短路式变压器或保险式变压器。抗短路式变压器是当发生过载或短路时，温升不超过规定限值且过载或短路排除后，能恢复原有功能的变压器。保险式变压器非正常使用后，虽失去原有功能，但不对使用者和周围环境造成危害的变压器。

变压器的过电流保护装置应有足够的容量。一般不采用自动复位装置。

变压器的输入导线和输出导线应有各自的通道。固定式变压器的输入电路中不得采用插接件。可移动式变压器（带插销者除外）应带有 2~4m 的电源线。电源线截面可参考表 7-4 选择。导线进、出变压器处应有护套。

表 7-4 隔离变压器电源线截面选择

额定电流 I/A	标称截面/mm^2	额定电流 I/A	标称截面/mm^2
$I \leqslant 6$	0.75	$25 < I \leqslant 32$	4
$6 < I \leqslant 10$	1	$32 < I \leqslant 40$	6
$10 < I \leqslant 16$	1.5	$40 < I \leqslant 63$	10
$16 < I \leqslant 25$	2.5		

Ⅰ类变压器可能触及的金属部分须与接地（零）端子连接。其电源线中应有一条专用的标有绿-黄相间颜色的保护线。各条应与接地（零）端子连接。Ⅱ类变压器不采取接地（零）措施，没有接地（零）端子。

第8章

电气防火防爆

电气火灾和爆炸事故除可能造成人身伤亡和设备损坏外,还可能造成大规模或长时间停电。仅就火灾而言,近十年因电气引起的火灾一直高居我国火灾事故总数的首位,占30%左右。配电线路、高低压开关电器、熔断器、插座、照明器具、电动机和电热器具等电气设备均可能引起火灾和爆炸事故。

8.1 电气引燃的原因

电气装置运行中产生的危险温度、电火花及电弧是电气引发火灾和爆炸的直接原因。

8.1.1 危险温度

电气设备运行时总是要发热的。首先,电流通过导体时消耗一定的电能,其大小为:

$$\Delta W = I^2 Rt \tag{8-1}$$

式中 ΔW ——导体上消耗电能(W);
  I ——流过导体的电流(A);
  R ——导体的电阻(Ω);
  t ——通电时间(s)。

这部分电能使导体发热,温度升高。其次,对于电动机、变压器等利用电磁感应进行工作的电气设备,交变电流产生的磁场在铁心中产生磁滞损耗和涡流损耗,使铁心发热,温度升高。铁心磁通密度越高、电流频率越高、铁心钢片厚度越大,这部分热量越大。

此外,有机械运动的电气设备由于摩擦会引起发热,电气设备的漏磁、谐波也会引起发热使温度升高。

正确设计、施工、运行的电气设备,运行时,发热与散热平衡,其温度和温升都不会超过允许范围(见表8-1)。当电气设备非正常运行时,发热量增加,温度升高,甚至引发火灾、爆炸。

表 8-1 电气设备允许的最高温度

类别		正常运行允许的最高温度/℃
导线与塑料绝缘线		70
橡胶绝缘线		65
变压器上层油温		85
电力电容器外壳		65
电机定子绕组对应采用的绝缘等级及定子铁心	A 级	100
	E 级	115
	B 级	110

引起电气设备过热的主要原因有以下几方面。

1. 短路

发生短路时,线路中电流增大为正常时的数倍乃至数十倍,使得温度急剧上升,大大超过允许范围。如果温度达到可燃物的引燃温度,即引起燃烧。

当电气设备的绝缘老化变质失去绝缘能力,可导致短路。绝缘导线直接缠绕、钩挂在铁钉或铁丝上时,由于磨损和铁锈腐蚀,很容易使绝缘破坏而短路。设备安装不当或工作疏忽,可能使电气设备的绝缘受到机械损伤而短路。由于选用设备的额定电压太低或雷击等过电压的作用,电气设备的绝缘可能遭到击穿而短路。粉尘、纤维和动物进入电气设备内部,也可能导致短路。在安装和检修中,由于接线和操作错误,也可能引起短路。

2. 过负载

设计、选用线路或设备不合理,以致在正常工作时出现过负载。

使用不合理,使线路或设备的负载超过额定值。管理不严,乱拉乱接,容易造成线路或设备过负载运行。

设备故障运行会造成设备和线路过负载,如三相电动机一相运行或三相变压器不对称运行均可能造成过负载。

3. 接触不良

接触部位是电路的薄弱环节,是产生危险温度的主要部位之一。

接头连接不牢、焊接不良或由于振动松动,均导致接头发热。可开闭的触头,如果没有足够的接触压力或表面粗糙不平等,均可增大接触电阻,产生危险温度。对于铜、铝接头,由于铜和铝的理化性能不同,接触状态逐渐恶化,会导致接头过热。

4. 铁心过热

对于电动机、变压器、接触器等带有铁心的电气设备,如果铁心片间绝缘破坏，线圈电压过高，或铁心未闭合，由于涡流损耗和磁滞损耗增加，都将造成铁心过热并产生危险温度。

5. 散热不良

各种电气设备都有一定的散热或通风措施。如果这些措施遭到破坏，例如散热油管堵塞、通风道堵塞或者环境温度过高，均可导致电气设备和线路过热。

6. 漏电

漏电电流一般不大，不能促使线路熔丝动作。如漏电电流沿线路比较均匀地分布，则发热量分散，火灾危险性不大；但当漏电电流集中在某一点时，可能引起比较严重的局部发热引起火灾。漏电电流常常流经金属螺钉，使其发热而引起木制构件起火。

8.1.2 电热器具和照明灯具的热表面

电热器具是将电能转换成热能的用电设备。常用的电热器具有小电炉、电烤箱、电熨斗、电烙铁和电褥子等。

电热器具内电阻丝的工作温度达 500~800℃，可引燃可燃物。若电热器具连续工作时间过长；电源线容量不够；电炉丝截短后继续使用；使用红外线加热装置误将红外光束照射到可燃物上，均可使发热增加，乃至引起火灾。

灯泡和灯具工作温度较高，如安装、使用不当，均可能引起火灾。白炽灯灯泡表面温度可参考表 8-2。

表 8-2 白炽灯泡表面温度

灯泡功率/W	40	75	100	150	200
表面温度/℃	55~60	140~200	170~220	150~230	160~300

200W 的灯泡紧贴纸张时，十几分钟即可将纸张点燃。

高压水银灯表面温度 400W 的为 150~250℃；1000W 卤钨灯表面温度达 500~800℃。

当供电电压超过灯泡额定电压，大功率灯泡的玻璃壳发热不均匀，水溅到灯泡上，都能引起灯泡爆碎。炽热的钨丝落到可燃物上，将引起可燃物燃烧。

灯座内接触不良，荧光灯镇流器运行时间过长或质量不高，均将使发热增加，温度上升引起火灾。

8.1.3 电火花和电弧

电火花是电极间的击穿放电，电弧是大量连续电火花汇集而成的。

电火花和电弧温度很高，尤其是电弧，温度可达 8000℃。不仅能引起可燃物质燃烧,还能使金属熔化、飞溅,构成危险的火源。

电火花大体包括工作火花和事故火花两类。工作火花指电气设备正常工作或正常操作过程中所产生的电火花,如各类开关电器接通和断开线路时产生的火花、电动机的电刷与换向器的滑动接触处产生的火花。

切断感性或容性电路时,断口处将产生较强烈的电火花或电弧。火花能量可按下式估算:

$$W_L = \frac{1}{2}LI^2$$

$$W_C = \frac{1}{2}CU^2 \tag{8-2}$$

式中　L、C——电路中的电感、电容;
　　　I、U——电路中的电流、电压。

当该火花能量超过周围爆炸性混合物的最小引燃能量时,即可能引起爆炸。

事故火花包括线路或设备发生故障时出现的火花。如导线过松、连接松动或绝缘损坏导致短路或接地时产生的火花;电路发生故障,熔丝熔断时产生的火花;沿绝缘表面发生的闪络等。

事故火花还包括由外部原因产生的火花,如雷电直接放电及二次放电火花、静电火花、电磁感应火花及电气设备运转不正常时发生机械碰撞引起的火花。

8.2　燃爆危险环境

8.2.1　危险物质

在大气条件下,气体、蒸气、薄雾、粉尘或纤维状的易燃物质与空气混合,引燃后燃烧能在整个范围内传播的混合物称为爆炸性混合物。能形成上述爆炸性混合物的物质称为爆炸危险物质。凡有爆炸性混合物出现或可能有爆炸性混合物出现,且出现的量足以要求对电气设备和电气线路的结构、安装、运行采取防爆措施的环境称为爆炸危险环境。

爆炸危险物质可分为以下三类:
Ⅰ类:矿井甲烷。
Ⅱ类:爆炸性气体、蒸气和薄雾。
Ⅲ类:爆炸性粉尘、纤维。

8.2.2 危险物质的分级分组

闪点、燃点、引燃温度、爆炸极限、最小引燃电流比、最大试验安全间隙和蒸气密度是危险物质的主要性能参数。危险物质是按其性能参数分级分组的。

(1) 闪点。在规定的试验条件下,易燃液体能释放出足够的蒸气并在液面上方与空气形成爆炸性混合物,点火时能发生闪燃(一闪即灭)的最低温度。

(2) 燃点。燃点又称着火点、着火温度或引燃温度,是物质在空气中被明火加热或引燃发生燃烧,移去引火源仍能继续燃烧的最低温度。

对于闪点不超过45℃的易燃液体,燃点仅比闪点高 1~5℃,一般只考虑闪点,不考虑燃点。对于闪点比较高的可燃液体和可燃固体,闪点与燃点相差较大,应用时有必要加以考虑。

(3) 自燃温度。自燃温度又称自燃点,是指在规定试验条件下,可燃物质不需要外来火源即发生燃烧的最低温度。

(4) 爆炸极限。爆炸极限是指在一定的温度和压力下,气体、蒸气、薄雾或粉尘、纤维与空气形成的能够被引燃并传播火焰的浓度范围。该范围的最低浓度称为爆炸下限、最高浓度称为爆炸上限。

环境温度越高,燃烧越快,爆炸极限范围越大。例如,乙醇0℃时的爆炸极限(体积分数)是2.55%~11.8%,50℃时是2.5%~12.5%,而100℃时是2.25%~12.53%。

随着压力升高,绝大多数气体混合物的爆炸下限略有下降,爆炸上限明显上升。例如,甲烷与空气的混合物,当压力分别为 0.098MPa、0.98MPa、4.9MPa 和 12.25MPa 时,爆炸极限分别为 5.6%~14.3%、5.9%~17.2%、5.4%~29.4% 和 5.1%~45.7%。当压力减小至一定程度时,爆炸极限范围缩小至某一点。也有极少数相反的情况。例如,干燥的一氧化碳与空气混合物的爆炸极限范围随着压力的升高反而缩小。

氧含量升高,爆炸下限变化不大,爆炸上限明显升高,使得爆炸极限范围扩大。例如,乙烯在空气中的爆炸极限是3.1%~32%,在纯氧中的爆炸极限则是3.0%~80%。丙烷在空气中的爆炸极限是2.2%~9.5%,在纯氧中的爆炸极限则是2.3%~55%。

混合气体中惰性气体含量增加,爆炸极限范围缩小。例如,汽油蒸气与空气的混合气体的爆炸极限为1.4%~7.6%。当含有10%的二氧化碳时,爆炸极限范围缩小为1.4%~5.6%;当含有20%的二氧化碳时,爆炸极限范围缩小为1.8%~2.4%;当含有28%以上的二氧化碳时,该混合气体不再发生爆炸。

当容器细窄时,由于容器壁的冷却作用,爆炸极限范围变小。当容器直径减小至一定程度时,火焰不能蔓延,可消除爆炸危险,这个直径叫做临界直径。如甲烷的临界直径为 0.4~0.5mm,氢和乙炔的临界直径为 0.1~0.2mm。

引燃源温度越高,加热面积越大或作用时间越长,都使得爆炸极限范围扩大。例如,对于甲烷,100V 电压下,1A 的电火花不会引起爆炸;2A 的电火花可引起爆炸,爆炸极限为 5.9%~13.6%;3A 电火花的爆炸极限扩大为 5.85%~14.8%。

(5) 最小引燃电流比(MICR)。这是指在规定试验条件下,气体、蒸气、薄雾等爆炸性混合物的最小引燃电流与甲烷爆炸性混合物的最小引燃电流之比。

(6) 最小引燃能量。除最小引燃电流外,还经常用到最小引燃能量。最小引燃能量是指在规定的试验条件下,能使爆炸性混合物燃爆所需最小电火花的能量。

最小引燃能量受混合物性质、引燃源特征、压力、浓度和温度等因素的影响。纯氧中的最小引燃能量小于空气中的引燃能量。压力减小时,最小引燃能量明显增大。例如,当压力分别为 0.98MPa、0.78MPa、0.59MPa 和 0.39MPa 时,乙炔分解爆炸的最小引燃能量分别为 3mJ、6mJ、12mJ 和 32mJ。在某一浓度下,最小引燃能量取得最小值;离开这一浓度,最小引燃能量都将变大。

(7) 最大试验安全间隙(MESG)。这是衡量爆炸性物品传爆能力的性能参数,是指在规定试验条件下,两个经间隙长为 25mm 连通的容器,一个容器内燃爆时不致引起另一个容器内燃爆的最大连通间隙宽度。

气体、蒸气危险物质按其最大试验安全间隙(MESG)或最小引燃电流比(MICR)分级,共分为 A、B、C 三级。爆炸性气体的分类、分级见表 8-3,按引燃温度分组见表 8-4。

表8-3 爆炸性气体的分类、分级和分组

类和级	代表性气体	气体分级	最大试验安全间隙 (MESG)/mm	最小引燃电流比 (MICR)
I	甲烷		1.14	1.0
ⅡA	丙烷	A	>0.9	>0.8
ⅡB	乙烯	B	0.5~0.9	0.45~0.8
ⅡC	氢气/乙炔	C	<0.5	<0.45

表8-4 爆炸性气体按引燃温度分组

组别	引燃温度 $t/℃$	代表性气体
T1	$450 < t$	甲烷，氢气
T2	$300 < t \leqslant 450$	乙烯，乙炔
T3	$200 < t \leqslant 300$	煤油，柴油
T4	$135 < t \leqslant 200$	乙醛
T5	$100 < t \leqslant 135$	二硫化碳
T6	$85 < t \leqslant 100$	亚硝酸乙酯

粉尘、纤维按其引燃温度的分组见表8-5。

表8-5 爆炸性粉尘引燃温度分组

温度组别	引燃温度 $t/℃$
T11	$t > 270$
T12	$200 < t \leqslant 270$
T13	$150 < t \leqslant 200$

8.2.3 爆炸性气体环境

为了正确选用电气设备、电气线路和各种防爆设施，必须正确划分所在环境危险区域大小和级别。

根据爆炸性气体混合物出现的频繁程度和持续时间，将此类危险环境分为0区、1区和2区。

(1) 0区（0级危险区域）。它是指正常运行时连续出现或长时间出现或短时间频繁出现爆炸性气体、蒸气或薄雾的区域。除了封闭的空间，如密闭的容器、储油罐等内部气体空间外，很少存在0区。虽然爆炸性气体的浓度高于爆炸上限，但是可能进入空气而达到爆炸极限范围内的环境仍划为0区。例如，固定盖顶的液体储罐，当液面以上空间未充惰性气体时应划为0区。

(2) 1区（1级危险区域）。它是指正常运行时可能出现（预计周期性出现或偶然出现）爆炸性气体、蒸气或薄雾的区域。

(3) 2区（2级危险区域）。它是指正常运行时不出现，即使出现也只可能是短时间偶然出现爆炸性气体、蒸气或薄雾的区域。

上述正常运行是指正常的开车、运转和停车，作为产品的危险性物料的取出，密闭容器的开闭，产品安全阀、排气阀等工作状态。正常运行时，所有设备运行参数均在其设计范围之内。

（4）非爆炸危险区域。凡符合下列条件之一者可划为非爆炸危险区域：

1) 没有释放源，且不可能有易燃物质侵入的区域。

2) 易燃物质可能出现的最大体积分数不超过爆炸下限值的10%的区域。

3) 在生产过程中使用明火的设备附近，或使用表面温度超过该区域易燃物质引燃温度的炽热部件的设备附近。

4) 在生产装置外露天或敞开安装的输送爆炸危险物质的架空管道地带（但阀门处须按具体情况另行考虑）。

8.2.4 爆炸性粉尘环境

爆炸性粉尘环境是指生产设备周围环境中，悬浮粉尘、纤维量足以引起爆炸以及在电气设备表面会形成层积状粉尘、纤维而可能形成自燃或爆炸的环境。根据爆炸性环境出现的频繁程度和持续时间，将此类危险环境划为10区和11区。

8.2.5 火灾危险环境

对于生产、加工、处理、转运或贮存过程中出现或可能出现下列火灾危险物质之一时，应进行火灾危险环境的电力设计。

（1）闪点高于环境温度的可燃液体；在物料操作温度高于可燃液体闪点的情况下，有可能泄漏但不能形成爆炸性气体混合物的可燃液体。

（2）不可能形成爆炸性粉尘混合物的悬浮状、堆积状可燃粉尘或可燃纤维以及其他固体状可燃物质。

火灾危险环境应根据火灾事故发生的可能性和后果，以及危险程度及物质状态的不同，按下列规定进行分区。

21区：具有闪点高于环境温度的可燃液体，在数量和配置上能引起火灾危险的环境。

22区：具有悬浮状、堆积状的可燃粉尘或可燃纤维，虽不可能形成爆炸混合物，但在数量和配置上能引起火灾危险的环境。

23区：具有固体状可燃物质，在数量和配置上能引起火灾危险的环境。

8.3 防爆电气设备和防爆电气线路

爆炸危险环境使用的电气设备，在结构上应能防止自身由于在使用中产生火花、电弧或危险温度成为安装地点爆炸性混合物的引燃源。

8.3.1 防爆电气设备

1. 防爆电气设备类型

按照使用环境，防爆电气设备分成两类：Ⅰ类为煤矿井下用电气设备；Ⅱ类为工厂用电气设备。按防爆结构形式分，防爆电气设备有以下类型：

（1）隔爆型。这是具有能承受内部的爆炸性混合物爆炸而不致损坏的外壳，且不致使内部爆炸通过外壳任何结合面或结构孔洞引起外部爆炸性混合物爆炸。

隔爆型电气设备可经隔爆型接线盒（或插销座）接线，亦可直接接线。连接处应有防止拉力损坏接线端子的设施，应有密封措施，连接装置的结合面应有足够的长度。隔爆型电气设备的紧固螺栓和螺母须有防松装置；正常运行时产生火花或电弧的电气设备须设有连锁装置，保证电源接通时不能打开壳、盖，而壳、盖打开时不能接通电源。

（2）增安型。这是在正常时不产生火花、电弧或高温的设备上采取措施以提高安全程度的电气设备。

增安型设备的绝缘带电部件的外壳防护不得低于 IP44，裸露带电部件的外壳防护不得低于 IP54。

（3）充油型。这是将可能产生电火花、电弧或危险温度的带电零、部件浸在绝缘油中，使之不能引燃油面上方爆炸性混合物的电气设备。

充油型设备外壳上应有排气孔，油量必须足够，油面指示必须清晰，油质必须良好；油面温度 T1～T4 组不得超过 100℃，T5 组不得超过 80℃，T6 组不得超过 70℃。

直流开关设备不得制成充油型设备。

（4）充砂型。这是将细粒物料充入设备外壳内，令壳内出现的电弧、火焰、壳壁温度或粒料表面温度不能引燃壳外爆炸性混合物的电气设备。

充砂型设备的外壳应有足够的机械强度，其防护不得低于 IP44。细粒填充材料应填满外壳所有空隙，颗粒直径为 0.25～1.6mm。填充时细粒材料含水量不得超过 0.1%。

（5）本质安全型。在正常状态下和故障状态下产生的火花或热效应均不能引燃爆炸性混合物的电气设备。

本质安全型设备按安全程度分为 ia 级和 ib 级。前者是在正常工作、发生一个故障及发生两个故障时不能引燃爆炸性混合物的电气设备，主要用于 0 区；后者是正常工作及发生一个故障时不能引燃爆炸性混合物的电气设备，主要用于 1 区。

本质安全型电路应有安全栅。

本质安全电路端子与非本质安全电路端子之间的距离不得小于50mm。

本质安全电路的电源变压器的二次电路必须与一次电路之间保持良好的电气隔离。一次绕组与二次绕组相邻，其间应隔以绝缘板或采取其他防止混触的措施。

（6）正压型。向外壳内充入带正压的清洁空气、惰性气体或连续通入清洁空气，以阻止爆炸性混合物进入外壳内的电气设备。其外壳防护不得低于IP44。

这种设备在运行中，火花、电弧不得从缝隙或出风口吹出。

（7）无火花型。在防止产生危险温度、外壳防护、防冲击、防机械火花、防电缆事故等方面采取措施，以防止火花、电弧或危险温度的产生来提高安全程度的电气设备。

（8）特殊型。上述各种类型以外的或由上述两种以上形式组合成的电气设备。

2. 防爆电气设备的标志

（1）气体爆炸危险环境的防爆电气设备。防爆型电气设备外壳的明显处，须设置清晰的永久性凸纹标志。设备外壳的明显处须设置铭牌，并可靠固定，铭牌的右上方应有明显的"Ex"标志。

完整的防爆标志依次标明防爆形式、类别、级别和组别。隔爆型设备用字母 d 标志，增安型设备用字母 e 标志，本质安全型设备用字母 ia 和 ib 标志，正压型设备用字母 p 标志，充油型设备用字母 o 标志，充砂型设备用字母 q 标志，无火花型设备用字母 n 标志，特殊型设备用字母 s 标志。例如，dⅡBT3 表示Ⅱ类 B 级 T3 组的隔爆型电气设备，iaⅡAT5 表示Ⅱ类 A 级 T5 组的 ia 级本质安全型电气设备。如有一种以上复合防爆形式，应先标出主体防爆形式，然后标出其他防爆形式。如 epⅡBT4，表示主体为增安型，并有正压型部件的防爆型电气设备。对于只允许用于某一种可燃性气体或蒸气环境的电气设备，可直接用该气体、蒸气的分子式或名称标志，而不必注明级别和组别，如 dⅡ（NH3）或 dⅡ氨，表示用于氨气环境的隔爆型电气设备。对于Ⅱ类电气设备，可以标温度组别，也可以标最高表面温度，亦可两者都标出。例如，最高表面温度125℃的工厂，用增安型电气设备可标志为 eⅡBT4，或 eⅡB（125℃），或 eⅡB（125℃）T4。

（2）粉尘爆炸危险环境的防爆电气设备。粉尘爆炸危险环境的防爆电气设备的典型标志是"DIP"，表示"防止粉尘引燃"。粉尘防爆电气设备在国家标准中有 A 和 B 两种类型，两者没有本质区别，具有同等的保护水平，只是检验的方式不同。如 DIP A21 TA 170℃（或 DIP A21 TA，T3），表示 A 型 21 区可使用的防粉尘引燃型的电气设备，表面最高温度为170℃。B 型的设备可表示为 DIP B20 TB，T2。

3. 爆炸危险环境中电气设备的选用

（1）一般原则。选择电气设备前，应掌握所在爆炸危险环境的有关资料和区域范围划分，以及所在环境内爆炸性混合物的级别、组别等有关资料。

应根据电气设备使用环境的等级、电气设备的种类和使用条件选择电气设备。

所选用的防爆电气设备的级别和组别不应低于该环境内爆炸性混合物的级别和组别。

当存在两种以上的爆炸性物质时，应按混合后的爆炸性混合物的级别和组别选用。如无据可查又不可能进行试验时，可按危险程度较高的级别和组别选用。

爆炸危险环境内的电气设备必须是符合现行国家标准并有国家检验部门防爆合格证的产品。

爆炸危险环境内的电气设备应能防止周围化学、机械、热和生物因素的危害，应与环境温度、空气湿度、海拔高度、日光辐射、风沙、地震等环境条件下的要求相适应。其结构应满足电气设备在规定的运行条件下不会降低防爆性能的要求。

矿井用防爆电气设备的最高表面温度，无煤粉沉积时不得超过450℃，有煤粉沉积时不得超过150℃。工厂气体、蒸气爆炸危险环境用防爆电气设备的最高表面温度不得超过表8-6的规定。工厂粉尘、纤维爆炸危险环境用防爆电气设备的最高表面温度不得超过表8-7的规定。粉尘、纤维爆炸危险环境一般电气设备的最高表面温度不得超过125℃，若沉积厚度5mm以下时低于引燃温度75℃，或不超过引燃温度的2/3。

表8-6 气体、蒸气爆炸危险环境电气设备最高表面温度

组别	T1	T2	T3	T4	T5	T6
最高表面温度/℃	450	300	200	135	100	85

表8-7 粉尘、纤维爆炸危险环境用防爆电气设备最高表面温度

组别	电气设备或零部件表面温度极限/℃	
	无过负荷可能	有过负荷可能
T11	215	190
T12	160	140
T13	110	100

在爆炸危险环境，应尽量少用携带式设备和移动式设备，应尽量少安装插销座。

为了节省费用，应设法减少防爆电气设备的使用量。首先，应当考虑把危险的设备安装在危险环境之外；如果不得不安装在危险环境内，也应当安装在危险较小的位置。

采用非防爆型设备隔墙机械传动时，隔墙必须是非燃烧材料的实体墙，穿轴空洞应当封堵，安装电气设备的房间的出口只能通向非爆炸危险环境；否则，必须保持正压。

（2）气体、蒸气爆炸危险环境的电气设备选型。

1）旋转电动机。低压旋转电动机防爆结构选型见表8-8。表8-8～表8-18中符号意义如下：○表示适用；△表示尽量避免采用；×表示不适用。

表8-8 旋转电动机防爆结构选型

电气设备类别	爆炸危险环境区别						
	1区			2区			
	隔爆型	正压型	增安型	隔爆型	正压型	增安型	无火花型
笼型感应电动机	○	○	△	○	○	○	○
绕线型感应电动机	△	△		○	○	○	×
直流电动机	△	△	—	○	○	○	
电磁滑差离合器（无电刷）	○	△	×	○	○	○	△

注：1. 绕线型感应电动机及同步电动机采用增安型时，其主体是增安型防爆结构，发生电火花的部分应是隔爆型或正压型防爆结构。
2. 无火花电动机选型只适用具有比空气轻的介质的场所内。对于具有比空气重的介质且通风不良的场所或户内，应慎重考虑。

2）变压器。低压变压器、互感器、电抗器防爆结构选型见表8-9。

表8-9 变压器防爆结构选型

电气设备类别	爆炸危险环境区别						
	1区			2区			
	隔爆型	正压型	增安型	隔爆型	正压型	增安型	充油型
变压器（包括起动用）	△	△	×	○	○	○	○
电感线圈（包括起动用）	△	△	×	○	○	○	○
仪表用互感器	△		×	○			○

3）低压控制电器。低压开关和控制器类设备防爆结构选型见表8-10。

表 8-10　低压开关和控制器类设备的防爆结构选型

电气设备类别	爆炸危险环境区别										
	0区	1区					2区				
	本质安全型	本质安全型	隔爆型	正压型	充油型	增安型	本质安全型	隔爆型	正压型	充油型	增安型
开关、断路器			○					○			
熔断器			△					○			
控制开关及按钮	○	○	○		○		○	○		○	
电抗器起动器和起动补偿器			△			○		○			○
起动用金属电阻器			△	△		×		○			○
电磁阀用电磁铁			○			×		○			
操作箱、柜			○	○				○	○		
配电盘			△					○			

注：1. 电抗器起动器和起动补偿器采用增安型时，是指将隔爆结构的起动运转开关操作部件与增安型防爆结构的电抗线圈安全或单绕组变压器组成一体的结构。
2. 电磁摩擦制动器采用隔爆型时，是指将制动片、滚筒等机械部分也装入隔爆壳体内的结构。
3. 在2区内电气设备采用隔爆型时，是指除隔爆型外，也包括主要有火花部分为隔爆结构而其外壳为增安型的混合结构。
4. 0区安装的控制开关及按钮仅允许用ia级电气设备。

4）照明灯具。照明灯具类设备防爆结构选型见表8-11。

表 8-11　照明灯具类设备防爆结构选型

电气设备类别	爆炸危险环境区别			
	1区		2区	
	隔爆型	增安型	隔爆型	增安型
固定式灯	○	×	○	○
移动式灯	△			
携带式电池灯	○			
指示灯类	○	×	○	○
镇流器	○	△	○	○

5）信号及其他设备。信号及其他电气设备防爆结构选型见表8-12。

表 8-12　信号及其他电气设备防爆结构选型

电气设备类别	爆炸危险环境区别								
	0区	1区				2区			
	本质安全型	本质安全型	隔爆型	正压型	增安型	本质安全型	隔爆型	正压型	增安型
信号、报警装置	○	○	○	○	×	○	○	○	○
插接装置			○				○		
电气测量表计			○	○	×		○	○	○

注：0区信号、报警装置仅允许用 ia 级电气设备。

（3）粉尘、纤维爆炸危险环境电气设备的选型。粉尘、纤维爆炸危险环境电气设备的选型见表8-13。

表 8-13　粉尘、纤维爆炸危险环境电气设备的选型

电气设备类别		爆炸危险环境区别						
		10区			11区			
		尘密型	正压型	充油型	尘密型	正压型	IP65	IP54
变压器		○	○		○			
配电装置		○	○					
电动机	笼型	○	○					○
	带电刷				○			
电器和仪表	固定安装	○	○	○			○	
	移动式	○	○				○	
	携带式	○					○	
照明灯具		○			○			

8.3.2　防爆电气线路

在爆炸危险环境中，电气线路安装位置、敷设方式、导体材质和连接方法等的选择均应根据环境的危险等级进行。

1. 气体、蒸气爆炸危险环境的电气线路

（1）电气线路位置的选择。电气线路应敷设在爆炸危险性较小或距离释放源较远的位置。例如，当爆炸危险气体或蒸气比空气重时，电气线路应在高处敷设，电缆则直接埋地敷设或电缆沟充砂敷设；当爆炸危险气体或蒸气比空气轻时，电气线路宜敷设在低处，电缆则采取电缆沟敷设。

电气线路宜沿有爆炸危险的建筑物的外墙敷设。当电气线路沿输送易燃气体或易燃液体的管道栈桥敷设时，应尽量沿危险程度较低的管道一侧敷设。当

易燃气体或蒸气比空气重时，电气线路应在管道上方；当易燃气体或蒸气比空气轻时，电气线路应在管道下方。

电气线路应避开可能受到机械损伤、振动、污染、腐蚀及受热的地方；否则，应采取防护措施。

10kV 及其以下的架空线路不得跨越爆炸危险环境；当架空线路与爆炸危险环境邻近时，其间距离不得小于杆塔高度的 1.5 倍。

（2）线路敷设方式的选择。爆炸危险环境中，电气线路主要有防爆钢管配线和电缆配线，其敷设方式及适用范围见表 8-14。爆炸危险环境不得明敷绝缘导体。

表 8-14　气体、蒸气爆炸危险环境的配线方式

配线种类	配电方式	爆炸危险环境区别	
		1 区	2 区
防爆钢管配线	明设	○[①]	○
	暗设	△	△
电缆	直接埋设	△	○
	电缆沟（充砂）	△	○
	电缆隧道	△	△
	电缆桥架[②]	○	○

[①] ○——适用；△——尽量避免。
[②] 应注意环境防火。

固定敷设的电力电缆应采用铠装电缆。固定敷设的照明、通信、信号和控制电缆可采用铠装电缆和塑料护套电缆。非固定敷设的电缆应采用非燃性橡胶护套电缆。煤矿井下高压电缆宜采用铠装、不滴流式电缆。

不同用途的电缆应分开敷设。钢管配线应使用专用镀锌钢管或使用处理过内壁毛刺且做过内、外壁防腐处理的水管或煤气管。

两段钢管之间、钢管与钢管附件之间、钢管与电气设备之间应采用啮合不少于 6 扣的螺纹连接，并采取防松和防腐蚀措施。

钢管与电气设备直接连接有困难处，以及管路通过建筑物的伸缩缝、沉降缝处应装挠性连接管。

（3）隔离密封。敷设电气线路的沟道以及保护管、电缆或钢管在穿过爆炸危险环境等级不同的区域之间的隔墙或楼板时，应用非燃性材料严密堵塞。

隔离密封盒的位置应尽量靠近隔墙，墙与隔离密封盒之间不允许有管接头、接线盒或其他任何连接件。

隔离密封盒的防爆等级应与爆炸危险环境的等级相适应。隔离密封盒不应作为导线的连接或分线用。在可能引起凝结水的地方，应选用排水型隔离密封

盒。钢管配线的隔离密封盒应采用粉剂密封填料。

电缆配线的保护管管口与电缆之间,应使用密封胶泥进行密封。在两级区域交界处的电缆沟内,应充砂、填阻火材料或加设防火隔墙。

(4) 导线材料选择。由于铝导体的机械强度差,易于折断,需要过渡连接而加大接线盒,且连接技术难以保证,铝芯导线和铝芯电缆的安全性能较差,如有条件,爆炸危险环境应优先采用铜线。

爆炸危险环境危险等级 2 区的范围内,当配电线路的导线连接以及电缆的封端采用压接、熔焊或钎焊时,电力线路应采用截面积 $4mm^2$ 及以上的铝芯导线或电缆,照明线路应采用截面积 $2.5mm^2$ 及其以上的铝芯导线或电缆。

爆炸危险环境危险等级 1 区的范围内,配电线路应选用铜芯导线或电缆。在有剧烈振动处应选用多股铜芯软线或多股铜芯电缆。煤矿井下不得采用铝芯电力电缆。

爆炸危险环境内的配线,一般采用交联聚乙烯、聚乙烯、聚氯乙烯或合成橡胶绝缘的、有护套的电线或电缆。爆炸危险环境宜采用有耐热、阻燃、耐腐蚀绝缘的电线或电缆,不宜采用油浸纸绝缘电缆。

在爆炸危险环境中,低压电力、照明线路所用电线和电缆的额定电压不得低于工作电压,并且不得低于 500V。工作零线应与相线有同样的绝缘能力,并应在同一护套内。

选用电气线路时,还应当注意到:干燥无尘的场所可采用一般绝缘导线;潮湿、特别潮湿或多尘的场所应采用有保护的绝缘导线(如铅皮导线)或一般绝缘导线穿管敷设;高温场所应采用有瓷管、石棉、瓷珠等耐热绝缘的耐热线;有腐蚀性气体或蒸气的场所可采用铅皮线或耐腐蚀的穿管线。

(5) 允许载流量。为避免可能的危险温度,爆炸危险环境的允许载流量不应高于非爆炸危险环境的允许载流量。1 区、2 区绝缘导线截面和电缆截面的选择,导体允许载流量不应小于熔断器熔体额定电流和断路器长延时过电流脱扣器整定电流的 1.25 倍。引向低压笼型感应电动机支线的允许载流量不应小于电动机额定电流的 1.25 倍。

线路电压 1kV 以上的导线和电缆应按短路电流进行热稳定校验。

(6) 电气线路的连接。1 区和 2 区的电气线路不允许有中间接头,但若电气线路的连接是在与该危险环境相适应的防护类型的接线盒或接头盒附近的内部,则不属于此种情况。1 区宜采用隔爆型接线盒,2 区可采用增安型接线盒。2 区的电气线路若选用铝芯电缆或导线与铜线连接时,必须有可靠的用铜铝过渡接头。

导线的连接或封端应采用压接、熔焊或钎焊,而不允许使用简单的机械绑扎或螺旋缠绕的连接方式。

电气线路与电气设备引入装置之间的连接方式按表8-15选定。

表8-15 电气线路与电气设备的连接方式

引入方式		钢管配线工程	引入方式			移动式电缆[②]
引入装置	密封方式		橡胶、塑料护套电缆	铅包电缆	铠装电缆	
压盘式、压紧螺母式	密封圈式	○	○	○	○	○
压盘式	浇封式[①]		○	○	○	

注：除移动式电缆和铠装电缆外，引入口均须用带螺纹的保护钢管与引入装置的螺母相连接。
① 浇封式引入装置为有放置电缆头空腔的装置。
② 移动式电缆须采用有喇叭口的引入装置。

气体、蒸气爆炸危险环境配线技术要求见表8-16和表8-17。

表8-16 气体爆炸危险环境电缆配线技术要求

类别	电缆明设或在沟内敷设时的最小截面			接线盒	移动式电缆
	电力电缆	照明电缆	控制电缆		
1区	铠装，铜芯 2.5mm² 及其以上	铠装，铜芯 2.5mm² 及其以上	铠装，铜芯 2.5mm² 及其以上	隔爆型	重型
2区	铠装，铜芯 1.5mm² 及其以上；铠装，铜芯 4mm² 及其以上	非铠装，铜芯 1.5mm² 及其以上；铝芯 2.5mm² 及其以上	非铠装，铜芯 1.5mm² 及其以上	隔爆型、增安型、防尘型	中型

注：1. 2区的明设塑料护套电缆，当其敷设方式采用能防止机械操作的电缆槽板、托盘或槽盒方式时，可采用非铠装电缆。
2. 可燃气体或蒸气比空气轻且不会受鼠、虫等损害时，在2区电缆沟内敷设的电缆可采用非铠装电缆。
3. 铝芯绝缘导线或电缆的连接与封端应采用压接、熔焊或钎焊；当与电气设备（照明等除外）连接时，应采用适当的过渡接头。
4. 电缆线路不应有中间接头。

表8-17 气体爆炸危险场所钢管配线技术要求

类别	钢管明配线路用绝缘导线的最小截面积			接线盒和分支盒	管子连接要求
	电力电缆	照明电缆	控制电缆		
1区	铜芯 2.5mm² 及其以上	铜芯 2.5mm² 及其以上	铜芯 2.5mm² 及其以上	隔爆型	$Dg25mm$ 以下的钢管，螺纹咬合不少于5扣，并有锁紧螺母；$Dg32mm$ 及以上者不少于6扣

(续)

类别	钢管明配线路用绝缘导线的最小截面积			接线盒和分支盒	管子连接要求
	电力电缆	照明电缆	控制电缆		
2区	铜芯 1.5mm² 及其以上或铝芯 4mm² 及其以上	铜芯 1.5mm² 及其以上或铝芯 2.5mm² 及其以上	铜芯 1.5mm² 及其以上	隔爆型、增安型、防尘型	$Dg25mm$ 以下的螺纹啮合不少于5扣,对 $Dg32mm$ 及以下者不少于6扣

注：1. 钢管应采用低压流体输送用镀锌焊接钢管。

2. 为了防腐蚀，钢管连接的螺纹部分应涂以铅油或磷化膏。

3. 在可能凝结冷凝水的场所，管线上应装设排除冷凝水的密封接头。

4. 防尘型盒类宜用于2区中危险性较小处。

2. 粉尘、纤维爆炸危险环境的电气线路

粉尘、纤维爆炸危险环境电气线路的技术要求与相应等级的气体、蒸气爆炸危险环境电气线路技术要求基本一致。敷设方式及适用范围见表8-18，粉尘、纤维爆炸危险环境配线技术要求见表8-19和表8-20。

表8-18 粉尘、纤维爆炸危险环境电气线路选型

配线方式		区域危险等级	
		10区	11区
本质安全型电气设备的配线工程		○	○
低压镀锌钢管配线工程		×	○
电缆工程	低压电缆	×	○
	高压电缆	×	○

表8-19 粉尘爆炸危险环境电缆配线技术要求

类别	电缆最小截面积	接线盒	移动电缆
10区	铠装，铜芯 2.5mm² 及其以上	隔爆型	重型
11区	铠装，铜芯 1.5mm² 及其以上，铠装，铝芯 2.5mm² 及其以上	隔爆型，也可用防尘型	中型

注：1. 在11区内电缆明设时可采用非铠装电缆，敷设方式应能防止机械损伤。

2. 在封闭电缆沟内，可采用非铠装电缆。

3. 铝芯绝缘导线或电缆的连接与封端应采用压接。

表 8-20　粉尘爆炸危险环境钢管配线技术要求

类别	绝缘导线的最小截面积	接线盒、分支盒	管子连接要求
10 区	铜芯 2.5mm² 及其以上	隔爆型	螺纹啮合不少于 6 扣
11 区	铜芯 1.5mm² 及其以上 铝芯 2.5mm² 及其以上	任意一种防爆类型，也可采用防尘型	螺纹啮合不少于 6 扣

注：1. 钢管应采用 GB3901 规定的，低压流体输送用镀锌焊接钢管。

2. 为了防腐蚀，钢管连接的螺纹应涂以铅油或磷化膏。

3. 在可能凝结冷凝水的场所，管线上应装设排除冷凝水的密封接头。

3. 火灾危险环境的电气线路

火灾危险环境的电气线路应避开可燃物。10kV 及其以下的架空线路不得跨越爆炸危险环境，邻近时其间距离不得小于杆塔高度的 1.5 倍。火灾危险环境电气线路选型见表 8-21。

表 8-21　火灾危险环境电气线路选型

序号	配线方式	21 区（H-1）	22 区（H-2）	23 区（H-3）
1	非铠装电缆	○	○	○
2	明设钢管配线	○	○	○
3	非燃性护套绝缘导线	○	○	○
4	明设硬塑料管配线			○
5	瓷绝缘子明设绝缘导线（远离可燃物）	○	○	○
6	起重机滑触线（下方无可燃物）	×	×	○

当绝缘导线采用针式或鼓形绝缘子敷设时，应注意远离可燃物质，不在未抹灰的木质吊顶和木质墙壁等处敷设，不在木质闷顶内以及可燃液体管线栈桥上敷设。

在火灾危险环境，移动式和携带式电气设备应采用移动式电缆。

在火灾危险环境内，须采用裸铝、裸铜母线时，应符合下列要求：

（1）不需拆卸检修的母线连接处，应采用熔焊或钎焊。

（2）螺栓连接（例如母线与电气设备的连接）应可靠，并应防止自动松脱。

（3）在 21 区（H-1 级）和 23 区（H-3 级），母线宜装设金属网保护罩，其孔眼直径应能防止直径大于 12mm 的固体异物进入壳内；在 22 区（H-2 级）应有防护外罩。

（4）在露天安装时，应有防雨、雪措施。

火灾危险环境可采用铝导线，当采用铝芯绝缘导线时，应有可靠的连接和封端。火灾危险环境电力、照明线路和电缆的额定电压不应低于网络的额定电压,且不低于500V。

8.4 电气防火防爆措施

电气防火、防爆必须采取综合性的控制措施。

8.4.1 消除或减少爆炸性混合物

消除或减少爆炸性混合物属一般性防火防爆措施。例如,采取封闭式作业,防止爆炸性混合物泄漏;清理现场积尘,防止爆炸性混合物积累;设计正压室,防止爆炸性混合物侵入;采取敞开式作业或通风措施,稀释爆炸性混合物;在危险空间充填惰性气体或不活泼气体,防止形成爆炸性混合物;安装报警装置,当混合物中危险物质的浓度达到其爆炸下限的10%时报警等。

在爆炸危险环境中,如有良好的通风装置,能降低爆炸性混合物的浓度,从而降低环境的危险等级。

变压器室一般采用自然通风,若采用机械通风时,其送风系统不应与爆炸危险环境的送风系统相连,且供给的空气不应含有爆炸性混合物或其他有害物质。几间变压器室共用一套送风系统时,每个送风支管上应装防火阀,其排风系统应独立装设。排风口不应设在窗口的正下方。

通风系统应用非燃烧性材料制作,结构应坚固,连接应紧密。通风系统内不应有阻碍气流的死角。电气设备应与通风系统连锁,运行前必须先通风,通过的气流量不小于该系统容积的5倍时才能接通电气设备的电源;进入电气设备和通风系统内的气体不应含有爆炸危险物质或其他有害物质。在运行中,通风系统内的正压不应低于266.64Pa,当低于133.32Pa时,就自动断开电气设备的主电源或发出信号。通风系统排出的废气,一般不应排入爆炸危险环境。对于闭路通风的防爆通风型电气设备及其通风系统,应供给清洁气体以补充漏损,保持系统内的正压。电气设备外壳及其通风、充气系统内的门或盖子上,应有警告标志或连锁装置,防止运行中错误打开。爆炸危险环境内的事故排风用电动机的控制设备应设在事故情况下便于操作的地方。

铅酸蓄电池充电时逸出的氢气聚积后容易被引爆,除了充电蓄电池附近禁烟、禁明火外,当自然通风不能满足安全要求时,应采用机械通风。

8.4.2 隔离和间距

隔离是将电气设备分室安装,并在隔墙上采取封堵措施,以防止爆炸性混合物进入。电动机隔墙传动时,应在轴与轴孔之间采取适当的密封措施;将工作时产生火花的开关设备装于危险环境范围以外(如墙外);采用室外灯具通过玻璃窗给室内照明等都属于隔离措施。

户内电压为 10kV 以上、总油量为 60kg 以下的充油设备，可安装在两侧有隔板的间隔内；总油量为 60~600kg 者，应安装在有防爆隔墙的间隔内；总油量为 600kg 以上者，应安装在单独的防爆间隔内。

10kV 及其以下的变、配电室不得设在爆炸危险环境的正上方或正下方，变电室与各级爆炸危险环境毗连，以及配电室与 1 区或 10 区爆炸危险环境毗连时，最多只能有两面相连的墙与危险环境共用。配电室与 2 区或 11 区爆炸危险环境毗连时，最多只能有三面相连的墙与危险环境共用。10kV 及其以下的变、配电室也不宜设在火灾危险环境的正上方或正下方，也可以与火灾危险环境隔墙毗连。毗连变、配电室的门及窗应向外开，并通向无爆炸或火灾危险的环境。配电室允许通过走廊或套间与火灾危险环境相通，但走廊或套间应由非燃性材料制成；而且除 23 区（H-3 级）火灾危险环境外，应有自动关闭功能的防火门。1kV 以下的配电室可以通过满足要求的防火门与 2 区爆炸危险环境和火灾危险环境相通。

变、配电室与爆炸危险环境或火灾危险环境毗连时，隔墙应用非燃性材料制成。与 1 区和 10 区环境共用的隔墙上，不应有任何管子、沟道穿过；与 2 区或 11 区环境共用的隔墙上，只允许穿过与变、配电室有关的管子和沟道，孔洞、沟道应用非燃性材料严密堵塞。

变、配电站是工业企业的动力枢纽，电气设备较多，而且有些设备工作时产生火花和较高温度，其防火、防爆要求比较严格。室外变、配电站与建筑物、堆场、储罐应保持规定的防火间距，且变压器油量越大，建筑物耐火等级越低及危险物品储量越大者，所要求的间距也越大，必要时可加防火墙。还应当注意，露天变和配电装置不应设置在易于沉积可燃粉尘或可燃纤维的地方。

为了防止电火花或危险温度引起火灾，开关、插座、熔断器、电热器具、照明器具、电焊设备和电动机等均应根据需要，适当避开易燃物或易燃建筑构件。起重机滑触线的下方不应堆放易燃物品。

10kV 及其以下架空线路，严禁跨越火灾和爆炸危险环境；当线路与火灾和爆炸危险环境接近时，其间水平距离一般不应小于杆柱高度的 1.5 倍；在特殊情况下，采取有效措施后允许适当减小距离。

8.4.3 消除引燃源

为了防止出现电气引燃源，应根据爆炸危险环境的特征和危险物的级别和组别选用电气设备和电气线路，并保持电气设备和电气线路安全运行。安全运行包括电流、电压、温升和温度等参数不超过允许范围，还包括绝缘良好、连接和接触良好、整体完好无损、清洁和标志清晰等。

保持设备清洁有利于防火。设备脏污或灰尘堆积既降低设备的绝缘又妨碍通风和冷却,特别是正常时有火花产生的电气设备,很可能由于污垢过多而引起火灾。因此,从防火角度考虑,也要求定期或经常地清扫电气设备,以保持清洁。在爆炸危险环境中,应尽量少用携带式电气设备,少装插销座和局部照明灯。为了避免产生火花,在爆炸危险环境中更换灯泡应停电操作。基于同样理由,在爆炸危险环境内一般不应进行测量操作。

8.4.4 爆炸危险环境接地和接零

爆炸危险区域的接地（或接零）要比一般场所要求高,应注意以下几个方面:

1. 接地、接零实施范围

除生产上有特殊要求的以外,一般环境不要求接地（或接零）的部分仍应接地（或接零）。例如,交流127V及以下、直流110V及以下的电气设备正常时不带电的金属外壳,安装在已接地金属结构上的电气设备,敷设有金属包皮且两端已接地的电缆用的金属构架均应接地（或接零）。

2. 整体性连接

在爆炸危险环境,必须将所有设备的金属部分、金属管道以及建筑物的金属结构全部接地（或接零）,并连接成连续整体,以保持电流途径不中断。接地（或接零）干线宜在爆炸危险环境的不同方向且不少于2处与接地体相连,以提高可靠性。

3. 保护导线

单相设备的工作零线应与保护零线分开,相线和工作零线均应装有短路保护元件,并装设双极开关同时操作相线和工作零线。除1区和10区的所有电气设备和2区除照明灯具以外,其他电气设备应使用专门接地（或接零）线,金属管线、电缆的金属包皮等只能作为辅助接地（或接零）。除输送爆炸危险物质的管道以外,2区的照明器具和20区的所有电气设备允许利用连接可靠的金属管线或金属桁架作为接地（或接零）线。保护导线的最小截面,铜导体不得小于$4mm^2$,钢导体不得小于$6mm^2$。

4. 保护方式

在不接地配电网中,必须装设一相接地时或严重漏电时能自动切断电源的保护装置,或能发出声、光双重信号的报警装置。在变压器中性点直接接地的配电网中,为了提高可靠性,缩短短路故障持续时间,其最小单相短路电流不得小于该段线路熔断器额定电流的5倍或低压断路器瞬时动作电流脱扣器整定电流的1.5倍。

第9章 防雷技术

9.1 雷电及其危害

9.1.1 雷电现象

雷电是雷云之间或雷云对地面发生放电的一种自然现象。在雷雨季节里，地面上的水分受热变成水蒸气，并随热空气上升，在空气中与冷空气相遇，使上升气流中的水蒸气凝成水滴或冰晶，形成积云。云中的水滴受强烈气流的摩擦产生电荷，微小的水滴带负电，小水滴容易被气流带走形成带负电的云；较大的水滴留下来形成带正电的云。由于静电感应，带电的云层在大地表面会感应出与云块异性的电荷，当电场强度达到一定值时，即发生雷云与大地之间放电；在两块异性电荷的雷云之间发生放电，并伴随着强烈的电光和声音，这就是雷电现象。

雷电会破坏建筑物，破坏电气设备，甚至造成大规模停电以及造成人畜雷击伤亡。所以必须采取有效措施进行防护。

9.1.2 雷电的种类

1. 直击雷

带电雷云和地面目标之间的强烈放电称为直击雷。直击雷的放电过程如图9-1所示。带电积云接近地面时，在地面突出物顶部感应出异性电荷，当积云与地面突出物之间的电场强度达到 25～30kV/cm 时，即发生由带电积云向大地发展的跳跃式先导放电，持续时间为 5～10ms，平均速度为 100～1000km/s，每次跳跃前进约50m，并停顿 30～50μs。当先导放电达到地面突出物时，即发生从地面突出物向积云发展的极明亮的主放电，其放电时间仅 50～100μs，放电速度为光速的 1/5～1/3，即 60000～100000km/s。主放电向上发展，至云端即告结束。主放电结束后继续有微弱的余光，持续时间为

30~150ms。

大约50%的直击雷有重复放电的性质。平均每次雷击有三四个冲击,最多能出现几十个冲击。第一个冲击的先导放电是跳跃式先导放电,第二个以后的先导放电是箭形先导放电,其放电时间仅为10ms。一次雷击的全部放电时间一般不超过500ms。

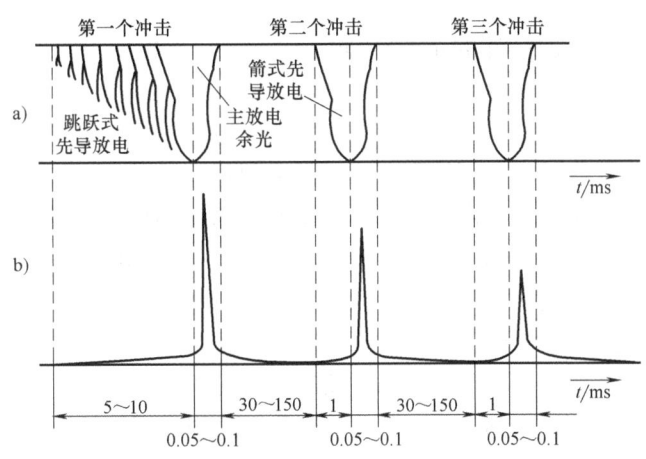

图9-1 直击雷放电过程
a) 光学照片 b) 电流波形

2. 感应雷

感应雷也称为雷电感应或感应过电压。它分为静电感应雷和电磁感应雷。

静电感应雷是由于带电积云接近地面后在架空线路导线或其他导电突出物顶部感应出大量电荷引起的。在带电积云与其他客体放电后,架空线路导线或导电突出物顶部的电荷失去束缚,以大电流、高电压冲击波的形式沿线路导线或导电突出物极快地传播。近20年来人们的研究表明,放电流柱也会产生强烈的静电感应。

雷电放电时,巨大的冲击雷电流在周围空间产生迅速变化的强磁场,从而引起电磁感应雷。这种迅速变化的磁场能在邻近的导体上感应出很高的电动势。如系开口环状导体,开口处可能由此引起火花放电;如系闭合导体环路,环路内将产生很大的冲击电流。

3. 球雷

球雷是雷电放电时形成的发红光、橙光、白光或其他颜色光的火球。球雷出现的概率约为雷电放电次数的2%,其直径多为20cm左右,运动速度约为2m/s或更高一些,存在时间为数秒钟到数分钟。球雷是一团处在特殊状态下的带电气体。有人认为,球雷是包有异物的水滴在极高的电场强度作用下形成的。在雷雨季节，球雷可能从门、窗和烟囱等通道侵入室内。

此外，直击雷和感应雷都能在架空线路或空中金属管道上产生沿线路或管道的两个方向迅速传播的雷电侵入波。雷电侵入波的传播速度在架空线路中约为 300m/μs，在电缆中约为 150m/μs。

9.1.3 雷电参数

雷电参数是防雷设计的重要依据之一。雷电参数系指雷暴日、雷电流幅值、雷电流陡度和冲击过电压等电气参数。

1. 雷暴日

为了统计雷电活动的频繁程度，经常采用年雷暴日数来衡量。只要一天之内能听到雷声的就算一个雷暴日。通常说的雷暴日都是指一年内的平均雷暴日数，即年平均雷暴日，单位 d/a。雷暴日数越大，说明雷电活动越频繁。

山地雷电活动较平原频繁，山地雷暴日约为平原的 3 倍。

我国广东省的雷州半岛（琼州半岛）和海南岛一带雷暴日在 80d/a 以上，长江流域以南地区雷暴日为 40~80d/a，长江以北大部分地区雷暴日为 20~40 d/a，西北地区雷暴日多在 20d/a 以下。西藏地区因印度洋暖流沿雅鲁藏布江上溯，很多地方雷暴日高达 50~80d/a。就一些大城市来说，广州、昆明和南宁为 70~80d/a，重庆、长沙、贵阳和福州约为 50d/a，北京、上海、武汉、南京、成都和呼和浩特约为 40d/a，天津、郑州、沈阳、太原和济南约为 30d/a 等。

我国把年平均雷暴日不超过 15d/a 的地区划为少雷区，超过 40d/a 的地区划为多雷区。在防雷设计时，应考虑当地雷暴日条件。

我国各地雷雨季节相差也很大，南方一般从 2 月开始，长江流域一般从 3 月开始，华北和东北延迟至 4 月开始，西北延迟至 5 月开始。防雷准备工作均应在雷雨季节前做好。

2. 雷电流幅值

雷电流幅值是指主放电时冲击电流的最大值。雷电流幅值可达数十至数百千安。根据实测，可绘制雷电流概率曲线。我国年平均雷暴日为 20d/a 以上地区的雷电流幅值的概率可用下式表达：

$$\lg P = -\frac{I_{SM}}{88} \tag{9-1}$$

式中　P——雷电流幅值的概率（%）；

　　　I_{SM}——雷电流幅值（kA）。

例如，对于 100kA 的雷电流幅值，按式（9-1）可求得其概率为 7.3%，即每 100 次雷击中大约有 7 次雷击的雷电流幅值达到 100kA。做防雷设计时，雷电流幅值可按 100kA 考虑。

年平均雷暴日 20d/a 及以下的地区，雷电流幅值的概率可用下式表达：

$$\lg P = -\frac{I_{SM}}{44} \tag{9-2}$$

雷电放电时，先导放电电流不超过 400A，余光电流为 100~1000A。

3. 雷电流陡度

雷电流陡度是指雷电流随时间上升的速度。雷电流冲击波波头陡度可达 50kA/μs，平均陡度约为 30kA/μs。雷电流陡度与雷电流幅值和雷电流波头时间的长短有关，雷电流波头时间仅数微秒。做防雷设计时，一般取波头形状为斜角波，时间按 2.6μs 考虑。

雷电流陡度越大，对电气设备造成的危害也越大。因此，在防雷要求较高的场合，波头形状宜取为半余弦波（见图 9-2）。这时，雷电流表达式为：

$$i = \frac{I_{SM}}{2}(1 - \cos\omega t) = \frac{I_{SM}}{2}\left(1 - \cos\frac{\pi t}{\tau_t}\right) \tag{9-3}$$

式中 τ_t——雷电流波头时间，$\tau_t = \pi/\omega$。

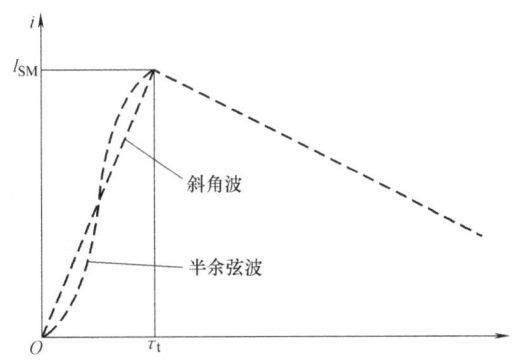

图 9-2 雷电流波形

不难证明，半余弦波波头的最大陡度为斜角波陡度的 π/2 倍。按余弦波波头考虑的防雷设计显然是偏于安全的。

4. 雷电冲击过电压

雷击时的冲击过电压很高，直击雷冲击过电压可用下式表达：

$$U_D = iR_{IE} + L\frac{di}{dt} \tag{9-4}$$

式中 U_D——直击雷冲击过电压（kV）；
　　　i——雷电流（kA）；
　　　R_{IE}——防雷接地装置的冲击接地电阻（Ω）；
　　　di/dt——雷电流陡度（kA/μs）。

显然，直击雷冲击过电压由两部分组成，如图9-3所示。前一部分决定于雷电流的大小和雷电流通道的电阻；后一部分决定于雷电流通道的电感。直击雷冲击过电压可高达数千千伏。

雷电感应过电压决定于被感应导体的空间位置及其与带电积云之间的几何关系。雷电感应过电压可达数百千伏。

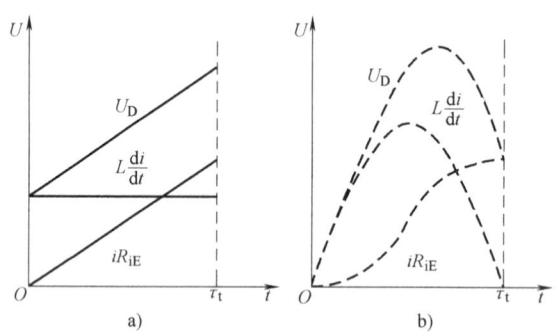

图 9-3　直击雷冲击过电压
a) 斜角波　b) 半余弦波

9.1.4 雷电的危害

由于雷电具有电流很大、电压很高和冲击性很强等特点，有多方面的破坏作用，且破坏力很大。就其破坏因素来看，雷电具有电性质、热性质和机械性质等三方面的破坏作用。

1. 电性质的破坏作用

电性质的破坏作用表现为数百万伏乃至更高的冲击电压，可能毁坏发电机、电力变压器、断路器和绝缘子等电气设备的绝缘，烧断电线或劈裂电杆，造成大规模停电；绝缘损坏可能引起短路，导致火灾或爆炸事故；二次放电的电火花也可能引起火灾或爆炸，二次放电也可能造成电击。绝缘损坏后，可能导致高压窜入低压，在大范围内带来触电的危险。数十至数百千安的雷电流流入地下，会在雷击点及其连接的金属部分产生极高的对地电压，可能直接导致接触电压电击和跨步电压的触电事故。

2. 热性质的破坏作用

热性质的破坏作用表现在直击雷放电的高温电弧能直接引燃邻近的可燃物，从而造成火灾。巨大的雷电流通过导体，在极短的时间内转换出大量的热能，可能烧毁导体，并导致易燃物品的燃烧和金属熔化、飞溅，从而引起火灾或爆炸。球雷侵入可引起火灾。

3. 机械性质的破坏作用

机械性质的破坏作用表现为被击物遭到破坏，甚至爆裂成碎片。这是由于巨大的雷电流通过被击物时，在被击物缝隙中的气体剧烈膨胀，缝隙中的水分也急剧蒸发为大量气体，致使被击物破坏或爆炸。此外，同性电荷之间的静电斥力、同方向电流或电流转弯处的电磁作用力也有很强的破坏作用。

9.2 防雷装置

避雷针、避雷线、避雷网、避雷带和避雷器都是经常采用的防雷装置。一套完整的防雷装置包括接闪器、引下线和接地装置。上述的针、线、网、带都只是接闪器，而避雷器是一种专门的防雷装置，主要用于设备的防雷。

9.2.1 接闪器

避雷针、避雷线、避雷网和避雷带都可作为接闪器，建筑物的金属屋面可作为第一类建筑物以外其他各类建筑物的接闪器。这些接闪器都是利用其高出被保护物的突出地位把雷电引向自身，然后通过引下线和接地装置把雷电流泄入大地，以此保护被保护物免受雷击。

1. 接闪器保护范围

接闪器的保护范围可根据模拟实验及运行经验确定。由于雷电放电途径受很多因素的影响，要想保证被保护物绝对不遭受雷击是很困难的，一般只要求其在保护范围内被击中的概率在0.1%以下即可。接闪器的保护范围现有两种计算方法：对于建筑物，接闪器的保护范围按滚球法计算；对于电力装置，接闪器的保护范围按折线法计算。

滚球法是设想一定直径的球体沿地面（或与大地接触且能承受雷击的导体）由远及近向被保护设施滚动，如该球体触及接闪器（避雷针等）或其引下线之后才能触及被保护设施，则该设施在接闪器保护范围之内。球面线即保护范围的轮廓线。滚球的半径按防雷级别确定，各级别的滚球半径见表9-1。除滚球半径外，表9-1中还给出了避雷网网格的要求。

表9-1 滚球半径和避雷网网格

建筑物防雷类别	滚球半径/m	避雷网网格/m×m
第一类防雷建筑物	30	≤5×5 或 ≤6×4
第二类防雷建筑物	45	≤10×10 或 ≤12×8
第三类防雷建筑物	60	≤20×20 或 ≤24×16

（1）单支避雷针的保护范围按图9-4确定。图中，h 为避雷针高度，h_r 为

滚球半径。先在距地面高度 h_r 上作一条地面的平行线 AB，再以避雷针针尖（$h < h_r$）或避雷针正下方 h_r 高度点（$h > h_r$）为圆心、h_r 为半径作弧线，与该水平线相交 A、B，然后以交点为圆心、h_r 为半径作圆弧，与避雷针和地面相接。弧线以下即单支避雷针的保护范围。该保护范围是一个圆锥体。在 h_r 高度上和地面上的保护半径分别为：

$$r_x = \sqrt{h(2h_r - h)} - \sqrt{h_x(2h_r - h_x)} \tag{9-5}$$

$$r_0 = \sqrt{h(2h_r - h)} \tag{9-6}$$

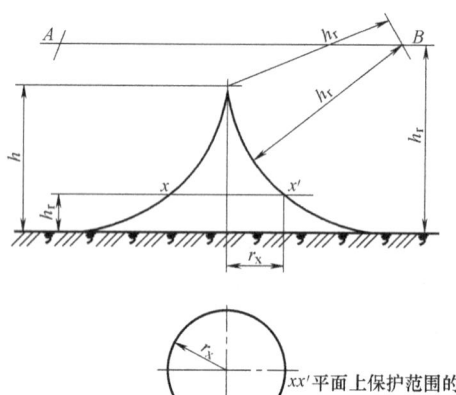

图 9-4　单支避雷针的保护范围

(2) 双支等高避雷针的保护范围按图 9-5 确定。图中，D 为两避雷针之间的水平距离。当 $D \geq 2\sqrt{h(2h_r - h)}$ 时，分别按两支单针计算其保护范围。当 $D < 2\sqrt{h(2h_r - h)}$ 时，按以下方法计算其保护范围：

1) $ACBE$ 外侧保护范围按单支避雷针计算。

2) A、B 连线垂直面上的保护高度线为圆心，高度为 h_r、半径为 $\sqrt{(h_r - h)^2 + (D/2)^2}$ 的居中圆弧，弧线高度为：

$$h_x = h_r - \sqrt{(h_r - h)^2 + (D/2)^2 - x^2} \tag{9-7}$$

式中　x——距两针中心点的水平距离。

地面上每侧最小保护宽度为：

$$b_0 = CO = EO = \sqrt{h(2h_r - h) - (D/2)^2} \tag{9-8}$$

3) $ACBE$ 范围内，圆弧两侧的保护范围将弧线顶点作为假想单支避雷针针尖，按滚球法确定（见图 9-5 的 1—1 剖面）。

4) h_x 高度与地面平行平面上保护范围的确定：以 A、B 为圆心，r_x 为半

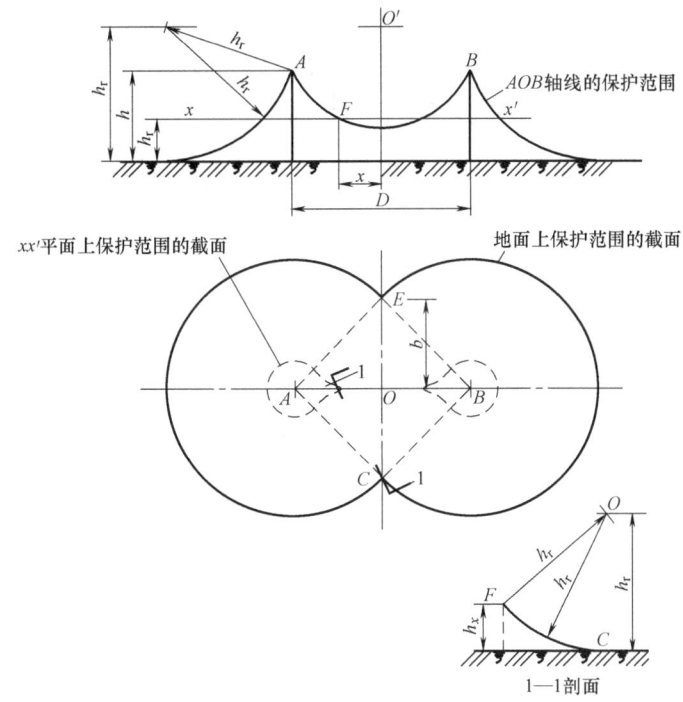

图 9-5 双支等高避雷针的保护范围

径作弧线，与四边形 ACBE 相交，再以 C、E 为圆心、（r_0-r_x）为半径作弧线，与上一弧线相交。四条弧线限定的范围即为平面上的保护范围。

折线法是将避雷针或避雷线保护范围的轮廓线看做是折线，折点在避雷针或避雷线高度的 1/2 处。对于高度为 30m 以上的避雷针，上部折线与垂线的夹角不超过 45°，下部折线与地面交点至垂足的距离不超过针高的 1.5 倍；对于高度为 30m 以上的避雷线，上部折线与垂线的夹角一般不超过 25°，下部折线与地面交点至垂足的距离不超过避雷线高度。如图 9-6 所示。

按照折线法，避雷针在地面上的保护半径按下式计算：

$$r = 1.5h \tag{9-9}$$

式中 r——避雷针在地面上的保护半径。

避雷针在被保护物高度 h_b 水平面上的保护半径 r_b 按下式计算：

当 $h_b > 0.5h$ 时：

$$r_b = (h - h_b)P = h_aP \tag{9-10}$$

式中 r_b——避雷针在被保护物高度 h_b 水平面上的保护半径；

h_a——避雷针的有效高度；

P——高度影响系数，$h < 30m$ 时，$P=1$；$30m < h < 120m$ 时，

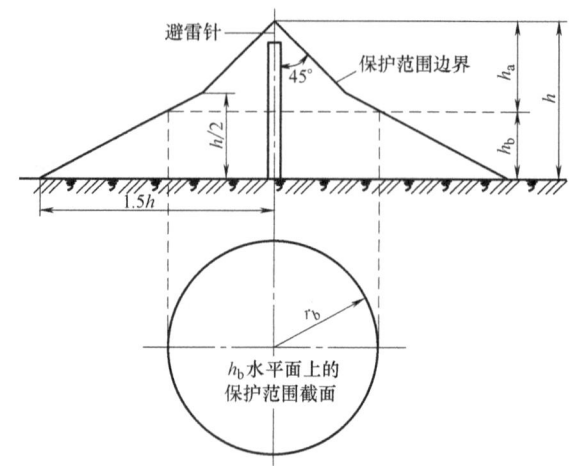

图 9-6　折线法确定单支避雷针保护范围

$P = 5.5/\sqrt{h}$。

当 $h_b < 0.5h$ 时：

$$r_b = (1.5h - 2h_b)P \tag{9-11}$$

避雷线的功用和避雷针相似，主要用来保护电力线路或狭长的建筑物及设备。避雷线的保护范围也按滚球法和折线法确定。

2. 接闪器材料

接闪器所用材料应能满足机械强度和耐腐蚀的要求，还应有足够的热稳定性，以能承受雷电流的热破坏作用。

避雷针一般用镀锌圆钢或钢管制成。避雷网和避雷带用镀锌圆钢或扁钢制成。接闪器最小尺寸见表 9-2。接闪器装设在烟囱上方时，由于烟气有腐蚀作用，应适当加大尺寸。

表 9-2　接闪器常用材料的最小尺寸

类别	规格	圆钢或钢管		扁钢	
		圆钢直径/mm	钢管直径/mm	截面/mm²	厚度/mm
避雷针	针长 1m 以下	12	20	—	—
	针长 1~2m	16	25	—	—
	针在烟囱上方	20	—	—	—
避雷网和避雷带	网格 6m×6m~10m×10m	8	—	48	4
	网格在烟囱上方	12	—	100	4

避雷线一般采用截面积不小于 35mm² 的镀锌钢绞线。

用金属屋面做接闪器时，金属板之间的搭接长度不得小于 100mm。金属板下方无易燃物品时，其厚度不应小于 0.5mm；金属板下方有易燃物品时，为了防止雷击穿孔，所用铁板、铜板和铝板厚度分别不得小于 4mm、5mm 和 7mm。所有金属板不得有绝缘层。

接闪器焊接处应涂防腐漆，其截面锈蚀 30% 以上时应予更换。

接闪器使整个地面电场发生畸变，但其顶端附近电场局部的不均匀范围很小，对从带电积云向地面发展的先导放电没有影响。因此，作为接闪器的避雷针端部尖不尖、分叉不分叉，对其保护效能基本上没有影响。接闪器涂漆可以防止生锈，对其保护作用也没有影响。

9.2.2 避雷器

避雷器并联在被保护设备或设施上，正常时处在不通的状态下。出现雷击过电压时击穿放电，泄放雷电流，发挥保护作用。过电压终止后迅速恢复为不通状态。避雷器保护原理如图 9-7 所示。避雷器主要用来保护电力设备和电力线路，也作为防止高电压侵入室内的安全措施。

避雷器有保护间隙、管型避雷器和阀型避雷器之分，应用最多的是阀型避雷器。

1. 保护间隙

保护间隙是最简单和最经济的防雷设备，它的结构十分简单，维护也方便，但保护性能差、灭弧能力小，容易造成接地或短路故障。所以在装有保护间隙的线路上，一般都装有自动重合闸装置，以提高供电可靠性。图 9-8 是常见的羊角形间隙结构，其中一个电极接线

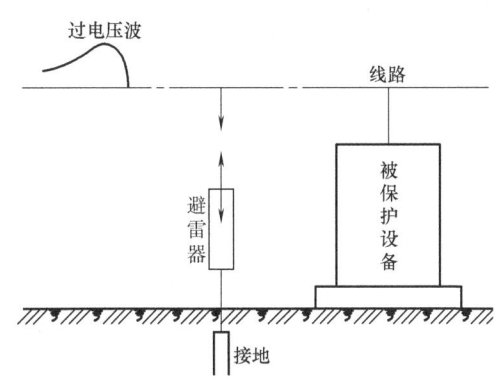

图 9-7 避雷器保护原理

路，另一个电极接地。为了防止间隙被外物（如鼠、鸟和树枝等）短接而发生接地故障，故在其接地引下线中还串联一个辅助间隙。如图 9-9 所示。间隙的电极应保护电力变压器的羊角形间隙，要求装在高压熔断器的内侧，即靠近变压器的一侧，这样在间隙放电后熔断器能迅速熔断，以减少变电所线路断路器的跳闸次数，并缩小停电范围。

保护间隙在运行中要加强维护检查，特别要注重间隙是否烧毁，间隙距离有无变动，接地是否完好。

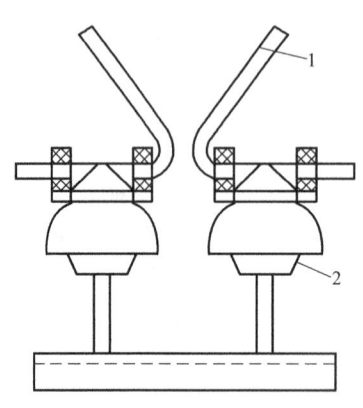

图 9-8 羊角形间隙结构
1—羊角形电极 2—支持绝缘子

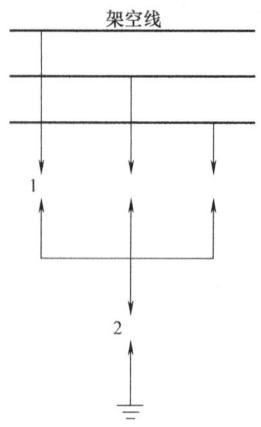

图 9-9 辅助间隙的连接
1—主间隙 2—辅助间隙

2. 管形避雷器

管形避雷器由产气管、内部间隙和外部间隙三部分组成。产气管由纤维、有机玻璃或塑料制成。内部间隙装在产气管内，一个电极为棒形，另一个电极为环形。图 9-10 中 S_1 为管形避雷器的内部间隙，S_2 为装在管形避雷器与运行带电的线路之间的外部间隙。

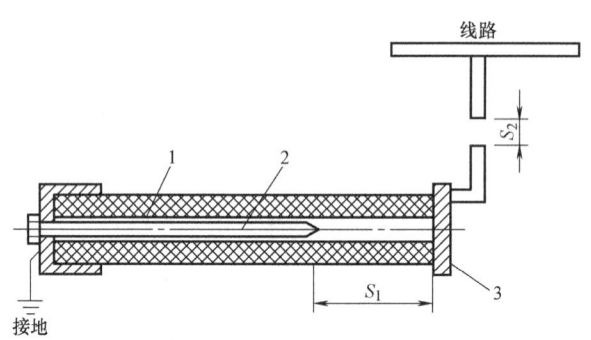

图 9-10 管形避雷器
1—产气管 2—内部电极 3—外部电极

正常运行情况时，S_1 与 S_2 均断开，管形避雷器不工作。当线路上遭到雷击或发生感应雷时，大气过电压使管形避雷器的外部间隙被击穿（此时无电弧），接着管形避雷器内部间隙被击穿，强大的雷电流便通过管形避雷器的接地装置入地。这时强大的雷电流和很大的工频续流会在管子内部间隙发生强烈电弧，在电弧高温下，管壁产生大量灭弧气体，由于管子容积很小，所以管子内形成很高压力,将气体从管口喷出,强烈吹弧,在电流为零值时电弧熄灭。这时外部间隙的空气恢复绝缘,使管形避雷器与运行线路隔离,恢复正常运行。

为了保证管形避雷器可靠工作,在选择管形避雷器时开断续流的上限应不小于安装处短路电流最大有效值(考虑非周期分量);开断续流的下限应不大于安装处短路电流的可能最小值(不考虑非周期分量)。

管形避雷器外部间隙的最小值:3kV 时为 8mm;6kV 时为 10mm;10kV 时为 15mm。

管形避雷器一般装于线路上,变、配电所内一般都用阀型避雷器。

3. 阀型避雷器

高压阀型避雷器或低压阀型避雷器都由火花间隙和阀电阻片组成,装在密封的瓷套管内。火花间隙用铜片冲制而成,每对间隙用 0.5~1.0mm 厚的云母垫圈隔开,如图 9-11a 所示。

阀电阻片是由用陶料粘固起来的电工用金刚砂(碳化硅)颗粒组成的,如图 9-11b 所示。阀电阻片具有非线性特征:正常电压时阀片电阻很大;过电压时阀片的电阻变得很小,电压越高电阻越小。

正常工作电压情况下,阀型避雷器的火花间隙阻止线路工频电流通过,但在线路上出现高电

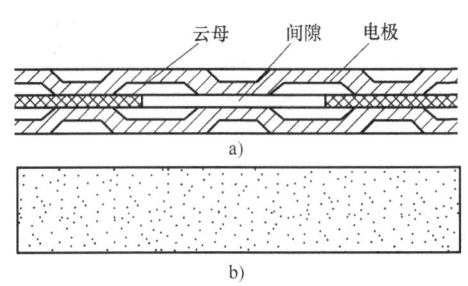

图 9-11 阀型避雷器
a) 避雷器的单位火花间隙　b) 避雷器的阀电阻片

压波时,火花间隙就被击穿,很高的高电压波就加到阀电阻片上,阀片电阻便立即减小,使高压雷电流畅通地向大地泄放。过电压一消失,线路上恢复工频电压时,阀片又呈现很大的电阻,火花间隙的绝缘也迅速恢复,线路便恢复正常运行。这就是阀型避雷器工作原理。

低压阀型避雷器中串联的火花间隙和阀片少;高压阀型避雷器中串联的火花间隙和阀片多,而且随电压的升高数量增多。

4. 氧化锌避雷器

氧化锌避雷器是 20 世纪 70 年代初期出现的压敏避雷器,它是以氧化锌微粒为基体与精选过的能够产生非线性特性的金属氧化物(如氧化铋等)添加剂高温烧结而成的非线性电阻。其工作原理是:在正常工作电压下具有极高的电阻,呈绝缘状态;当电压超过其起动值时(如雷电过电压等),氧化锌阀片电阻变为极小,呈"导通"状态,将雷电流畅通向大地泄放。待过电

压消失后,氧化锌阀片电阻又呈现高阻状态,使"导通"终止,恢复原始状态。氧化锌避雷器动作迅速,通过的流量大,伏安特性好,残压低,无续流。

9.2.3 引下线

防雷装置的引下线是用来连接接闪器和接地装置的金属导线。引下线应满足机械强度、耐腐蚀和热稳定的要求。

引下线一般采用圆钢或扁钢,其尺寸和防腐蚀要求与避雷网、避雷带相同。如用钢绞线作引下线,其截面积不得小于 $25mm^2$。用有色金属导线做引下线时,应采用截面积不小于 $16mm^2$ 的铜导线。

引下线应沿建筑物外墙敷设,并应避免弯曲,经最短途径接地。建筑艺术要求高者可以暗敷设,但截面积应加大一级。建筑物的金属构件(如消防梯等)可用做引下线,但所有金属构件之间均应连成电气通路,并且连接可靠。

采用多条引下线时,为了便于接地电阻和检查引下线和接地线的连接情况,宜在各引下线距地面高约 1.8m 处设断接卡。

采用多条引下线时,第一类和第二类防雷建筑物至少应有两条引下线,其间距离分别不得大于 12m 和 18m;第三类防雷建筑物周长超过 25m 或高度超过 40m 时也应有两条引下线,其间距离不得大于 25m。

在易受机械损伤的地方,地面以下 0.3m 至地面以上 1.7m 的一段引下线应加竹管、角钢或钢管保护。采用角钢或钢管保护时,应与引下线连接起来,以减小通过雷电流时的电抗。

引下线截面锈蚀 30% 以上者应予以更换。

9.2.4 接地装置

防雷设备的接地装置是用来引泄雷电流的,除独立避雷针外,在接地电阻满足要求的前提下,防雷接地装置可以和其他接地装置共用。

接地装置的泄流效率可用它的冲击接地电阻来表示。冲击接地电阻 R_{ch} 的定义是:接地装置上引出雷电流处的电压最大值与流经该接地装置的电流最大值之比。

冲击接地电阻一般不等于工频接地电阻,这是因为极大的雷电流自接地体流入土壤时接地体附近形成很强的电场,击穿土壤并产生火花,相当于增大了接地体的泄放电流面积,减小了接地电阻。同时,在强电场的作用下,土壤电阻率有所降低,也使接地电阻有减小的趋势。另一方面,由于雷电流陡度很大,有高频特征,使引下线和接地体本身的电抗增大;如接地体较长,其后部泄放电流还将受到影响,使接地电阻有增大的趋势。一般情况下,前一方面影响较大，后一方面影响较小，即冲击接地电阻一般都小于工频接地电阻。土壤电阻率越高，雷电流越大，接地体和接地线越短，则冲击接地电阻减小越多。

工频接地电阻与冲击接地电阻的比值称为冲击换算系数，即：

$$R_g = \alpha R_{ch} \tag{9-12}$$

式中　α——冲击换算系数；
　　　R_g——工频接地电阻；
　　　R_{ch}——冲击接地电阻。

表9-3列出了不同土壤电阻率的α值，以供参考。

表 9-3　冲击换算系数

接地装置形式	土壤电阻率/$\Omega \cdot cm$			
	$\leq 1 \times 10^4$	5×10^4	1×10^5	$\geq 2 \times 10^5$
一般接地装置	1.0	0.67	0.50	0.33
环绕房屋的接地装置	1.0			

注：如土壤电阻率在相邻两值之间，则α值可用插入法求出。

雷电流经引下线及接地装置时产生的高电压会使人受到接触电压、跨步电压及反击的威胁。为了防止跨步电压伤人，防直击雷接地装置距建筑物和构筑物出入口和人行横道的距离不应小于3m。当小于3m时应采取下列措施之一：

（1）水平接地体局部深埋1m以上。
（2）水平接地体局部包以绝缘物（例如，包以50~80cm厚的沥青）。
（3）铺设宽度超出接地体2m、50~80cm厚的沥青路面。
（4）埋设帽檐式或其他形式的均压条。

9.3　防雷措施

防雷措施可简单地概括地为"泄"和"抗"两种方式。"抗"的方式主要适用于需要防雷的电气设备本身，使之具有一定的绝缘水平，或采用其他补救措施，以提高其抵抗雷电破坏的能力；"泄"的方式则使用在各种防雷装置上。例如避雷针、避雷线、避雷网、避雷带和避雷器等，都是把雷电引向自身泄掉，以削减其威力。

应当根据建筑物和构筑物、电力设备以及其他保护对象的类别和特征，分别对直击雷、感应雷和雷电侵入波等采取适当的防护措施。

9.3.1 建筑物的防雷

1. 建筑物的防雷等级划分

GB50057—1994《建筑物防雷设计规范》将建筑物的防雷等级划分为三级。

第一类防雷建筑物：

（1）凡制造、使用或储存炸药、火药、起爆药和火工品等大量爆炸物质的建筑物，因电火花而引起爆炸，会造成巨大破坏和人身伤亡者。

（2）具有0区或20区爆炸危险环境的建筑物。

（3）具有1区爆炸危险环境的建筑物，因电火花而引起爆炸，会造成巨大破坏和人身伤亡者。

第二类防雷建筑物：

（1）国家级重点文物保护的建筑物。

（2）国家级的会堂、办公建筑物、大型展览和博览建筑物、大型火车站、国宾馆、国家级档案馆以及大型城市的重要给水水泵房等特别重要的建筑物。

（3）国家级计算中心、国际通信枢纽等对国民经济有重要意义且装有大量电子设备的建筑物。

（4）制造、使用或储存爆炸物质的建筑物，且电火花不易引起爆炸或不致造成巨大破坏和人身伤亡者。

（5）具有1区爆炸危险环境的建筑物，且电火花不易引起爆炸或不致造成巨大破坏和人身伤亡者。

（6）具有2区或11区爆炸危险环境的建筑物。

（7）工业企业内有爆炸危险的露天钢质封闭气罐。

（8）预计雷击次数大于0.06次/a的部、省级办公建筑物及其他重要或人员密集的公共建筑物。

（9）预计雷击次数大于0.3次/a的住宅和办公楼等一般性民用建筑物。

第三类防雷建筑物：

（1）省级重点文物保护的建筑物及省级档案馆。

（2）预计雷击次数大于或等于0.012次/a，且小于或等于0.06次/a的部、省级办公建筑物及其他重要或人员密集的公共建筑物。

（3）预计雷击次数大于或等于0.06次/a，且小于或等于0.3次/a的住宅和办公楼等一般性民用建筑物。

（4）预计雷击次数大于或等于0.06次/a的一般性工业建筑物。

（5）根据雷击后对工业生产的影响及产生的后果，并结合当地气象、地形、地质及周围环境等因素，确定需要防雷的21区、22区和23区火灾危险环境。

（6）在平均雷暴日大于15d/a的地区，高度在15m及以上的烟囱和水塔等孤立的高耸建筑物；在平均雷暴日小于或等于15d/a的地区，高度在20m及以上的烟囱和水塔等孤立的高耸建筑物。

2. 建筑物的防雷措施

各类防雷建筑物应采取防直击雷和防雷电波侵入的措施。第一类防雷建筑物和第二类防雷建筑物的第四、五、六款所涉及的建筑物尚应采取防雷电感应的措施。

（1）直击雷的防护。装设避雷针、避雷线、避雷网和避雷带是直击雷防护的主要措施。

避雷针可分为独立避雷针和附设避雷针。独立避雷针是离开建筑物单独装设的。一般情况下，其接地装置应当单设，接地电阻一般不应超过10Ω。严禁在装有避雷针的构筑物上架设通信线、广播线或低压线。利用照明灯塔作独立避雷针支柱时，为了防止将雷电冲击电压引入室内，照明电源线必须采用铅皮电缆或穿入铁管，并将铅皮电缆或铁管埋入地下（埋深0.5~0.8m），经10m以上水平距离才能引进室内。独立避雷针不应设在人经常通行的地方。

附设避雷针是装设在建筑物或构筑物屋面上的避雷针。如系多支附设避雷针，相互之间应连接起来，有其他接闪器者（包括屋面钢筋和金属屋面）也应相互连接起来，并与建筑物、构筑物的金属结构连接起来。其接地装置可以与其他接地装置共用，宜沿建筑物或构筑物四周敷设，其接地电阻不宜超过1Ω。如利用自然接地体，为了可靠起见，还应装设人工接地体。人工接地体的接地电阻不宜超过5Ω。露天装设的有爆炸危险的金属储罐和工艺装置，当其壁厚不小于4mm时一般不再装设接闪器，但必须接地。接地点不应少于两处，其间距离不应大于30m，冲击接地电阻不应大于30Ω。如金属储罐和工艺装置击穿后不对周围环境构成危险，允许其壁厚降低为2.5mm。

各类建筑物防直击雷的基本要求见表9-4。防雷装置承受雷击时，其接闪器、引下线和接地装置呈现很高的冲击电压，可能击穿与邻近的导体之间的绝缘，造成二次放电。二次放电可能引起爆炸和火灾，也可能造成电击。为了防止二次放电，不论是在空气中或是在地下，都必须保证接闪器、引下线和接地装置与邻近导体之间有足够的安全距离。冲击接地电阻越大，被保护点越高，避雷线支柱越高及避雷线挡距越大，则要求防止二次放电的间距越大。在任何情况下，第一类防雷建筑物防止二次放电的最小间距不得小于3m，第二类防雷建筑物防止二次放电的最小间距不得小于2m。不能满足间距要求时，应予跨接。

为了防止防雷装置对带电体的反击事故，在可能发生反击的地方应加设避雷器或保护间隙，以限制带电体上可能产生的冲击电压。降低防雷装置的接地电阻，也有利于防止二次放电事故。

表9-4 各类建筑物防直击雷要求

类　　别	基 本 要 求
第一类建筑物	（1）装设独立避雷针、架空避雷线或避雷网。避雷网的网格尺寸不应大于5m×5m或6m×4m，其支柱或端部至少应设一条引下线 （2）当装设独立接闪器有困难时，可沿屋角、屋脊、屋檐和檐角等易受雷击部位敷设避雷针、避雷线和避雷网等附设接闪器。这时，建筑物应装设均压环，环间垂直距离不应大于12m，并采用围绕建筑物的环形接地体。每一引下线的冲击接地电阻不应大于10Ω （3）对于排放爆炸危险气体、蒸气或粉尘的放散管、呼吸阀和排风管等，如无管帽，接闪点及接闪器的保护范围外边线应在管口上方半径5m的半球之外；如有管帽，接闪点及接闪器的保护范围外边线应在所规定的距离之外 （4）对于无燃爆危险的排放管，管帽或管口在接闪器保护范围内即可 （5）当建筑物高度超过35m时，应采取侧击雷防护措施：自30m起，每6m沿建筑物四周装设水平均压带，并与引下线连接；30m及其以上的金属门窗和栏杆等构件与防雷装置连接
第二类建筑物	（1）沿建筑物屋角、屋脊、屋檐和檐角等易受雷击部位装设避雷针、避雷网或避雷带等接闪器，避雷网或避雷带的网格尺寸不应大于10m×10m或12m×8m （2）无燃爆危险的金属放散管、呼吸阀、排风管和烟囱等可不另装接闪器，但必须与屋面防雷装置相连，其接地装置可以与电气设备的接地装置共用。每一引下线的冲击接地电阻不应大于10Ω （3）对于排放爆炸危险气体、蒸气或粉尘的放散管、呼吸阀和排风管等，应按一级防雷建筑物考虑 （4）当建筑物高度超过45m时，应将45m及其以上的建筑物钢构架、混凝土钢筋、金属门窗或栏杆等构件与防雷装置连接，作侧击雷防护
第三类建筑物	（1）沿建筑物屋角、屋脊、屋檐和檐角等易受雷击部位装设避雷针、避雷网或避雷带等接闪器，避雷网或避雷带的网格尺寸不应大于20m×20m或24m×16m （2）屋面上的金属放散管、呼吸阀、排风管和烟囱等可不另装接闪器，但必须与屋面防雷装置相连，其接地装置可以与电气设备的接地装置共用。每一引下线的冲击接地电阻一般不应大于30Ω，对于重要的建筑物则不得超过10Ω （3）当建筑物高度超过60m时，应将60m及其以上的建筑物钢构架、混凝土钢筋、金属门窗或栏杆等构件与防雷装置连接，作侧击雷防护

注：对于易燃品储罐，避雷针与呼吸阀的水平距离不应小于3m（储量5000m³以上者为5m），避雷针针尖高出呼吸阀不小于3m（储量5000m³以上者为5m），避雷针保护范围高出呼吸阀顶部不应小于2m。

(2) 感应雷防护。雷电感应能产生很高的冲击电压，在电力系统中应与其他过电压同样考虑；在建筑物和构筑物中，应主要考虑由二次放电引起爆炸和火灾的危险。无火灾和爆炸危险的建筑物及构筑物一般不考虑雷电感应的防护。

为了防止静电感应产生的高电压，应将建筑物内的金属设备、金属管道、金属构架、钢屋架、钢窗、电缆金属外皮，以及突出屋面的放散管、风管等金属物件与防雷电感应的接地装置相连。屋面结构钢筋宜绑扎或焊接成闭合回路。根据建筑物的不同屋顶，应采取相应的防止静电感应的措施：对于金属屋顶，应将屋顶妥善接地；对于钢筋混凝土屋顶，应将屋面钢筋焊成边长为5~12m的网格，连成通路并予以接地；对于非金属屋顶，宜在屋顶上加装边长为5~12m的金属网格，并予以接地。屋顶或其上金属网格的接地可以与其他接地装置共用。防雷电感应接地干线与接地装置的连接不得少于2处，其间距离不得超过16~24m。

为了防止电磁感应，平行敷设的管道、构架和电缆相距不到100mm时，须用金属线跨接，跨触点之间的距离不应超过30m；交叉相距不到100mm时，交叉处也应用金属线跨接。此外，管道接头、弯头和阀门等连接处的过渡电阻大于0.03Ω时，连接处也应用金属线跨接。在非腐蚀环境，对于5根及5根以上螺栓连接的法兰盘，以及对于第二类防雷建筑物可不跨接。防电磁感应的接地装置也可与其他接地装置共用。

(3) 雷电侵入波的防护。雷击低压线路时，雷电侵入波将沿低压线传入用户，进入户内。特别是采用木杆或木横担的低压线路，由于其对地冲击绝缘水平很高，会使很高的电压进入户内，酿成大面积雷害事故。除电气线路外，架空金属管道也有引入雷电侵入波的危险。

各类建筑物防雷电侵入波的要求见表9-5。

表9-5 建筑物防雷电侵入波的要求

类别	供电线路	架空管道
第一类防雷建筑物	(1) 全长采用直埋电缆，入户处电缆金属外皮和钢管与防雷感应接地装置相连 (2) 采用长度$l\geqslant 15m$金属铠装电缆或护套电缆穿钢管直埋地引入，入户处电缆金属外皮和钢管与防雷感应接地装置相连，电缆与架空线连接处装设阀型避雷器，避雷器、电缆金属外皮、钢管、绝缘子铁脚和金具等一起接地，冲击接地的接地电阻不应大于10Ω	(1) 架空金属管道进、出建筑物处与防雷感应接地装置相连，距离建筑物100m内的管道每25m左右接地一次，冲击接地的接地电阻不应大于20Ω (2) 地下金属管道进、出建筑物处与防雷感应接地装置相连

(续)

类别	供电线路	架空管道
第二类防雷建筑物	(1) 全长采用直埋电缆或架空金属线槽内电缆，入户处电缆金属外皮和金属线槽接地；对于有爆炸危险的建筑物应与防雷电感应接地装置相连 (2) 采用架空线转一段电缆供电，要求与第一类防雷建筑物相同；对于无爆炸危险的建筑物，埋地电缆的长度应不小于15m； (3) 年平均雷暴日30d/a以下的地区，采用架空线直接引入，入户处应设阀型避雷器或2~3mm的空气间隙，并与绝缘子铁脚和金具一起与防雷接地装置连接，冲击接地电阻不应大于5Ω；邻近入户处的三基电杆的绝缘子铁脚和金具接地，最近一处的冲击接地电阻不应大于10Ω，其余两处的不应大于20Ω；对于无爆炸危险的建筑物，这种供电方式不受雷暴日的限制，而且只需邻近入户处的两基电杆的绝缘子铁脚、金具接地，每处冲击接地电阻不应大于30Ω	(1) 架空金属管道进、出建筑物处与防雷电感应接地装置相连，距离建筑物25m接地一次，接地电阻不应大于10Ω； (2) 对于无爆炸危险的建筑物，允许金属管道进、出建筑物处直接接地，冲击接地电阻不应大于10Ω
第三类防雷建筑物	(1) 采用电缆供电者，电缆进、出线端电缆金属外皮和钢管等与电气设备接地装置相连 (2) 采用架空线转电缆供电者，要求与第二类防雷建筑物相同，但冲击接地电阻不应大于30Ω (3) 采用架空线供电者，进、出线处避雷器与绝缘子铁脚和金具一起与电气设备的接地装置连接；多回路进、出线时，可在母线或总配电箱处装设一组避雷器	架空金属管道进、出建筑物处冲击接地电阻不应大于30Ω

条件许可时，第一类防雷建筑物全长宜采用直接埋地电缆供电；第二类防雷建筑物应采用长度不小于50m的金属铠装直接埋地电缆供电。

除年平均雷暴日不超过30d/a、低压线不高于周围建筑物、线路接地点距入户处不超过50m、土壤电阻率低于200Ω·m且采用钢筋混凝土杆及铁横担几种情况外，0.23/0.4kV低压架空线路接户线的绝缘子铁脚均应接地，冲击接地电阻不宜超过30Ω。

户外天线的馈线临近避雷针或避雷针引下线时，馈线应穿金属管线或采用屏蔽线，并将金属管或屏蔽线接地。如果馈线未穿金属管又不是屏蔽线，则应在馈线上设避雷器或放电间隙。

9.3.2 电气设备防雷

电气设备要防护来自直击雷、雷电反击和侵入雷电波的危害。变电所的直击雷保护通常采用独立的避雷针或避雷线。此外为了防止发生反击事故，还应使变电所内全部接地装置成为一个整体，构成环状接地网，不要出现开口，使接地装置都能够充分地发挥作用,降低跨步电压和接触电压,以保证人身安全。

中小型工厂 6~10kV 变电所通常均较厂房为低,一般不另设直击雷保护。在线路遭受雷击时,由于线路绝缘水平往往较变电所内设备为高,因此沿着线路侵入到变电所来的雷电行波的幅值往往是很高的,如无完善的保护措施,就有可能使变电所内的变压器和其他设备的绝缘损坏。如果是终端变电所,由于反射作用其电压还会升高,危险性更大,因此对于沿进线侵入的雷电行波的危害更应给予高度重视。

对线路侵入的雷电波的保护,通常按不同的电压等级和容量采取相应级别的保护接线。变电所的保护接线规定了保护系统的构成以及各保护元件与被保护设备间的关系。

图 9-12 为 35~110kV 电压等级的变电所的标准保护接线,FZ 为阀型避雷器,GB 为管型避雷器。保护接线中,进线段架设 1~2km 避雷线是用来防止进线端遭受雷击和发生雷电感应的,在木杆或钢筋混凝土杆木横担线路进线保护段首端,应装设管型避雷器 GB_1,用以限制从进线端外沿导线侵入的冲击波幅值,进线保护段末端装设的管型避雷器 GB_2 是用以保护经常开路运行的断路器和隔离开关的,阀型避雷器是用以保护变电所的变压器及所有电气设备的绝缘,对于 35~60kV、容量为 3150~5000kV·A 的变电所,可根据供电的重要性和当地雷电活动的强弱,适当简化防雷保护接线。这时进线段的避雷线可减少到 500~600m,但进线端设管型避雷器或间隙,其接地电阻不应大于 5Ω。阀型避雷器到主变压器的距离不应超过 40m,其保护接线如图 9-13 所示。

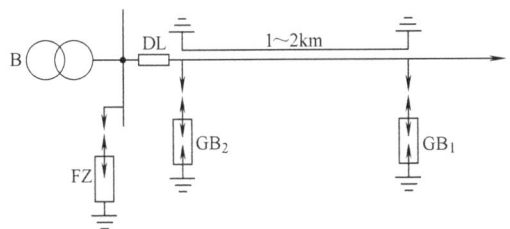

图 9-12 未沿全线设避雷线的 35~110kV 线路变压器的保护接线

变电所为 3~10kV 的配电装置,包括电力变压器,为防止入侵波所采取的保护是在每路进线和每组母线上装设阀型避雷器,接线方式如图 9-14 所示。

阀型避雷器一般应装设在被保护设备的前面(指来波方向),这样才能起到较好的保护作用。但考虑到雷电波的反射作用,阀型避雷器应尽量靠近被保护设备。表 9-6 给出了母线上避雷器与主变压器之间的最大允许电气距离。由于其他电气设备的冲击强度比变压器高,因此阀型避雷器至其他电气设备之间

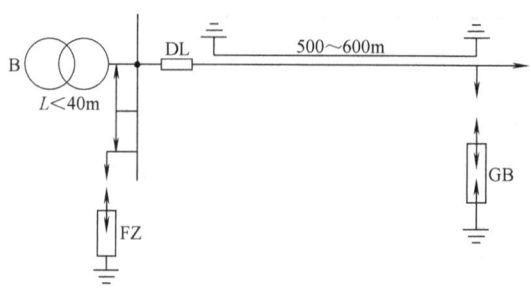

图 9-13 35~60kV、容量 3150~5000kV·A 变电所进线保护

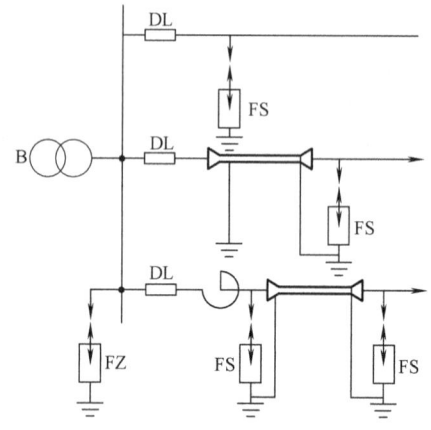

图 9-14 3~10kV 配电装置的防雷保护接线

的距离允许再增加 35%。

表 9-6 避雷器距变压器的距离　　　　　　　　（单位：m）

进线回路数	1	2	3	4 及以上
至 3~10kV 变压器	15	23	27	30
至 35kV 变压器	25	35	40	45

　　配电网内的变压器，杆上断路器等都可以采用阀型避雷器、管型避雷器或角型间隙保护。为了提高保护效果，保护设备应与被保护设备装在同一杆塔上，避雷器或保护间隙的接地引下线与被保护设备的外壳及低压零线相连接后共同接地，其工频电阻应小于 4Ω。作配电变压器保护时，避雷器一般装在高压熔断器的后面。对于在雷雨季可能经常开断运行的杆路和杆上隔离开关，则要求在断路器两侧各装一组避雷器。

9.3.3 人身防雷

发生雷暴时，由于带电积云直接对人体放电，雷电流入地产生对地电压可能对人造成致命的电击，因此应注意必要的人身防雷安全要求。

发生雷暴时，非工作必须，应尽量减少在户外或野外逗留时间；在户外或野外最好穿塑料等不透水的雨衣。如有条件，可进入有宽大金属构架或有防雷设施的建筑物、汽车或船只内；如在建筑屏蔽的街道或高大树木屏蔽的街道内躲避，要注意离开墙壁或树干8m以外。

发生雷暴时，应尽量离开小山、小丘和隆起的小道，离开海滨、湖滨、河边和池塘，避开铁丝网、金属晒衣绳以及旗杆、烟囱、宝塔、孤独的树木，还应尽量离开没有防雷保护的小建筑物或其他设施。

发生雷暴时，在户内应注意防止雷电侵入波的危险，应离开照明线、动力线、电话线、广播线、收音机和电视机电源线、收音机和电视机天线，以及与其相连的各种金属设备，以防止这些线路或设备对人体二次放电。调查资料表明，户内70%以上对人体的二次放电事故发生在与线路或设备相距1m以内的场合，相距1.5m以上者尚未发生死亡事故。由此可见，雷暴时人体最好离开可能传来雷电侵入波的线路和设备1.5m以上。应当注意，仅仅拉开开关对于防止雷击是起不了多大作用的。

遇雷雨天气，还应注意关闭门窗，以防止球雷进入户内造成伤害。

第10章

静 电 防 护

10.1 静电的产生及危害

静电是一种广泛存在于自然界、工业生产和人们日常生活中的电现象。静电的产生和积聚，会产生静电电场力，并因静电放电而产生电火花，对人类生产和生活带来危害。

10.1.1 静电的产生

实验证明，不仅摩擦可以产生静电，只要两种物质紧密接触后再分离时就可能产生静电。静电的产生与两种物质相互接触时的接触电位差和接触面上的偶电荷层直接相关。摩擦产生静电的实质是通过摩擦扩大了接触分离的规模，使静电易于产生。

1. 静电的起电方式

（1）接触-分离起电。相接触的两种物体，其间距离达到或小于 25×10^{-8} cm 时，由于不同原子得失电子的能力不同，不同原子（包括原子团和分子）外层电子的能级不同，两种物体中的电子穿过交界面互相扩散，使其间发生电子的转移。在两种物质的交界面两侧出现的等量异号电荷称为偶电荷层，其间的电位差称为接触电位差。接触电位差由物质性质及其表面状况决定。固体物质的接触电位差只有千分之几至十分之几伏，最大 1V 左右。根据偶电荷层和接触电位差的理论，可知两种物质紧密接触再分离时，即可产生静电。

当两种固体材料相接触并使其突然分离或相互摩擦，它们各自带上的电荷符号和大小可由摩擦带电的静电序列确定。表 10-1 为相关标准和资料公布的静电序列（部分）。

表 10-1　国外有关标准和资料公布的静电序列（部分）

MIL-HDBK-263A（1991）	IEEE Std. C62.47（1992）	美国 ESD 协会网站（2004）
人手	石棉	兔毛
兔毛	醋酸酯	玻璃
玻璃	玻璃	云母
云母	人发	人发
人发	尼龙	尼龙
尼龙	羊毛	羊毛
羊毛	毛皮	毛皮
毛皮	铅	铅
铅	丝绸	丝
丝绸	铝	铝
铝	纸	纸
纸	聚氨酯	棉花
……	……	……

静电序列表中，排在前面的物体带正电，排在后面的物体带负电。两种材料在静电序列表上的位置相距越远，摩擦后产生的电位差越大。在静电防护工程设计、施工以及有关静电敏感产品的设计、工艺的加工、材料的选择和使用过程中，对紧密接触的材料，应尽量使用同种材料和在静电序列中较近的材料。

但应当指出，物质呈现的电性在很大程度上还受到物质所含杂质成分、表面氧化和吸附情况、温度、湿度、压力、外界电场等因素的影响，使实验结果不完全一致，所以上述列表只能作为一般的参考。

（2）感应起电。图 10-1 为一种典型的感应起电过程。当 B 导体与接地导体 C 相连时（见图 10-1a），由导体在静电场中的静电感应现象可知，B 导体在带电体 A 的感应下，其靠近带电体 A 的端部出现正电荷，但 B 导体对地电位仍然为零；当 B 导体离开接地导体 C 时，（见图 10-1b），B 导体成为带电体。

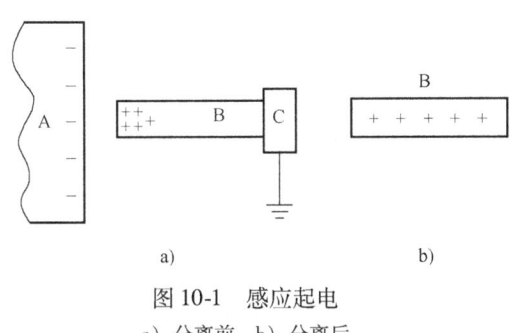

图 10-1　感应起电
a) 分离前　b) 分离后

(3) 破裂起电。物体遭到破坏而破裂时，破裂后的物体因破坏了正、负电荷的平衡，而使破断的两段各带上等量异号电荷，即产生了静电。由此产生的静电，称为破裂起电。如固体粉碎、液体分离过程所产生的静电。

(4) 剥离起电。互相密切结合的物体进行剥离时，可引起电荷分离而产生静电的现象，称为剥离起电。剥离起电会产生很高的静电电位。剥离起电的起电量取决于接触面积、接触面的粘着力和剥离速度等。剥离起电的示意见图 10-2。

(5) 电荷迁移。当一个带电体与一个非带电体接触时，电荷将重新分配，即发生电荷迁移而使非带电体带电。当带电雾滴或粉尘撞击导体时，便会产生电荷迁移；当气体离子流射在不带电的物体上时，也会产生电荷迁移。

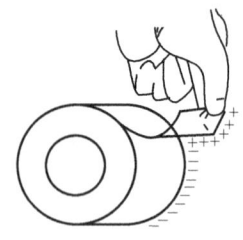

图 10-2　剥离起电

2. 固体静电

固体静电可用偶电荷层和接触电位差的理论来解释。偶电荷层上的接触电位差是极为有限的，而固体静电电位可高达数万伏以上，其原因在于电容的变化。

电容器上的电压 U、电量 Q 和电容 C 三者之间保持 $U = Q/C$ 的关系。对于平板电容器，其电容见下式：

$$C = \frac{\varepsilon S}{d} \tag{10-1}$$

式中　ε ——极间电介质的介电常数；
　　　S ——极板面积；
　　　d ——极间距离。

由上述关系有：

$$U = \frac{Qd}{\varepsilon S} \tag{10-2}$$

两种物质紧密接触时，其间距 d 只有 25×10^{-8} cm。若两者分开为 1cm，即 d 增大为 400 万倍，如接触电位差为 0.01V，则（在不考虑分开时电荷逆流的情况下）两者之间 U 可达 40000V。

在固体物质大面积的接触-分离或大面积的摩擦，以及固体物质的粉碎等过程中，都可能产生强烈的静电。橡胶、塑料和纤维等行业工艺过程中的静电电压可达数万伏，甚至数十万伏。

3. 人体静电

人体在活动过程中，人的衣服、鞋以及所携带的用具与其他材料摩擦或接触-分离时，均可能产生静电。例如，当穿着化纤布料服装的人从人造革面的椅子上起立时，人体静电可达 10000V 以上。

人体是导体，在静电场中能感应起电而成为带电体，也可引起感应放电。人体静电与所穿衣服材质、操作速度、地面和鞋底电阻、相对湿度等因素有关。

4. 粉体静电

粉体具有分散性和悬浮性的特点，在快速流动或抖动、振动等运动状态下，粉体颗粒之间及粉体颗粒与管路、器壁、传送带之间的摩擦、分离，破碎等过程都会产生接触-分离带电。塑料粉、药粉、面粉、麻粉、煤粉和金属粉等各种粉体都可能产生静电。粉体静电电压可高达数万伏。

悬浮的铝粉和镁粉等金属粉体也能产生和积累静电。这是因为悬浮状态的颗粒与大地之间总是通过空气绝缘的。

5. 液体静电

液体在输送、过滤、搅拌、喷射、冲刷和灌注等加工工序中都可能产生静电。液体静电起电的主要形式有以下几种：

（1）液体介质的流动起电。液体与固体接触-分离会产生静电，液体与固体的接触面上会出现偶电荷层。其中，紧贴于固体表面的离子层称为固定电荷层；与固定电荷层相邻、能够随液体流动的异号离子层称为滑移电荷层。当液体流动时，偶电荷层上滑移电荷层的电荷随液体流动，形成液体带电，称为液体介质的流动起电，产生的电流称为流动电流。因流动电流的出现，使管道的终端容器内产生静电电荷的积累。

在流速和管径不变的情况下，流动电流 I 与管道长度 L 保持以下关系：

$$I = I_\infty(1 - e^{-\frac{L}{L_b}}) + I_0 e^{-\frac{L}{L_b}} \tag{10-3}$$

式中 I_∞ ——饱和流动电流，可以写为：

$$I_\infty = \frac{\pi}{4}D^2 v \rho_{m\infty} \tag{10-4}$$

I_0 ——进口处流动电流；
L_b ——管道饱和长度，$L_b = \tau v$；
D ——管道内径；
v ——流速；
$\rho_{m\infty}$ ——液体饱和电荷密度（即稳定时的电荷密度）；
τ ——液体静电时间常数，$\tau = \varepsilon \rho$。

显然，随着管道长度的增加，式（10-3）带有 $e^{-\frac{L}{L_b}}$ 的两项逐渐趋近于零，管道内流动电流逐渐趋近一个稳定值。这个稳定值就是饱和流动电流 I_∞。

液体在流动中的带电是很常见的，如汽油等低电导率的油品在管线中输送时，通过有滤网漏斗将苯倒入试瓶时都会产生静电。

（2）沉降起电。悬浮在液体中的固体微粒由于密度差异发生沉降，使微粒和液体分别带上等量异号性质的电荷，在容器上、下部产生电位差，即为沉降起电。例如，轻质油品中含有的固体颗粒杂质或水滴，在向下沉降时会产生静电。

（3）喷射起电。当液体微粒从管口、喷嘴和管道龟裂处等高速喷出时，由于液体与喷出口发生摩擦，会使微粒和喷出口分别带上不同性质的电荷，这种现象称为喷射起电。此外，液体微粒的飞溅和与附近物体及空气发生冲撞，形成许多小液滴，其中比较大的液滴很快沉降，其他微小的液滴留在空气中形成雾状小液滴云，这些喷射在空间的液体类物质的扩散和分离，形成偶电荷层分离而使小液滴云带有大量电荷。

6. 气体静电

完全纯净的气体是不会产生静电的，但由于气体中往往含有灰尘和蒸气等固体颗粒或液体颗粒，在它们与气体高速喷出时，会与管壁发生相互作用而产生静电。如氢气从瓶中放出时，氢气瓶内的铁锈和水等物质与氢气同时喷出就会产生静电。此外，在乙炔储瓶中，当乙炔自钢瓶中放出时，溶解乙炔使用的丙酮粒子随之喷出，可产生高达6kV的静电。

10.1.2 静电的危害

在现代工业中，静电带来的危害主要表现为：引起火灾和爆炸；引起电击；引起生产故障。

1. 静电引起火灾和爆炸事故

静电的能量一般都很小，但其电压很高，如在橡胶、塑料、造纸和粉碎加工等行业，静电有时可达几万伏甚至几十万伏，容易发生火花放电。如果所在场所有易燃物质，易燃物质形成爆炸性混合物后即可能引起爆炸或火灾。

静电引起火灾及爆炸危害的主要形式有：

（1）引起可燃、易燃性液体火灾或爆炸。一些油料（如汽油和煤油等）在通过管道输送的过程中，能产生并存储大量静电电荷。当这些带电的产品储存在油槽车中，油面上充满蒸气的空间会被电荷点燃引起火灾和爆炸。

此外，在可燃、易燃性液体的喷射、混合、搅拌、过滤、混炼和液状物体喷涂等加工工序中，都会出现静电带电现象，造成火灾或爆炸。

（2）引起某些粉尘火灾或爆炸。硫磺粉、铝粉和面粉等粉尘在快速流动或抖动、振动等运动状态下，粉尘与管道、器壁和传送带之间的摩擦、分离，以及粉尘自身颗粒的相互摩擦、碰撞、分离，固体颗粒断裂、破碎等过程产生的接触-分离极易产生静电电荷，其静电电压可高达几千，甚至几万伏。一旦发生静电放电将引起剧烈的爆炸，造成灾难性的后果。

（3）引起易燃性气体爆炸或起火。纯净的气体不会产生静电，即使在喷出时，理论上也不会产生静电起电现象。但绝对纯净的气体是不存在的，当气体中混有某些固体颗粒、液滴或其他异物时，在高速冲撞、破碎或摩擦过程中就会带电。

对于静电引起的火灾和爆炸，就行业性质而言，以炼油、化工、橡胶、造纸、印刷和粉末加工等行业的事故最多；就工艺种类而言，以输送、装卸、搅拌、喷射、开卷和卷绕、涂层、研磨等工艺过程的事故最多。

2. 静电引起电击

接近静电体或带静电的人体接近接地体时，可能会遭到电击。静电引起的电击电流是由于静电放电造成的瞬间冲击性的电击，一般不会导致人员死亡。对人体的影响一般是痛感或手指麻木等，静电电击会引起人员恐慌情绪，影响正常的工作。此外，人体遭受意外电击还会引起跌倒、空中坠落或触碰设备危险部位等，造成二次事故，可能导致严重后果。

3. 静电引起生产故障

在工业生产的某些过程中，由于静电会妨碍生产或降低产品质量。

纺织行业中，由于静电的作用，纤维会发生飘动、粘合、编结，妨碍正常生产。在纺纱、整理和漂染等工艺过程中，因摩擦产生静电，由于静电力的吸附作用，可能吸附灰尘等，从而造成产品质量降低。

在粉体加工行业，生产过程中产生的静电除带来火灾和爆炸危险外，还会降低生产效率，影响产品质量。例如，在粉体筛分时，由于静电力的作用吸附细微的粉末，使筛目变小或堵塞而降低生产效率；在粉体气力输送过程中，由于静电力的作用，在管道上和管子变径处会积存一些被输送的物料，造成输送不良，也会降低生产效率；在球磨时，钢球由于静电吸附一层粉末，不但会降低生产效率，而且钢球上吸附的粉末还可能会混入产品中，从而降低产品质量；在粉体计量时，由于计量器具的静电吸附粉体，还会造成测量误差；在粉体装袋时，由于静电斥力的作用，粉体四散飞扬，既损失粉体又污染环境。

在塑料和橡胶行业，由于制品与辊轴的摩擦，制品的挤压和拉伸，会产生较多静电。不仅存在火灾和爆炸危险，同时由于静电吸附大量灰尘，影响产品质量。在印花或绘画时，静电力使油墨移动会大大降低产品质量；塑料薄膜也会因静电而缠卷不紧等。

在造纸行业，在纸张烘焙干燥收卷工艺中，纸张与金属辊筒摩擦产生静电，造成收卷困难和吸污量增大等影响质量。

在印刷行业，纸张与机器、油墨接触摩擦而带静电，导致纸张不齐，不能分开，粘在传动带上，油墨受力移动，使套印不准，降低印刷质量等。

在感光胶片行业，由于胶片与辊轴的高速摩擦，胶片静电电压高达数千甚至上万伏。如在暗室中发生放电即使是极微弱的放电，胶片也会因感光而报废。另外，因胶卷基片静电吸附灰尘或纤维会降低胶片质量。

在电子工业中，静电放电可以改变半导体器件的电性能，使之降级或损坏。半导体芯片生产过程广泛使用石英及高分子物质制作，由于它们具有的高绝缘性，生产过程容易积聚大量的电荷，导致芯片吸附浮游尘埃，造成产品发生极间短路，降低成品率。

在电子工业中，静电对电子器件的损害具有普遍性、随机性和不易察觉性的特点。日本曾统计，不合格的电子器件中有45%是静电放电危害造成。在电子工业领域，全球每年因静电造成的损失高达百亿美元。

静电放电不仅能造成计算机、自控、通信和监视等系统中的电子元件、集成电路损坏，还可能对无线电通信和电子设备产生干扰等，造成误动作乃至系统瘫痪。

10.2 静电防护技术

物体所带静电电荷的消散有两个途径：一是泄漏，二是静电中和。

1. 基本防护措施

（1）控制静电荷产生，防止危险静电源的形成。对接触起电的物料，应尽量选用在带电序列中位置较邻近的，或对产生正负电荷的物料加以适当组合，最终达到起电最小的目的。

在生产工艺设计上，对有关物料应尽量做到接触面积和压力较小，接触次数较少，运动和分离速度较低。

（2）使静电荷安全消散，防止电荷积聚。

1）接地。静电接地是静电泄漏的方式之一，是最常用、最基本的防止静电危害的措施。在静电危险场所，所有带静电的物体必须接地。对金属物体应采用金属导体与大地做导通性连接，对金属以外的导体及亚导体实施间接接地。

静电带电体与大地间的总泄漏电阻小于$1 \times 10^6 \Omega$。每组专设的静电接地体的接地电阻值应小于100Ω，在山区等土壤电阻率较高的地区，其接地电阻值应不大于1000Ω。

接地是使静电荷安全消散的有效方法，但它并不能防止和抑制静电的产生，而且采用接地方法不能防止绝缘体带电。

2）增湿。环境的相对湿度对静电起电率和静电泄漏有很大的影响。当相对湿度增加到50%时，物体的静电带电量明显减少。当相对湿度应提高到70%以上时，几乎所有物体的表面电阻率都大大减小，以至由非导体向亚导体或导体的表面特性过渡，加快了静电荷的泄漏速率。为此规定，环境的相对湿度宜增加至50%以上。

应当指出,增湿主要是增强静电沿绝缘体表面的泄漏,而不是增加通过空气的泄漏。以加湿的方法消除静电,对以下情况无效:表面不易被水润湿的绝缘体,如涤纶和聚四氟乙烯等;表面水分蒸发极快的电非导体;绝缘的带电介质,如悬浮的粉体;高温环境里的绝缘体。此外,增湿方法不得用在气体爆炸危险场所0区。

3)合理选用工艺过程的材料和设备。合理选用材料和设备是从生产工艺角度限制和避免静电的产生和积累。在静电危险场所中,生产工艺设备应采用导体或亚导体,避免采用非导体。如应选用导电性好的材料制成的带轮及输送带;用齿轮传动替代带轮传动;选用导电性的工具等。在遇到分层或套叠的结构时避免使用非导材料;在静电危险场所使用的软管及绳索的单位长度电阻值应在 $1\times10^3 \sim 1\times10^6 \Omega/m$ 之间;在气体爆炸危险场所禁止使用金属链。

4)采用静电缓和器。对于高带电的物料,宜在接近排放口前的适当位置装设静电缓和器。

带电油品在缓和器内停留的时间一般可按缓和时间的三倍来设计。

缓和时间按下式计算:

$$t = \varepsilon_r \varepsilon_0 / \sigma \tag{10-5}$$

式中 t——缓和时间,s;

ε_r——油品相对介电常数;

ε_0——真空介电常数,pF/m;

σ——油品电导率,pS/m。

甲、乙类易燃、可燃液体进入储罐和槽车时,流速应在 1~6m/s 之间。当液体输送管线上装有过滤器时,自过滤器至装料之间应有30s的缓和时间,可以通过配置缓和器实现。对于电导率大于50pS/m的液体,可以不受缓和时间要求的限制。

5)添加防静电剂。在某些物料中添加适量的防静电剂,能降低其电阻率,加速静电泄漏,消除静电危险。抗静电添加剂是化学药剂,具有良好的导电性或较强的吸湿性。但应注意防止某些抗静电添加剂的毒性和腐蚀性造成的危害。

在橡胶行业中,为了提高橡胶制品的抗静电性能,一般加入导电炭黑作为抗静电添加剂;石油中一般加入环烷酸盐、铬盐和合成脂肪酸盐等作为抗静电添加剂。

对于悬浮状粉体和蒸气的静电,因其每一微小的颗粒(或小珠)都是互相绝缘的,所以采用抗静电添加剂不起作用,应采用工艺控制法。

(3)静电屏蔽。静电屏蔽是用接地导体(即屏蔽导体)靠近带静电体放置,以增大带静电体对地电容,降低带电体静电电位,从而减轻静电放电的危险。带电体应进行局部或全部静电屏蔽,或利用各种形式的金属网,减少静电的积聚。屏蔽还能减小可能的放电面积,限制放电能量,防止静电感应。屏蔽体或金属网应可靠接地。在静电防护领域,为了使对静电敏感的器件不受外围静电场的影响,通常将敏感器件装在屏蔽袋中。

(4) 消除静电放电条件。在设计和制作工艺装置或装备时,应避免形式静电放电的条件。如对烃类燃油在管道中的流速进行控制,使其满足最大管流速与管径的关系,减少静电的产生;在容器内避免出现细长的导电性突出物等。限制非导体材料制品的暴露面积及暴露面的宽度,能够限制其电量,使其局部形不成高电压,无法形成有害的静电放电。

(5) 降低静电场合的环境危险程度。在可能存在静电放电的场所,应严格控制气体中可燃物的浓度,使之保持在爆炸下限以下。如采用通风装置和降低生产速率等办法,必要时可配置惰性气体系统。在不影响工艺过程正常进行的情况下,用不可燃介质代替易燃介质。此外,用颗粒状材料代替粉尘也是防止静电危险的一种有效措施。

(6) 采用静电消除器。静电消除器是消除静电的装置。它将气体分子进行电离,产生电子和离子,使物料上的静电电荷得到相反极性电荷的中和,从而消除静电。静电消除器又叫静电中和器。静电消除器主要用来防止绝缘体带电。与抗静电添加剂相比,静电消除器具有使用简便和不影响产品质量等优点,因而静电消除器应用很广,种类很多。按工作原理不同,静电消除器可分为无源自感应式静电消除器、高压式静电消除器、放射线式静电消除器和离子风式静电消除器。静电消除器原则上应安装在带电体接近最高电位的部位。爆炸危险场所要使用防爆型静电消除器。消除属于静电非导体物料的静电,应根据现场情况采用不同类型的静电消除器。

感应式静电消除器是一种最简单的静电消除装置,它没有外加电源,是由接地的若干支非常尖的针、电刷或细电线作消电电极,并与支架等附件共同组成。其工作原理如图10-3所示,生产物料上的静电通过放电针感应出极性相反的电荷,并在针尖附近形成很强的电场。当局部电场达到或超过起晕电场的条件时,针尖附近的空气被电离,形成电晕

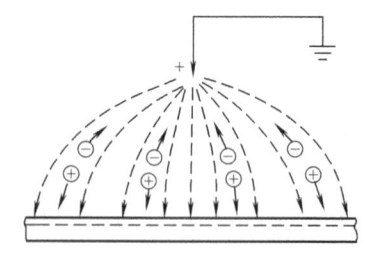

图 10-3 感应式静电消除器的工作原理

放电,产生正离子和负离子。在电场的作用下,正、负离子分别向生产物料和放电针移动,静电电荷得到中和。与此同时,沿放电针的接地线流过电晕

电流。

感应式静电消除器应装在静电电压较高的位置。感应式静电消除器的缺点是对带电电位比较低的带电体不能起到消除静电的作用；即使对带电电位很高的带电体，在消电时也会残留一定数量的电荷（或电位）。

感应式静电消除器可用于橡胶、塑料、造纸、纺织和石油化工等行业。

高压静电消除器与感应式静电消除器的主要区别是由高压电源直接或间接地向放电针供电，在针尖附近安装有接地电极。主要由高压电源和多支放电针的电晕放电器组成。高压静电消除器如图10-4所示，是利用高电压在放电针尖端附近造成强电场使空气局部高度电离，与带电体符号相反的离子在电场驱动下移向带电体，并与其上的电荷发生中和作用而消除静电。

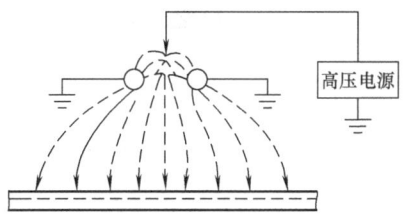

图 10-4　高压静电消除器

高压消除器种类很多，按电流种类可分为交流高压消除器和直流高压消除器。交流高压消除器又可分为工频高压消除器和高频高压消除器。从消电效果来看，直流最好，工频次之，高频交流效果最差。按照有无送风结构划分，可分为普通型静电消除器和离子风型静电消除器。按防爆性能划分，可分为防爆型和非防爆型静电消除器。

由于高压式静电消除器的电离强度不取决于带电体的电位高低，因而从根本上消除了无源自感应式静电消除器的缺点，其消除静电比较彻底。除直流高压消除器外，其他高压消除器的作用范围都较小。

放射源式静电消除器，也称为同位素静电消除器。它是利用放射性同位素发出的射线使空气电离，产生正离子和负离子，中和带电体上的静电。放射性同位素种类较多，放出的射线有 α、β、γ 等。α 射线静电消除器应用较多。除 α 射线和 β 射线外，X 射线亦可用来消除静电。至于一般的 γ 射线，由于其电离能力很弱，穿透能力又很强，所以不用于消除静电。

放射源式静电消除器的结构如图10-5所示。放射线消除器由放射源、屏蔽框和保护网等部分组成。放射源一般采用 0.3～0.5mm 厚的片状元件，用紧固件固定在屏蔽框底部。屏蔽框应有足够的厚度，以防止射线危害。消除器前面装有保护网，以防止操作者不慎直接接触到放射源。

使用放射源式静电消除器一定要控制放射性对人体的伤害和对产品的污染，并且考虑到放射性的半衰期。放射源式静电消除器结构简单；电离电流较小，有效作用距离短；不要求外加电源，而且工作时不产生火花，适用于有火灾和爆炸危险的环境。

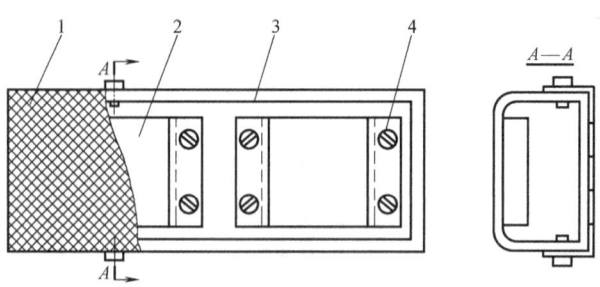

图 10-5　放射源式静电消除器的结构
1—保护网　2—放射源　3—屏蔽框　4—紧固件

2. 固态物料防护措施

非金属静电体或亚导体与金属导体相互连接时，其紧密接触的面积应大于 20cm²。架空配管系统各组成部分应保持可靠的电气连接。室外的系统同时要满足国家有关防雷规程的要求。防静电接地线不得利用电源零线、不得与防直击雷地线共用。在进行间接接地时，应在导体与非金属静电体或亚导体之间加设金属箔，或涂导电性涂料、导电膏以减少接触电阻。油罐汽车在装卸过程中应采用专用的接地导线（可卷式），夹子和接地端子将罐车与装卸设备相互连接起来。接地线的连接应在油罐开盖以前进行；接地线的拆除应在装卸完毕和封闭罐盖以后进行。有条件时可尽量采用接地设备与起动装卸用泵相互间能连锁的装置。在振动和频繁移动的器件上用的接地导体禁止用单股线及金属链，应采用 6mm² 以上的裸绞线或编织线。

3. 液态物料防护措施

控制烃类液体灌装时的流速，灌装铁路罐车时，液体在鹤管内的容许流速应符合下式要求：

$$VD \leqslant 0.8 \tag{10-6}$$

式中　V——烃类液体流速（m/s）；
　　　D——鹤管内径（m）。

大鹤管装车出口流速可以超过按式（10-6）所得计算值，但不得大于 5m/s。灌装汽车罐车时，液体在鹤管内的容许流速应符合下式要求：

$$VD \leqslant 0.5 \tag{10-7}$$

在输送和灌装过程中，应防止液体的飞散喷溅，从底部或上部入罐的注油管末端应设计成不易使液体飞散的倒 T 形等形状或另加导流板；或在上部灌装时使液体沿侧壁缓慢下流。对罐车等大型容器灌装烃类液体时，宜从底部进油。若不得已采用顶部进油时，则其注油管宜伸入罐内离罐底不大于 200mm。在注油管未浸入液面前，其流速应限制在 1m/s 以内。烃类液体中应避免混入其他不相容的第二物相杂质（如水等）。存在不相容的第二物相时，其流速应限制在1m/s以内。在贮存罐和罐车等大型容器内，可燃性液体的表面不允许存在不接地的导电性漂浮物。当液体带电很高时，例如在精细过滤器的出口，可先通过缓和器后再输出进行灌装。带电液体在缓和器内停留的时间一般可按缓和时间的3倍来设计。在设备灌装、循环或搅拌等工作过程中禁止进行取样、检尺或测温等现场操作。在设备停止工作后，需静置一段时间才允许进行上述操作。

金属材质制作的取样器、测温器及检尺等在操作中应接地。有条件时应采用具有防静电功能的工具。

取样器、测温器及检尺等装备上所用合成材料，如绳索及油尺等的单位长度电阻值应为 $1\times10^5 \sim 1\times10^7 \Omega/m$。

在设计和制作取样器、测温器及检尺装备时，应优先采用红外和超声等原理的装备，以减少静电危害产生的可能。

在可燃的环境条件下进行灌装、检尺、测温和清洗等操作时，应避开可能发生雷暴等危害安全的恶劣天气。另应注意，强烈的阳光照射可使低能量的静电放电造成引燃或引爆。在烃类液体中加入防静电添加剂，使电导率提高至250pS/m以上。当在烃类液体中加入防静电添加剂来消除静电时，其容器应是静电导体并可靠接地，且需定期检测其电导率，以便使其电导率数值保持在规定要求以上。当不能以控制流速等方法来减少静电积聚时，可以在管道的末端装设液体静电消除器。当用软管输送易燃液体时，应使用导电软管或内附金属丝、网的橡胶管，且在相接时注意静电的导通性。在使用小型便携式容器灌装易燃绝缘性液体时，宜用金属或导静电容器，避免采用静电非导体容器。对金属容器及金属漏斗应跨接并接地。容器的清洗应该避免在可燃的环境中进行，并且在清洗后静置一定时间方可使用。

4. 气态粉态物料防护措施

在工艺设备的设计及结构上应避免粉体的不正常滞留、堆积和飞扬；同时还应配置必要的密闭、清扫和排放装置。粉体的粒径越小，越易起电和点燃。在整个工艺中，应尽量避免利用或形成粒径为75μm或更小的细微粉尘。在气流物料输送系统内，应防止偶然性外来金属导体混入成为对地绝缘的导体。应尽量采用金属导体制作管道或部件。当采用静电非导体时，应具体测量并评价其起电程度。必要时，可在气流输送系统的管道中央顺其走向加设两端接地的金属线，以降低管内静电电位。也可采取专用的管道静电消除器。对于强烈带电的粉料，宜先输入小体积的金属接地容器，待静电消除后再装入大型料仓。大型料仓内部不应有突出的接地导体。在顶部进料时，进料口不得伸出，应与仓顶取平。当筒仓的直径在1.5m以上时，且工艺中粉尘粒径多数在30μm以下时,要用惰性气体置换和密封筒仓。在工艺中需将静电非导体粉粒投入可燃性液体或混合搅拌时,应采取相应的综合防护措施。收集和过滤粉料的设备应采用导静电的容器及滤料并予以接地。同时要避开可能发生雷暴等危害安全的恶劣天气。

5. 人体静电的防护措施

当气体爆炸危险场所的等级属 0 区和 1 区,且可燃物的最小点燃能量在 0.25mJ 以下时,工作人员需穿防静电鞋和防静电服。当环境相对湿度保持在 50% 以上时,可穿棉工作服。静电危险场所的工作人员,外露穿着物(包括鞋、衣物)应具防静电或导电功能,各部分穿着物应存在电气连续性,地面应配用导电地面。禁止在静电危险场所穿脱衣物、帽子及类似物,并避免剧烈的身体运动。在气体爆炸危险场所的等级属 0 区和 1 区工作时,应佩戴防静电手套。防静电衣物所用材料的表面电阻率应低于 $5 \times 10^{10} \Omega$,防静电工作服技术要求应满足相关国家标准要求。可以采用安全有效的局部静电防护措施(如腕带),以防止静电危害的发生。在静电危险场所,工作人员不应佩戴孤立的金属物件。在人体必须接地的场所,应设金属接地棒,赤手接触接地棒即可导出人体静电。

第11章

电气安全管理

电气安全管理是以国家颁布的各种安全法规、规程和制度为依据，对电气线路、电气设备及其防护装置的设计、制造、安装、调试、操作、运行、检查、维护及技术改造等环节中的不安全状态和对电气作业人员、用电人员的不安全行为进行监督检查，防范各种电气事故的发生。

11.1 电气安全组织管理

1. 管理机构和人员

用电单位应根据电气设备的构成和状态、电气专业人员的组成和素质，以及企业的用电特点、操作特点，建立相应的安全用电管理机构，委派专职管理人员负责安全用电工作，并根据用电量的大小安排一定数量的电工人员。

电工属特殊作业工种，所以从事电工作业的人员必须满足我国对电工作业人员的资质资格要求。

安全用电管理机构除了对安全用电进行全面管理之外，尤其是要加强电工人员的资质审核及动态管理。对电工人员管理要求为：电工作业人员必须持证上岗，且每两年由当地主管部门对上岗资格进行复审；脱离本岗工作连续超过6个月者，电工上岗资格须获得当地有关部门的复审；连续脱岗3个月以上者，须获得本单位用电安全管理机构的审核批准后方可从事电工作业；新参加电工作业的人员，须经有经验和资质级别较高的人员对其进行实习培训和实际操作指导，不能独立进行电工作业；对带电作业者，须经当地有关部门考试，获得带电作业操作证后方可从事带电作业。

专职管理人员应具备一定的电气知识和电气安全知识。安全管理部门、动力部门必须互相配合，共同做好电气安全管理工作。

2. 规章制度

应根据不同工种的特点，建立相应的安全操作规程。非电工工种的安全操作规程中，不能忽略电气安全方面的内容，应根据企业性质和环境特点，建立相适应的电气设备运行管理规程和电气设备安装规程。

对于重要设备，应建立专人管理的责任制。对控制范围较宽或控制回路多元化的开关设备、临时线路和临时性设备等比较容易发生事故的设备，都应建立专人管理的责任制。特别是临时线路和临时性设备，应当结合具体情况，明确地规定其允许长度、使用期限和安装要求等项目。

为了保证检修工作特别是高压检修工作的安全，必须坚持执行必要的安全工作制度，如工作票制度、工作监护制度和工作许可制度等。一些常用的电气安全管理制度见表 11-1。

表 11-1　常用电气安全管理制度

制度名称	制度内容
岗位责任制	各级运行人员、电器操作人员和安全管理人员的职责
交接班制度	安装调试人员、运行人员、维修人员、电器操作人员交班、接班要求、注意事项及必须交待说明的有关内容
巡视检查制度	运行维修人员在工作中巡视检查电气设备和线路等的时间、路线、部位的要求及标准，以及记录、处理意见等内容
限制进入制度	对电气设备的不同操作区域采取不同等级人员准入制度，包括对变电室等高危险区域的限制进入制度
操作规程	各种作业的正确操作方法及注意事项，如送电、断电程序及注意事项
设备检修制度	设备的检修周期、检修项目、检修标准、检修程序、报批手续和批复手续等
临时用电制度	临时用电的申报、安装及管理制度
技术交底制度	对作业内容、时间、地点、范围、安全措施和注意事项等详细交底的有关制度
工作票制度	电气作业的各个步骤采用凭证记录手续制度，包括工作票的签发、许可、监护和终结等制度
作业许可制度	进行电气作业前验证各种安全措施及注意事项的规定及程序
作业监护制度	作业人员在作业过程中能得到完全监护和指导，及时纠正不安全操作和错误作业方法，提醒避免靠近危险带电体
作业间断转移制度	因时间、气候及其他原因引起工作中断或转移，中断期间现场安全措施及复工履行手续
作业终结制度	作业完毕现场清理、人员撤离及验收签字制度
调度管理制度	电气运行、检修和故障处理等进行电气控制、人员调配、命令签发等的程序、内容及要求
事故处理制度	处理各种电气事故的程序、方法和注意事项等预案的编制，并进行演练的有关制度
技术培训制度	对电气工作人员提供业务水平学习条件，学习新技术和新设备，不断提高理论和实际操作水平，进行不同层次、不同水平、业余与专业的定期与不定期培训的制度

3. 安全检查

电气安全检查的内容包括：电气设备的绝缘是否老化、是否受潮或破损，绝缘电阻是否合格；电气设备裸露带电部分是否有防护，屏护装置是否符合安全要求；安全间距是否足够；保护接地或保护接零是否正确和可靠；剩余电流动作保护装置是否符合安全要求；携带式照明灯和局部照明灯是否采用了安全电压和其他安全措施；安全用具和防火器材是否齐全；电气设备和电气线路温度是否适宜；熔断器熔体的选用及其他过电流保护的整定值是否正确；各项维修制度和管理制度是否健全；电工是否经过专业培训，等等。

对变压器等重要的电气设备应建立巡视检查制度，坚持巡视检查，并做好必要的记录。

对于新安装的电气设备，特别是自制的电气设备的验收工作更应坚持原则，一丝不苟。对于使用中的电气设备，应定期测定其绝缘电阻；对于各种接地装置，应定期测定其接地电阻；对于安全用具、避雷器、变压器油及其他一些保护电器，也应定期检查、测定或进行耐压试验。

4. 安全教育

安全教育的目的是提高工作人员的安全意识，充分认识安全用电的重要性；同时，使工作人员懂得用电的基本知识和掌握安全用电的基本方法。对普通职工，应当要求懂得关于电和安全用电相关联的安全规程；对于独立工作的电气专业工作人员，应当明确电气装置在安装、使用、维护和检修过程中的安全要求，熟知电气安全操作规程及其他相关联的规程，学会触电急救和电气灭火的方法，并通过培训和考试取得操作合格证。

5. 安全资料

安全资料是做好电气安全工作的重要依据。涉及电气安全的资料有电气工作中适用的各种标准及规范、图样、技术资料和各种记录等。这些资料应当按照档案管理要求进行分类保管，注意各种资料的完整性和连续性，为电气系统的安全运行提供可靠的信息。

11.2 电气操作与维修

在电气设备上进行操作与维修等工作时，为保证工作人员的人身安全和设备安全，运行、检修和试验等部门应统一指挥、明确分工、密切配合，应建立和执行各项保证电气作业安全的组织措施及技术措施，预防各种事故的发生。

11.2.1 保证电气操作与维修安全作业的组织措施

保证电工电气操作与维修作业安全的组织措施主要有：工作票制度，工作许可制度，工作监护制度，工作间断、转移和终结制度等。电工在进行电气操作与维修作业时，应严格执行《电力安全工作规程》的规定。另一方面则需要做好安全组织措施，运用各种组织措施手段，严格执行书、票、证的各项管理规定，禁止无票作业和无证上岗，严格遵守电气作业的安全措施，实现安全。

1. 工作票制度

电气工作票是指在已经投入运行的电气设备及电气场所工作时，明确工作人员、交待工作任务和工作内容、实施安全技术措施、履行工作许可、工作监护、工作间断、转移和终结的书面依据，是准许在电气设备上（或线路上）工作的书面命令。除某些特定工作（事故抢修工作）外，凡在运行中的发、变、送、配、农电和用户电气设备上工作的一切人员均须填写工作票，严禁无票作业。工作票的种类依据《电力安全工作规程》的规定执行。工作票具体形式各不相同，但其基本内容与项目是相同的，工作票的执行程序、涉及人员及其职责的规定也是基本相同的，从这个角度而言，工作票制度是一种标准化制度。

（1）工作票的种类及使用范围。在电气设备上进行操作与维修等工作时应根据具体工作内容和需要填写工作票或应急抢修单。工作票的形式有以下几种：

变电站（发电厂）第一种、第二种工作票（见图11-1、图11-2）。电气检修工作票、带电作业工作票、事故应急抢修单、动火票、临时用电工作票、登高作业票、有限空间作业票以及电力电缆第一种、第二种工作票。

第一种工作票的使用范围：在高压设备或高压线路上工作需要全部停电或部分停电者，以及在高压室内的二次回路和照明回路上工作，需要高压设备停电或采取安全措施者。

第二种工作票的使用范围：带电作业或在带电设备外壳上工作，在控制盘、低压配电盘、配电箱和电源干线上工作，以及在无需高压设备停电的二次回路上工作。

此外，当从事带电作业或邻近带电设备距离小于表11-2规定的工作时，需填写带电答业工作票；当发生紧急事故时不用填写工作票，但必须填写事故应急抢修单；在工业企业的装置区内检修，且在有易燃、易爆、高温、高压场所的炼化企业装置区检修需用的电焊机、潜水泵和手持电动工具等能产生火花时，必须办理临时用电票及动火作业票；进入变电站和发电厂的地下电缆沟时，须办理有限空间作业票，以防有毒、有害气体进入电缆沟，造成人身伤亡事故。

1. 工作负责人（监护人）：_____班组
2. 工作班组人员：_____共_____人
3. 工作内容和工作地点：_____
4. 计划工作时间：自_____年_____月_____日_____时_____分至_____年_____月_____日_____时_____分
5. 安全措施：

工作票签发人填写	工作许可人（值班员）填写
应拉开断路器和刀开关（包括填写前已拉开断路器和刀开关），并注明编号	已拉开断路器和刀开关，并注明编号
应装临时接地线，并注明确实地点	已装临时接地线，并注明编号和装设地点
应设遮栏和挂标示牌	已设遮栏和已挂标示牌，并注明地点
	工作地点保留带电部分和补充安全措施
工作票签发人签名：_____ 收到工作票时间：_____年_____月_____日_____时_____分 值班负责人签名：_____	工作许可人签名：_____ 值班负责人签名：_____

值长签名：_____
6. 许可开始工作时间：_____年____月____日____时____分
工作负责人签名：_____ 工作许可人签名：_____
7. 工作负责人变动
原工作负责人_____离去；变更_____为工作负责人。
变更时间：_____年___月___日___时___分
工作票签发人签名：_____
8. 工作延期
有效期延长到：_____年___月___日___时___分
工作负责人签名：_____ 值班或值班负责人签名：_____
9. 工作结束
工作班人员已全部撤离，现场已清理完毕。全部工作于_____年___月___日___时___分结束。
工作负责人签名：_____ 工作许可人签名：_____
临时接地线共___组已撤除。 值班负责人签名：_____
10. 备注：_____

图 11-1　变电所第一种工作票

1. 工作负责人（监护人）：_____ 班组：_____
   工作人员：_____共_____人
2. 工作任务：_____
3. 计划工作时间：自_____年___月___日___时___分至_____年___月___日___时___分
4. 工作条件（停电或不停电）：_____
5. 注意事项（安全措施）：_____
   工作票签发人签名：_____
6. 许可开始工作时间：_____年___月___日___时___分
   工作许可人（值班员）签名：_____ 工作负责人签名：_____
7. 工作结束时间：_____年___月___日___时___分
   工作许可人（值班员）签名：_____ 工作负责人签名：_____
8. 备注：_____

图 11-2 变电所第二种工作票

表 11-2 设备不停电时的安全距离

电压等级/kV	安全距离/m	电压等级/kV	安全距离/m
10 及以下（13、8）	0.7	220	3
20~35	1.0	330	4
60~110	1.5	500	5

（2）工作票所列人员职责与要求。

1）工作票签发人。其责任是审核工作票所列工作的必要性和安全性；负责审核所派工作人员的安全资质，人员精神状态是否良好，技术力量是否适合理；负责审核工作票上所填安全措施是否正确完备。

2）工作负责人（监护人）。负责正确安全地组织和指挥工作班组人员完成工作票指明的工作任务，负责检查工作票所列安全措施是否正确完备和是否符合现场实际条件，必要时予以补充，同时负责指挥对整个工作过程进行全面安全监护的人员。

3）工作许可人（运行值班员）。负责审查工作票所列安全措施是否正确完备，是否符合现场实际条件，必要时予以补充，并与工作负责人一起亲临工作现场具体实施，检查安全工作票安全措施是否到位，根据现场情况正确发出许可工作的命令。

工作许可人一般为值班调度和值班负责人员，对变电所或供电系统的工作状态有着随时而又全面了解与把握，同时又能调度现场资源配合检修工作。

4）工作班组成员。工作班组人员是指参与实施工作票工作任务的人员。其责任是要明确工作内容、工程流程、安全措施和工作中的危险点，并履行确认手续，严格遵守安全规章制度、技术规程和劳动纪律，正确使用安全工具和劳动防护用品，听从监护人的指挥。

5）专责监护人员。有时为了安全的需要，在工作负责人全面负责安全监护的基础上，还要设置专责监护人员，尤其是在高压作业或者作业现场范围较大时更需如此。专责监护人员应由具有相关工作经验，熟悉设备状态、作业现场情况以及《安全技术规程》、《检修规程》的人员担任。专职监护人员的责任是明确被监护人和监护范围，监督现场安全措施的落实情况，纠正现场操作人员的不安全行为等。专责安全监护人员不得从事操作工作，也不准离开工作现场。

（3）工作票的填写与签发。

工作票由设备运行管理单位签发，也可由经设备运行管理单位审核且经批准的检修及基建单位签发。检修及基建单位的工作票签发人及工作负责人名单应事先送有关设备运行管理单位备案。工作票的签发人员应是通过相关电力部门资格考试、具有核准资质，在熟悉业务的同时还要熟悉现场设备的生产负责人。工作票签发人不能兼任其所签发工作项目的工作许可人和工作负责人。一个工作负责人只能发给一张工作票。

工作票一般是由负责检修工作的工作票签发人负责填写，也可委托工作负责人填写，但必须由工作票签发人签发。工作票签发人收到填好的工作票后，对各个项目尤其是安全措施进行审核。审核无误后，在"工作票签发人签字"一栏签字，并注明签发日期。

工作票要用钢笔或圆珠笔填写，也可以使用计算机生成或打印出统一格式的工作票，一式两份，由签发人审核无误、手工或电子签名后方可执行，不得任意涂改。一份由签发人保管，一份交工作负责人。

第一种工作票的签发人认为有必要时可采用总工作票和分工作票，并同时签发。总工作票、分工作票的填用和许可等有关规定由单位主管生产的领导批准后执行。

（4）工作票的使用流程。工作票的使用流程如图11-3所示。

执行工作票的作业，必须有人监护。在工作间断、转移时执行间断和转移制度。工作终结时执行终结制度。

2. 工作许可制度

在电气设备上进行工作，必须事先征得工作许可人的同意，因而规定了工

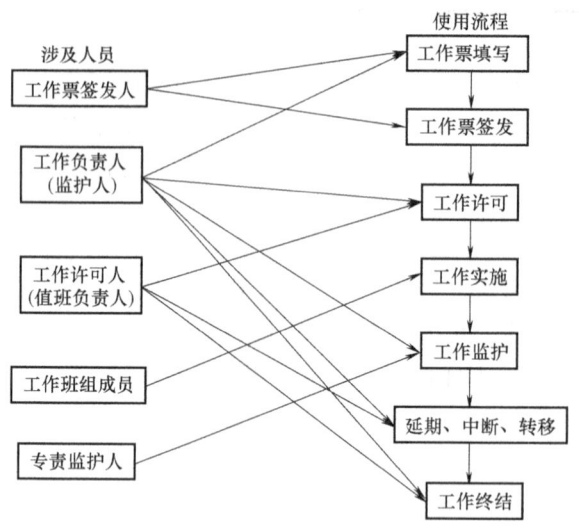

图 11-3　工作票使用流程

作许可制度,未经工作许可人(值班员)允许不准执行工作票。

工作许可人(值班员)认定工作票中安全措施栏内所填的内容正确无误且完善后到现场具体实施。《电力安全工作规程》中要求工作许可人与工作负责人一起到现场检查安全措施实施情况,用手触试,证明被检修部位确实无电;给工作负责人指明带电设备的位置和注意事项;与工作负责人一起在工作票上签名;工作负责人向班组成员交待安全措施、活动范围和检修设备等具体事项,完成上述手续后工作班组成员方可开始工作。整个工作许可手续是逐级进行的。

工作负责人和工作许可人任何一方不得擅自变更安全措施,工作中如有特殊情况需要变更时,应先取得对方的同意,变更情况及时记录在值班日记内,交接时一定要交待清楚。运行人员不得变更有关检修设备的运行接线方式。

3. 工作监护制度

监护制度是保障检修工作人员安全和正确操作的基本措施。一般情况下,工作负责人同时又是监护人。如果工作场所较为危险,还要设置专职监护人,与工作负责人一起共同承担监护工作。监护人的主要职责如下:

(1) 工作负责人组织现场开展工作,向工作人员交待清楚工作任务、工作范围、带电部位和现场安全措施,告之危险点,并履行确认手续。

(2) 检修工作开始后,监护人应始终留在现场,如不得不暂时离开工作现场时,必须指定合适的监护代理人。监护人应监护所有工作人员的活动范围和实际操作,包括工作人员及其所携带的工具与带电体或接地导体之间是否保持足够的安全距离,工作人员的站姿是否合理,以及操作是否正确等。如发现工作人员操作违反规程,应给予及时纠正,必要时令其停转工作。

4. 工作间断、转移和终结制度

(1) 工作间断。工作间断时,工作班组人员应从检修现场撤出,所有安全措施应保持不动,工作票仍由工作负责人保存。间断后继续工作(指一天内的间断,如午休和吃饭等),无需经过许可人或值班人员许可。每日收工时应清理检修现场,开放被封闭的道路,并将工作票交回工作许可人或值班人。次日复工时应得到工作许可人或值班人员的许可,取回工作票。工作负责人检查各项安全措施与工作票相符后方可开始工作。若无工作负责人带领,工作人员不得进入检修现场。

(2) 工作转移。工作转移制度规定,在同一电气连接部分用同一工作票依次在几个工作地点转移检修工作时,全部安全措施应由工作许可人在开工前一次做好,不需办理转移手续;但在转移工作地点之前,工作负责人应向工作人员再次交待带电范围、安全措施及注意事项。当不能按照计划工作时间结束工作任务时,应办理工作票延期手续。

(3) 工作终结。工作终结制度是全部工作完毕后,在终结工作票前,工作负责人、值班员及工作人员应完成的任务。工作人员应清扫和整理工作现场。工作负责人应仔细检查工作现场,待工作人员全部撤离后,向工作许可人员或值班员说明检修的情况、发现的问题,并与工作许可人一起再次对检修、临时接地线拆除以及人员撤离情况等进行核实。在工作票上填明工作结束时间,经双方签字后表示工作终结。签字后的工作票归档保存。

11.2.2 保证电气操作与维修作业安全的技术措施

保证电气操作与维修作业安全的技术措施主要有:停电、验电、装设接地线、悬挂标示牌和装设遮栏等,以防止停电设备突然来电时发生工作人员的意外触电事故。

1. 停电

工作地点必须停电的设备如下:

(1) 需检修的设备。

(2) 与工作人员在进行工作中正常活动范围的距离小于表 11-2 规定的设备。

(3) 在 35kV 及以下设备处工作,安全距离虽大于表 11-3 规定,但小于表 11-2 的规定,同时又无绝缘挡板和安全遮栏措施的设备。

(4) 带电部分在工作人员后面、两侧和上下,且无可靠安全措施的设备。

表 11-3　工作人员工作中正常活动范围与带电设备的最小安全距离

电压等级/kV	10 及以下（13、8）	20~35	60~110	220	330
允许距离/m	0.35	0.6	1.0	1.8	2.6

对难以做到与电源完全断开的检修设备，可以拆除设备与电源之间的电气连接。

停电时，应注意将停电工作设备可靠地脱离电源，确保有可能给停电设备送电的各方面电源均断开。应注意防止其他方面的突然来电，特别注意防止低压方面的反送电。为此，应将与停电有关的变压器和电压互感器的高压、低压侧都断开，并在两侧悬挂"禁止合闸，有人工作！"的标示牌。停电后，还应核实断路器和隔离开关确实在断开位置，并对断路器和隔离开关的操作机构加锁，悬挂相应的指示牌。对运行中的星形接线设备（检修设备除外）的中性点，由于系统各相对地电容不对称，会存在一定的对地电位，因而必须视为带电设备。因此，在检修设备停电时，必须同时将其有电气连接的其他任何运行中的星形接线设备（检修设备除外）的中性点断开，防止造成人身伤亡事故。

停电操作顺序必须正确，首先应先拉开断路器，然后再断开隔离开关或刀开关；送电时合闸顺序与停电时正好相反。如果断路器的电源侧和负载侧都装有隔离开关，停电操作时拉开断路器之后，应先拉开负载侧隔离开关，后拉电源侧隔离开关；送电时依次合上电源侧隔离开关、负载侧隔离开关和断路器。

对于有较大电容的电气设备或电气线路，停电后还须进行放电，以消除被检修设备上残存的电荷。

2. 验电

验电用来直接验证已停电的线路或设备是否确无电压，也是检验停电措施的制定和执行是否正确和完善的重要手段。对于已停电的线路或设备，不论其接入的电压表或其他信号仪表是否指示无电，均应进行验电。只有经合格的验电器验明无电，才能作为无电的依据，因为有很多因素可能导致本来认为已经停电的设备实际上带电的情况出现。

验电时应按停电线路或设备的电压等级选用相应的、试验合格的验电器。应戴绝缘手套，并派专人监护。对于多相多端线路，应逐相、逐端由近及远地进行验电。对于断路器和隔离开关，应在其两侧逐一验电。对于同杆多层线路，应先验低压，后验高压，先验下层，后验上层。验电时应注意保持与各部分的安全距离，最小的安全距离也不能小于表 11-3 的规定。雨雪天气时不得进行户外直接验电。

3. 装设临时接地线

为了防止给检修部位意外送电和可能的感应电，应在被检修部分的外端（开关的停电一侧或停电的导线上）装设临时接地线。接地刀闸、接地线均由三相短接和集中接地两部分组成。

装接临时接地线时，必须验证确实无电后方可进行。装设接地线包括合上接地刀闸和悬挂临时接地线。凡是可能给检修部位意外送电和可能感应电压的线路或装置，均应在适当部位安装临时接地线。对于线路检修，应在检修线路段的两端均设临时接地线。凡是有可能送电到停电线路的分支线也要挂接地线。挂接地线时，应先接接地端，后接设备或线路端；拆除时顺序正好相反。对于同杆多层线路，应先挂接低压，后装高压，先下层，后上层；拆除时顺序相反。临时接地线应接于明显可见之处，临时接地线与带电导体之间要保持安全距离。装设临时接地线与检修线路或设备之间不得接有断路器或熔断器。接地线采用多股软线，截面积不应小于$25mm^2$。接地线应连接牢固，接好的临时接地线不承受自身重量以外的拉力。安装和拆除临时接地线应采用绝缘杆或戴绝缘手套操作，并且至少由两人来完成。

4. 悬挂标示牌和装设遮栏

标示牌用不导电材料制作，用于提醒检修人员和运行值班员及时纠正将要进行的错误操作，防止出现不安全行为。标示牌要悬挂于醒目与关键处。工作人员除应严格遵守标示牌提示外，还应注意不能随意移动和拆除标示牌。

遮栏能够防止工作人员无意识过分接近带电体，而不能防止工作人员有意识接近带电体。在部分停电检修和不停电检修时，应将带电部分遮拦起来，以保证检修人员的安全。工作人员不得拆除或移动遮栏。

11.3 电工安全用具

电工安全用具是防止电气工作人员作业中发生人身触电、坠落和灼伤等伤害，保障工作人员安全的各种专用工具和用具。包括绝缘安全用具、验电器、登高安全用具、临时接地线、遮栏及标识牌等。

11.3.1 绝缘安全用具

绝缘安全用具用于防止工作人员发生直接触电。根据绝缘强度的不同，绝缘安全用具包括基本安全用具和辅助安全用具。基本安全用具的绝缘强度能长时间可靠承受电气设备运行电压，包括绝缘棒、绝缘夹钳；辅助安全用具的绝缘强度不能够承受电气设备运行电压，只能配合基本安全用具使用，加强其保护作用，包括绝缘靴鞋、绝缘手套、绝缘垫和绝缘台等。

1. 基本安全用具

（1）绝缘棒。绝缘棒主要由工作部分、握手部分和绝缘部分构成，如图 11-4 所示。绝缘棒用来操作高压隔离开关和跌开式熔断器，也可用来装卸临时接地线等。

使用绝缘棒时必须注意：操作人员应戴绝缘手套和穿绝缘靴（鞋）；防止碰撞绝缘棒，不得直接与墙面或地面接触，以免损坏表面的绝缘层；在雨雪天使用时，应有防雨罩；操作人员的手握部位不得越过护环；绝缘棒应存放在干燥的地方，一般将其放在专用架子上，防止弯曲变形；绝缘棒应定期进行绝缘试验。

（2）绝缘夹钳。绝缘夹钳是用来安装和拆卸高压熔断器或进行其他需要有夹持力的电气作业的工具，主要用于 35kV 及以下电力系统。如图 11-5 所示，绝缘夹钳也是由握手部分（钳把）、绝缘部分（钳身）和工作部分（钳口）构成的。

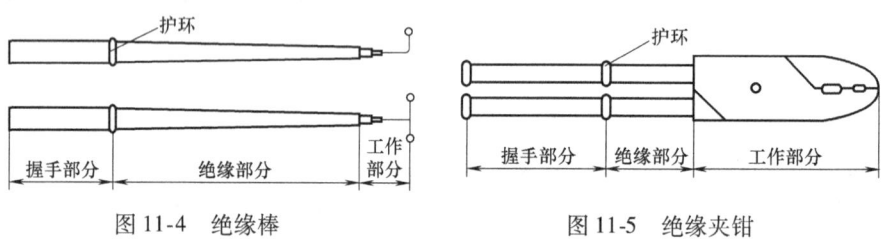

图 11-4　绝缘棒　　　　　　图 11-5　绝缘夹钳

使用绝缘夹钳时，操作人员应带护目镜防止意外电弧对眼睛的伤害，戴绝缘手套、穿绝缘鞋或站在绝缘台（垫）上，以防意外漏电发生；天气潮湿时，应使用专门防雨的绝缘夹钳；绝缘夹钳上不准装接接地线，以免在操作时，由于接地线在空中悬荡造成接地短路和触电事故。

绝缘棒与绝缘钳应存放在干燥的地方，并按规定进行定期绝缘试验。

2. 辅助安全用具

（1）绝缘手套。绝缘手套是用绝缘性能良好的特种橡胶制成的，可以大大降低加到人体上的接触电压。在高压电气设备上带电作业时，将其作为辅助安全用具；在低压电气设备上工作时，则把它作为基本安全用具使用。绝缘手套的长度至少应超过手腕 10cm。

在使绝缘手套时，应仔细检查外观是否有破损；不得与石油类的油脂接触；应将外衣袖口放入手套的伸长部分里。绝缘手套应存放于干燥和阴凉的地方，与其他工具分开放置。

（2）绝缘鞋（靴）。绝缘鞋的作用是使人体与地面绝缘。绝缘靴用于操作高压设备时使用；绝缘鞋用于操作低压设备时使用。在存在跨步电动势的情况下，绝缘鞋（靴）可以降低加到人体上的跨步电压。绝缘鞋（靴）也是由特种橡胶制成的。

绝缘鞋（靴）不得当雨鞋或作他用，其他非绝缘鞋（靴）也不能替代绝缘鞋（靴）使用。在使绝缘鞋（靴）时，应仔细检查外观是否有破损；不得与石油类的油脂接触。绝缘鞋（靴）应存放于干燥和阴凉的地方，与其他工具分开放置。

（3）绝缘垫。绝缘垫是一种辅助安全用具，其作用类似与绝缘靴，一般铺在配电室的地面上，用于带电作业时对地绝缘，防止接触电压与跨步电压对人体的伤害。如图11-6所示。

在使用过程中，应保持绝缘垫干燥清洁，注意防止与酸、碱及各种油类物质接触；避免阳光直射或利器划刺，存入时应避免离暖气等热源太近，防止老化变质，绝缘性能下降。要经常检查绝缘垫是否有裂纹划痕等，若发现有问题应立即禁止使用并及时更换。

（4）绝缘台。绝缘台的作用与绝缘垫、绝缘靴相同，是带电工作时的辅助安全用具。台面用木板或木条制成，相邻板条之间距离不得大于2.5cm，以免鞋跟陷入，如图11-7所示。台面板用支持绝缘子与地面绝缘，支持绝缘子高度不应小于10cm；台面板不得伸出绝缘子以外，以免站台倾翻，人员摔倒。绝缘台的最小尺寸不宜小于0.8m×0.8m，最大尺寸也不宜大于1.5m×1.5m，以便于检查。

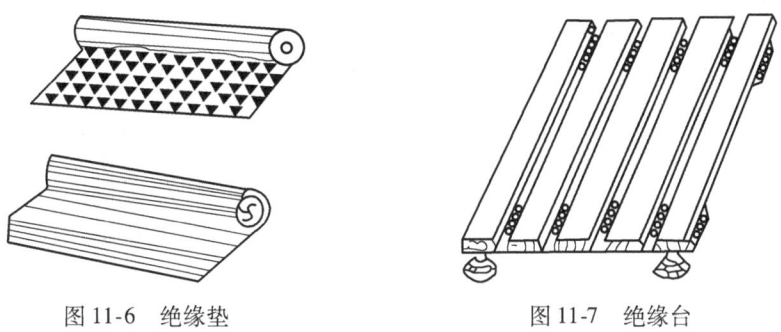

图11-6　绝缘垫　　　　　　　　图11-7　绝缘台

绝缘手套、绝缘鞋（靴）、绝缘垫和绝缘台都应按规定进行定期绝缘试验。

11.3.2　携带式电压电流指示器

1. 携带式电压指示器

携带式电压指示器也叫验电器，用来指示设备是否带电压，也是一种基本安全用具。根据被检验设备电压等级将其分为高压和低压两种。

电容式高压验电器如图 11-8 所示，采用发光氖管指示带电。此外，还有交流高压声光验电器和高压回转验电器两种高压验电器。高压验电器应存放在干燥和通风的地方，避免受潮。

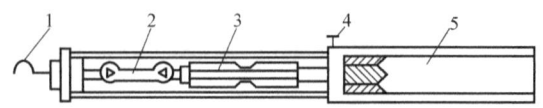

图 11-8 高压验电器
1—工作触头 2—氖灯 3—电容器 4—接地螺钉 5—握柄

低压验电器又称试电笔或验电笔，其结构如图 11-9 所示。可以用来检验低压设备是否带电；区分相（火）线和中性（地）线；区分交、直流电。

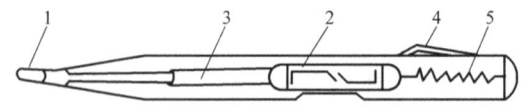

图 11-9 低压验电器（笔）
1—工作触头 2—炭质电阻 3—氖灯 4—握柄 5—弹簧

使用高压验电器时不应直接接触带电体，而只能逐渐接近带电体，直至有指示为止。使用验电器时要注意临近带电体的干扰，避免验电器的错误指示。验电时要避免因使用验电器造成短路。此外，验电器的发光电压不应高于额定电压的 25%。

2. 携带式电流指示器

携带式电流指示器通常称为钳形电流表，有高压和低压之分（见图 11-10），用在不断开线路的情况下，测量 10kV 及以下的电气设备线路电流。

使用钳形电流表时，应注意保持头部与带电体有足够的距离。在高压回路上测量时，严禁用导线从钳形表另外接表测量，应由两人进行，必须佩戴安全绝缘手套等安全用具。在潮湿和雷雨天气，禁止在户外用钳形表进行测量。

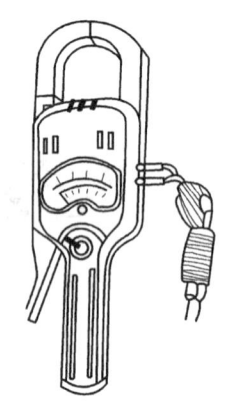

图 11-10 低压钳形电流表

11.3.3 登高安全用具

登高安全用具包括梯子、高凳、脚扣、登高板和安全腰带等专用工具。

1. 梯子和高凳

梯子与高凳应采用木材或竹料制成，须坚固可靠，能够承受工作人员及其所携带工具的总重量。新型电工用绝缘梯采用玻璃纤维合成的绝缘材料制成。

梯子分为靠梯和人字梯两种。使用时应避免翻倒和滑落。为了限制人字梯的开脚度，两侧梯之间应加拉链或拉绳。为了防滑，在光滑地面上使用梯子时，梯脚应加橡胶垫或绝缘套；在泥土地上使用梯子时，梯脚应加铁尖。

在梯子上作业时，梯顶应高于人的腰部，或者作业人员站在距梯顶不小于 1m 的横档上作业，切忌站在最高处或上面一、二级横档上作业，以防梯子翻到。对于人字梯，切不可采取骑马式站立，防止人体重心超出梯脚范围翻倒。

2. 脚扣、登高板和安全带

脚扣、登高板和安全带是登杆作业时经常配合使用的三种工具。

脚扣是登杆用具，分为木杆用脚扣和水泥杆用脚扣两种。脚扣主要用钢材制成，如图 11-11 所示。木杆用脚扣的半环形钢圈根部内侧有突出小齿，用以刺入木杆中防滑。水泥杆用脚扣半环形钢圈根部内侧装有橡胶套或橡胶垫，起防滑作用。

登高板又叫升降板，主要由横板、绳索和锁钩组成，如图 11-12 所示。

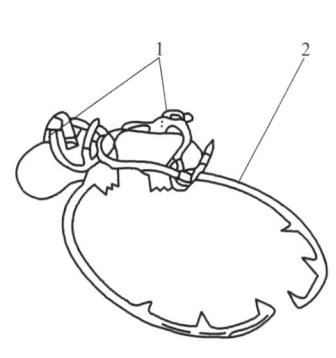

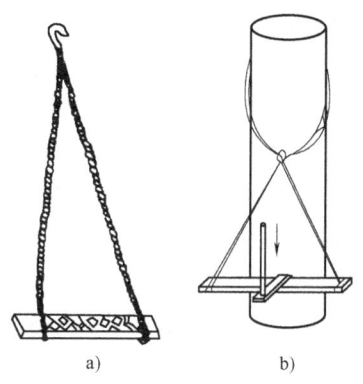

图 11-11　脚扣
1—脚套　2—卡杆钢

图 11-12　登高板
a）登高板　b）登高板用法

安全带是防止人员高处坠落的保护用品。安全带分为悬挂带（大带）和围杆带（小带）两种，需配合使用，如图 11-13 所示。悬挂带一端绕在线杆或其他牢固构件之上，另一端系在腰部偏下位置，防止人员坠落。围杆带系在腰部，并套住线杆，作业时对人体腰部产生支撑作用，另外对防坠落起辅助作用。

11.3.4 安全防护用具

1. 临时接地线

临时接地线装设在被检修区段两端的电源线路上，用来防止意外来电，防止邻近高压线路的感应电。此外，临时接地线还用来消除线路或设备电容残留的电荷。

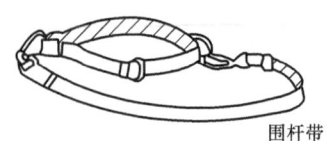
围杆带

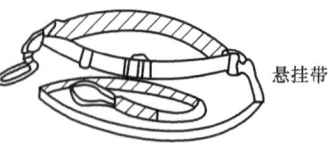
悬挂带

图 11-13 电工安全带

临时接地线一般为 25mm^2 以上的软铜线。使用时三根较短的线与三相导体相连接，较长的一根用于接地，如图 11-14 所示。

使用临时接地线应注意以下要点：

1）挂接临时地线时，首先要将接地端接好，然后再将其与被接地线路连接；拆除临时接地线时，顺序正好与此相反。

2）拆装临时接地线要使用绝缘棒，戴绝缘手套，如图 11-14 所示。

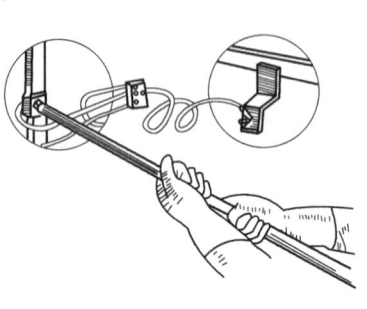

图 11-14 临时接地线

3）装设临时地线至少应有两个人在场，禁止一个人单独装设接地线。

2. 防御灼伤的安全用具

在操作或维护检修电气设备时，如更换熔断器、进行电缆焊接或浇灌电缆接头盒、调配或补充蓄电池的电解液等，有可能发生电弧或有高温的绝缘胶或腐蚀性的酸液溅出，使工作人员的眼睛或其他部分遭到伤害。所以，在进行这些工作时需要采取必要的防护措施。

护目眼镜主要用来保护工作人员的眼睛不受电弧的伤害，防止灼伤或脏污的东西进入眼内。这种眼镜是封闭型的，采用耐热、耐受机械力和透明无瑕疵的光学玻璃制成。要求达到遇热不熔化，受到打击或碰撞时不易破碎。镜架一般可用金属制成。为了使眼镜戴稳便于工作，应有松紧带和带扣子的布带或皮带，使带子系上后有一定伸缩作用。

当熔化电缆绝缘胶或焊锡时，为了防止工作人员手部被烫伤，应戴上用不易着火的纺织物（如亚麻帆布等）做成的手套。此种手套的长度应能达到工作人员的肘部，以便在使用时可以套在外衣袖口上，防止熔化了的金属和绝缘胶溅到袖口的缝隙中去。

3. 临时遮栏

在高压电气设备上进行部分停电检修工作时,为限制作业人员的活动范围,防止他们无意识接近高压带电部分,一般采用临时遮栏或其他隔离装置防护。临时遮栏一般用绝缘材料制成,高度不得低于1.7m,下部边缘离地不应超过10cm。遮栏必须安装牢固稳定,不易倾倒,所在位置不应影响正常工作。遮栏与带电导体的安全距离应根据带电体的电压级别按标准设置。遮栏上应悬挂相应的标示牌,如图11-15所示。

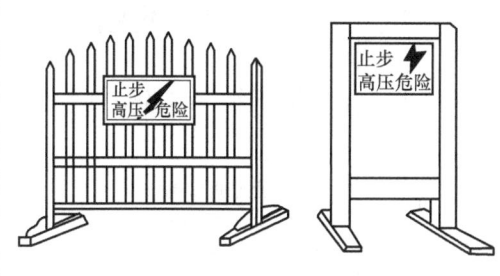

图 11-15 遮栏与标示牌

4. 安全色及标示牌

在电气上用黄、绿、红三色分别代表 L1(A)、L2(B)、L3(C)三个相序;涂成红色的电器外壳是表示外壳有电;灰色的电器外壳是表示外壳接地或接零;线路上黑色代表工作零线;明敷接地扁钢或圆钢涂黑色。用黄、绿双色绝缘导线代表保护零线。在直流电中以红色代表正极,蓝色代表负极,信号和警告回路用白色。

标示牌用绝缘材料制成。采用醒目的颜色和图像,配合文字说明,在作业时提醒工作人员对危险因素引起注意。安全标志是提醒人员注意或按标志上注明的要求去执行,保障人身和设施安全的重要措施。安全标志一般设置在光线充足、醒目和稍高于视线的地方。

对于隐蔽工程(如埋地电缆)在地面上要有标志桩或依靠永久性建筑挂标志牌,注明工程位置。对于容易被人忽视的电气部位,如封闭的架线槽、设备上的电气盒,要用红漆画上电气箭头。标志牌还用以提醒工作人员不得接近带电部分和不得随意改变刀闸的位置等。

移动使用的标志牌的参考资料见表11-4。

表 11-4 标志牌参考资料

名 称	悬 挂 位 置	尺寸/mm	底 色	字 色
禁止合闸 有人工作	一经合闸即可送电到施工设备的开关和刀闸操作手柄上	200 × 100 80 × 50	白底	红字
禁止合闸 线路有人工作	一经合闸即可送电到施工设备的开关和刀闸操作手柄上	200 × 100 80 × 50	红底	白字

(续)

名　　称	悬 挂 位 置	尺寸/mm	底　色	字　色
在此工作	室内和室外工作地点或施工设备上	250×250	绿底、中间有直径为210mm的白圆圈	黑字，位于白圆圈中
止步 高压危险	工作地点临近带电设备的遮栏上 室外工作地点附近带电设备的构架横梁上 禁止通行的过道上；高压试验地点	250×200	白底红边	黑字， 有红箭头
从此上下	工作人员上下的铁架梯子上	250×250	绿底中间有直径为210mm的白圆圈	黑字，位于白圆圈中
禁止攀登 高压危险	工作临近可能上下的铁架上	250×250	白底红边	黑字
已接地	看不到接地线的工作设备上	200×100	绿底	黑字

参考文献

[1] 钮英建. 电气安全工程 [M]. 北京：中国劳动社会保障出版社, 2009.
[2] 林玉岐. 电气作业安全操作指导 [M]. 北京：化学工业出版社, 2009.
[3] 杨有启, 钮英建. 电气安全工程 [M]. 北京：首都经济贸易大学出版社, 2000.
[4] 陆荣华. 电气安全手册 [M]. 北京：中国电力出版社, 2006.
[5] 赵莲清, 刘向军. 电气安全 [M]. 北京：中国劳动社会保障出版社, 2007.
[6] 李悦. 电气安全工程 [M]. 北京：化学工业出版社, 2004.
[7] 刘介才. 工厂供电 [M]. 北京：机械工业出版社, 2003.
[8] 张庆河. 电气与静电安全 [M]. 北京：中国石化出版社, 2005.
[9] 刘尚合, 武占成, 等. 静电放电及危害防护 [M]. 北京：北京邮电大学出版社, 2004.
[10] 唐继跃, 房兆源. 电气设备检修技能训练 [M]. 北京：中国电力出版社, 2007.
[11] 中国电力企业联合会标准化中心. 供电企业技术标准汇编：第6卷 试验标准[G]. 北京：中国电力出版社, 2002.
[12] 能源部电力建设研究所. 电力建设施工、验收及质量验评标准汇编 [G]. 北京：中国电力出版社, 2006.
[13] 葛晓军, 周厚云, 梁缙, 等. 化工安全生产技术 [M]. 北京：化学工业出版社, 2008.
[14] 徐明, 师祥洪, 王来忠. 企业安全生产监督管理 [M]. 北京：中国石化出版社, 2004.
[15] James H Wiggins. Managing electrical safety [M]. ABS Consulting, Government Institues, 2001.
[16] Ronaid P O Riley. 电气工程接地技术 [M]. 沙斐, 等译. 北京：电子工业出版社, 2004.

信息反馈表

尊敬的老师：

您好！感谢您对机械工业出版社的支持和厚爱！为了进一步提高我社教材的出版质量，更好地为我国高等教育发展服务，欢迎您对我社的教材多提宝贵意见和建议。另外，如果您在教学中选用了《电气安全》（孙熙　蒋永清主编），欢迎您提出修改建议和意见。索取课件的授课教师，请填写下面的信息，发送邮件即可。

一、基本信息

姓名：_____　性别：_____　职称：_____　职务：_____

单位：_____

邮编：_____　地址：_____

任教课程：_____　电话：_____—_____（H）_____（O）

电子邮件：_____　手机：_____

二、您对本书的意见和建议

（欢迎您指出本书的疏误之处）

三、您对我们的其他意见和建议

请与我们联系：

100037　北京百万庄大街 22 号

机械工业出版社·高等教育分社　冷彬收

Tel：010—8837 9720（O），6899 4030（Fax）

E – mail：myceladon@ yeah. net　　lb@ mail. machineinfo. gov. cn

http：//www. cmpedu. com（机械工业出版社·教材服务网）

http：//www. cmpbook. com（机械工业出版社·门户网）

http：//www. golden – book. com（中国科技金书网·机械工业出版社旗下网站）